MW00678015

Schummelseite

Sie möchten auf einer Seite wissen, wie ein Unternehmen funktioniert? Auf einer Seite? Das kann doch nur eine Schummelseite sein, oder? Ich versuche es trotzdem. Damit ein Unternehmen funktioniert, muss es planvoll organisiert sein. Produzierende Unternehmen haben vielfältige Aufgaben, Prozesse und Strukturen.

Der betriebliche Güterprozess, auch leistungswirtschaftlicher Prozess genannt, steht im Mittelpunkt des Unternehmens. Er verläuft in drei zusammenhängenden Stufen:

✔ **Beschaffung:** Zunächst beschafft sich das Unternehmen von den verschiedenen Beschaffungsmärkten die für die Erstellung der Güter notwendigen Produktionsfaktoren (Materialen wie Roh-, Hilfs- und Betriebsstoffe).

✔ **Produktion:** Zur Erzeugung der Produkte und zur Bereitstellung von Dienstleistungen werden die Produktionsfaktoren miteinander kombiniert. Neben den Materialen (auch Werkstoffe genannt) zählen zu den Produktionsfaktoren die Betriebsmittel (Anlagen, Maschinen, Gebäude, Grundstücke) und der Faktor Arbeit.

✔ **Absatz:** Die Produkte und Dienstleistungen müssen aber auch an den Absatzmärkten an die Kunden verkauft werden, wenn ein Unternehmen erfolgreich sein will. Dabei können die Unternehmen auf verschiedene absatzpolitische Instrumente (auch Marketingmix genannt) zurückgreifen.

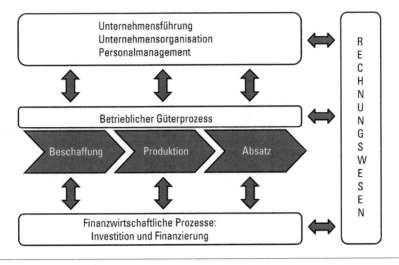

Schummelseite

Damit ein Unternehmen als System funktioniert, bedarf es aber weiterer Prozesse und Strukturen:

✔ **Finanzwirtschaftliche Prozesse:** Im Rahmen der *Finanzierung* sorgt das Unternehmen dafür, dass es ausreichend mit Kapitel versorgt ist, um stets zahlungsfähig (liquide) zu sein. Als weitere Unternehmensfunktion dient die *Investition* dazu sicherzustellen, dass das Unternehmen nur wirtschaftlich sinnvolle Investitionen durchführt.

✔ **Unternehmensführung:** Damit sind zunächst die Personen gemeint, die das Unternehmen leiten (Management). Unternehmensführung ist aber auch ein Prozess, der die Planung, Durchführung, Kontrolle und Steuerung von Maßnahmen umfasst, um die Unternehmensziele zu erreichen.

✔ **Unternehmensorganisation:** Im Rahmen der Aufbau- und Ablauforganisation werden die strukturelle Zuordnung von Mitarbeitern und Sachmitteln sowie der Ablauf der Standardprozesse vorgegeben, um einen geregelten Arbeitsablauf zu gewährleisten.

✔ **Personalmanagement:** Planung, Durchführung, Kontrolle und Steuerung aller Maßnahmen, die auf die Mitarbeiter ausgerichtet sind. Der Personalbereich ist für ein Unternehmen besonders wichtig, da der Unternehmenserfolg in hohem Maße durch die Qualifikation und die Motivation des zur Verfügung stehenden Personals beeinflusst wird.

✔ **Rechnungswesen:** Die zur Außendarstellung, zur Dokumentation und zur Unternehmensführung erforderlichen Informationen und Daten liefert das Rechnungswesen. Kernbestandteile des Rechnungswesens sind insbesondere die Buchhaltung, die Erstellung eines Geschäftsberichts sowie die Kostenrechnung und das Controlling.

BWL kompakt für Dummies

Tobias Amely

BWL kompakt

für dummies®

Koautor bei Kapitel 13: Thomas Krickhahn

WILEY

WILEY-VCH Verlag GmbH & Co. KGaA

BWL kompakt für Dummies

Bibliografische Information der Deutschen Nationalbibliothek

Die Deutsche Nationalbibliothek verzeichnet diese
Publikation in der Deutschen Nationalbibliografie;
detaillierte bibliografische Daten sind im Internet über
http://dnb.d-nb.de abrufbar.

2. Auflage 2018

© 2018 WILEY-VCH Verlag GmbH & Co. KGaA, Weinheim

Coverfoto: © Atlantis – Fotolia.com
Korrektur: Frauke Wilkens, München
Satz: SPi Global, Chennai
Druck und Bindung: CPI books GmbH, Leck

Print ISBN: 978-3-527-71469-8
ePub ISBN: 978-3-527-81414-5
mobi ISBN: 978-3-527-81415-2
4 2020

Über den Autor

Tobias Amely studierte Betriebswirtschaftslehre in Münster. Dort promovierte er als wissenschaftlicher Mitarbeiter am Lehrstuhl für Finanzierung. Berufserfahrung sammelte er bei der Westdeutschen Landesbank und als Abteilungsdirektor beim Deutschen Sparkassen- und Giroverband in Bonn. Seit 1998 ist er Professor für Betriebswirtschaftslehre, insbesondere Rechnungswesen und Finanzwirtschaft an der Hochschule Bonn-Rhein-Sieg. Als Dozent ist er außerhalb der Hochschule seit vielen Jahren in Unternehmen und Akademien im Bereich der wissenschaftlichen Aus- und Weiterbildung von (Nachwuchs-)Führungskräften tätig. Neben traditionellen Lehrgesprächen vermittelt er unternehmerisches Denken und Handeln nach dem Motto »Learning Business by doing Business« mittels Durchführung von Unternehmensplanspielen. Er ist Autor mehrerer Bücher, Studienbriefe, Lexika und Aufsätze zu verschiedensten Themen der Betriebswirtschaftslehre. Den Lesern der ... *für Dummies*-Reihe ist er durch den Bestseller *BWL für Dummies* bekannt.

Auf einen Blick

Inhaltsverzeichnis

Kapitel 2
Die Materialwirtschaft **45**

Kapitel 6
Die Investitionsrechnung............................. **143**

Einführung

Gute betriebswirtschaftliche Kenntnisse sind wichtig für viele von uns: Kaufleute, Inhaber von Firmen, Manager, Führungskräfte und Mitarbeiter von Unternehmen, die betriebswirtschaftliche Aufgaben übernehmen. Ein Muss sind Grundlagenkenntnisse über die Betriebswirtschaftslehre (BWL) natürlich für alle Auszubildenden und Studierenden, die über kaufmännische Grundlagen verfügen müssen. Betriebswirtschaftliche Grundkenntnisse dürften darüber hinaus aber ebenso für alle diejenigen von Interesse sein, die einfach nur verstehen wollen, wie ein Unternehmen überhaupt funktioniert. Sei es, um die aktuellen Wirtschaftsnachrichten besser zu verstehen zu können oder um im Bewerbungsgespräch bei BWL-Themen zu glänzen. Sie möchten also auch bei betriebswirtschaftlichen Themen mitreden können? Mithilfe dieses Kompaktbuches können Sie sich schnell in die verschiedenen Bereiche der BWL einfinden.

Über dieses Buch

Wollen Sie ein Buch haben, mit dem Sie sich kurz und kompakt, aber auch kompetent einen verständlichen Einstieg in die Betriebswirtschaftslehre verschaffen können, dann gehören Sie zur Zielgruppe dieses Buches. Die idealen Leser sind Praktiker, Studenten und alle Leser, die sich einen leichten, schnellen Einstieg in betriebswirtschaftliche Themen verschaffen wollen. Das Buch kann aber gleichermaßen auch als Nachschlagewerk für den Praktiker und schnellen Leser mit vielen Praxisbeispielen dienen. Die einzelnen Kapitel können dabei unabhängig voneinander gelesen werden. Am Anfang von jedem Kapitel habe ich Ihnen außerdem noch einen Wegweiser über das gegeben, was Sie in dem jeweiligen Kapitel erwartet.

Die Arbeit an diesem Buch hat mir viel Spaß gemacht. Ich konnte meine Erfahrungen als langjähriger Dozent an der Hochschule und in verschiedenen Bildungseinrichtungen einbringen. Beim Schreiben jedes Kapitels habe ich mich jedes Mal gefragt, was die wichtigsten Themen in dem jeweiligen Bereich der Betriebswirtschaftslehre sind und wie man diese möglichst knapp, aber dennoch verständlich aufbereitet und ohne unnötiges Fachchinesisch dem Leser darstellen kann. Dabei habe ich versucht, die Texte möglichst kurz zu halten und die Inhalte eher mittels Abbildungen, Tabellen und Listen übersichtlich darzustellen. Über das Stichwortverzeichnis am Ende des Buches finden Sie schnell die richtige Stelle zu dem Thema, das Sie gerade besonders interessiert. Passende Übungsaufgaben finden Sie in der *BWL für Dummies Trainings-App* oder im *BWL Trainingsbuch für Dummies*.

Da das Buch die Themen der BWL möglichst kompakt behandeln soll, kann es natürlich sein, dass Sie zu einzelnen Themen und Formeln mehr wissen möchten. Dann kann ich Ihnen empfehlen, die Bücher *BWL für Dummies, BWL für Dummies. Das Lehrbuch* oder *BWL-Formeln für Dummies* zur Hand zu nehmen und im Stichwortverzeichnis oder in der Inhaltsübersicht nachzuschauen, wo genau Sie weitere und ausführlichere Erklärungen finden.

Konventionen in diesem Buch

Wichtige Fachbegriffe, praktische Tipps und Hinweise werden durch *kursiven* Text oder gesonderte Symbole markiert. Das Lesen und Verstehen wird Ihnen also so einfach wie möglich gemacht!

Um sich schnell und gezielt über die Sie interessierenden BWL-Themen zu informieren, können Sie direkt zu den einzelnen Kapiteln springen. In der Inhaltsübersicht zu Beginn des Buches sehen Sie genau, welche Inhalte durch welche Kapitel abgedeckt sind. Definitionen, Tipps, Hinweise sowie Fallstricke und Probleme werden durch gesonderte Symbole im Text markiert (deren Bedeutung erkläre ich Ihnen weiter hinten in diesem einführenden Kapitel). Alle Begriffe, die ich Ihnen erkläre, werden *kursiv* ausgezeichnet. Mithilfe des Stichwortverzeichnisses am Schluss des Buches können Sie schnell die Begriffe finden, die Sie gerade besonders interessieren.

Törichte Annahmen über den Leser

Ziemlich töricht wäre es, von meinen Lesern anzunehmen, dass sie, wenn sie dieses Kompaktbuch lesen, ungebildet sein müssen und kaum bis drei zählen können. Ganz im Gegenteil: Es ist doch clever, wenn man als Einsteiger in ein noch nicht bekanntes Fachgebiet sich nicht durch irgendeinen hoch kompliziert geschriebenen dicken Wälzer quälen will, sondern zu einer kompakten Einführung greift, die sich auf das Wichtigste beschränkt und in verständlicher Weise auch einen Nichtfachmann schnell mit dem Stoff vertraut macht. So etwas nennen Betriebswirte eine wirtschaftliche, eben rationale und clevere Vorgehensweise. Sie erreichen so Ihr Ziel, über die Betriebswirtschaftslehre Bescheid zu wissen, mit dem geringsten Aufwand. Das ist doch schlau und nicht dumm! Finden Sie nicht auch?

Wie dieses Buch aufgebaut ist

Das Buch ist in sechs Teile aufgegliedert, die Sie unabhängig voneinander verwenden können. Wenn Sie einen Crashkurs suchen, können Sie damit die wichtigsten

Grundlagen der Betriebswirtschaftslehre in kurzer Zeit wiederholen. So bekommen Sie den Stoff sozusagen auf dem Silbertablett in gut schaffbaren Rationen präsentiert. Das hört sich doch gut an, oder?

Teil I: Das Unternehmen und die Materialwirtschaft

Im ersten Teil beschäftigen Sie sich mit dem Unternehmen und der Materialwirtschaft. Im ersten Kapitel (*Das Unternehmen und seine Umwelt*) geht es zunächst um einige grundlegende Dinge und Begriffsklärungen. Dann werden die Aufgaben und Funktionen, die ein Unternehmen zu erfüllen hat, erläutert. Des Weiteren werden die Unternehmensformen, die Arten von Unternehmenszusammenschlüssen, die Standortfaktoren und die möglichen Unternehmensziele behandelt. Zum Abschluss des Kapitels werden erste wichtige Kennzahlen eines Unternehmens präsentiert.

In Kapitel 2 geht es dann um die *Materialwirtschaft*, das heißt um den Einkauf und die Lagerung der Einsatzstoffe. Dabei lernen Sie die einzelnen Instrumente und Verfahren der Materialwirtschaft kennen, die für die Planung und Durchführung der Materialwirtschaft von Bedeutung sind.

Teil II: Produktion und Marketing

Im zweiten Teil werden die beiden Themen Produktion und Marketing behandelt.

In Kapitel 3 wird die *Produktion*, also der Prozess der Leistungserstellung, näher betrachtet. Dabei geht es zunächst um einige Grundlagen, wie den Begriff der Produktion, die Produktionsziele und die Produktionsformen. Dann werden die verschiedenen Produktions- und Kostenfunktionen zusammengefasst, die eine optimale Kombination der Produktionsfaktoren ermöglichen sollen. Abschließend werden die Instrumente zur Produktionsplanung und -steuerung vorgestellt.

In Kapitel 4 geht es dann um das *Marketing*, also die Ausrichtung des Unternehmens auf den Markt und die Kunden. Dabei stehen dem Unternehmen verschiedene Instrumente wie die Marktforschung, die Produktpolitik, die Preispolitik, die Kommunikationspolitik und die Distributionspolitik zur Verfügung.

Teil III: Finanzierung und Investition

Im dritten Teil stehen die beiden Themen Finanzierung und Investition auf dem Plan. Im Mittelpunkt steht die Steuerung der Geldströme des Unternehmens im Rahmen der Kapitalbeschaffung und der Investitionstätigkeit.

In Kapitel 5 wird zunächst die Finanzierung näher betrachtet. Bei der *Finanzierung* geht es darum, den Kapitalbedarf des Unternehmens durch eine Finanzplanung zu ermitteln und das notwendige Kapital durch die Außen- oder Innenfinanzierung möglichst kostengünstig zu beschaffen.

Um die Unternehmensziele zu erreichen, ist es jedoch genauso wichtig, das beschaffte Kapital möglichst gewinnbringend einzusetzen. In Kapitel 6 beschäftigen Sie sich daher mit den Methoden der *Investitionsrechnung*, die dem Unternehmer helfen sollen, die rentabelsten Investitionsprojekte zu ermitteln.

Teil IV: Management des Unternehmens

Im vierten Teil steht das Management des eigenen Unternehmens im Vordergrund. Die Unternehmensführung, die Organisation und das Personal sind die tragenden Säulen innerhalb des Unternehmens. Im Mittelpunkt steht die Vorgabe von Zielen und Strategien sowie die Koordination, Organisation und Steuerung der betrieblichen Ressourcen auf diese Ziele hin. In Kapitel 7 erfahren Sie, welche Aufgaben und Funktionen typischerweise zur *Unternehmensführung* gehören und welche Methoden und Instrumente das Management zur Unternehmensführung nutzen kann.

In Kapitel 8 beschäftigen Sie sich dann mit der *Unternehmensorganisation*. Auch die Organisation dient dem Zweck der koordinierten arbeitsteiligen Zielerreichung. Welche Elemente eine Organisation ausmachen und wie man sie gestalten und verändern kann, all das möchte ich Ihnen in diesem Kapitel aufzeigen.

Zum Erfolg eines Unternehmens tragen aber auch maßgeblich die Motivation, die Kompetenz und die Qualifikation seiner Mitarbeiter bei. Kapitel 9 steht daher im Zeichen des *Personalmanagements*. Hier geht es darum, wie das Personal geplant, beschafft, eingesetzt, fortgebildet, weiterentwickelt und für die Erreichung der Unternehmensziele motiviert werden kann.

Teil V: Externes und internes Rechnungswesen

Der fünfte Teil steht im Zeichen des externen Rechnungswesens.

Kapitel 10 gibt zunächst einen kurzen Überblick über die *Grundlagen des Rechnungswesens* und erklärt dessen wichtigste *Grundbegriffe*.

In Kapitel 11 werden die Bestandteile und Inhalte des externen Rechnungswesens erläutert, das den Außenstehenden als Informationsgrundlage über den Zustand des Unternehmens dient. Im Mittelpunkt steht der *Geschäftsbericht* mit der *Bilanz* und der *Gewinn-und-Verlust-Rechnung*, deren einzelne Positionen erklärt werden. Ausführlich erklärt werden auch die Kennzahlen zur Bilanzanalyse.

Das interne Rechnungswesen liefert die Daten für die Planung, Steuerung und Kontrolle des Unternehmens. Kapitel 12 erklärt den Aufbau der *Kostenrechnung* und die weiteren Methoden und Instrumente des *Controllings*.

Teil VI: Der Top-Ten-Teil

Damit Sie in betriebswirtschaftlichen Angelegenheiten mitreden können, stelle ich Ihnen in Kapitel 13 noch einmal zehn wichtige Begriffe der Betriebswirtschaft vor, die Sie auf jeden Fall kennen sollten.

Symbole, die in diesem Buch verwendet werden

Mit den folgenden Symbolen möchte ich Ihnen gezielt einige nützliche Tipps und Informationen zur Betriebswirtschaftslehre geben:

Wichtige Fachbegriffe und Definitionen werden mit diesem Symbol hervorgehoben.

Mit dem Hinweissymbol möchte ich Sie auf wichtige oder interessante Aspekte aufmerksam machen. Insbesondere praktische Tipps werden mit diesem Symbol im Text verknüpft.

In der Betriebswirtschaft gibt es viele Besonderheiten und Probleme, die man beachten sollte. Mit diesem Symbol habe ich für Sie entsprechende Warnschilder aufgestellt.

Im Text gibt es immer wieder Beispiele, auf die Sie mit diesem Symbol besonders hingewiesen werden.

Wie es weitergeht

Mit diesem Buch erhalten Sie einen kompakten Überblick über die Betriebswirtschaftslehre. Natürlich kann ich mit diesem Buch nicht alle Details abdecken und in jede Nische hineinschauen, aber dafür gibt es ja auch die vielen anderen Bücher zu den einzelnen Fachgebieten der Betriebswirtschaftslehre. Auch ist dieses Buch nicht als Lesebuch gedacht (dazu gibt es *BWL für Dummies* oder das besonders ausführliche *BWL für Dummies. Das Lehrbuch*). Als Autor freue ich mich natürlich, wenn Sie dieses Buch von der ersten bis zur letzten Seite lesen und dabei nichts auslassen. Das ist aber nicht unbedingt notwendig. Lesen Sie doch einfach nur das, was Sie gerade interessiert und über das Sie genauer Bescheid wissen möchten. Springen Sie also einfach in das Thema hinein, das für Sie gerade von Interesse ist. Die Kapitel sind so verfasst, dass Sie dazu keine Vorkenntnisse aus den anderen Kapiteln benötigen. Und zur Not helfen die Querverweise.

Viel Erfolg und viel Spaß beim Lesen und Durchstöbern des Buches wünscht Ihnen

Tobias Amely

Teil I
Das Unternehmen und die Materialwirtschaft

... erwarten Sie zwei Kapitel. Im ersten Kapitel werden das Unternehmen und seine Umwelt näher betrachtet. Dabei geht es zunächst um einige grundlegende Begriffsklärungen. Dann werden die Aufgaben und Funktionen, die ein Unternehmen zu erfüllen hat, erläutert. Des Weiteren werden die Unternehmensformen, die Arten von Unternehmenszusammenschlüssen, die Standortfaktoren und die möglichen Unternehmensziele behandelt. Zum Abschluss des Kapitels werden erste wichtige Kennzahlen eines Unternehmens präsentiert.

In Kapitel 2 geht es um die Materialwirtschaft, das heißt um den Einkauf und die Lagerung der Einsatzstoffe. Dabei lernen Sie die einzelnen Instrumente und Verfahren kennen, die für die Planung und Durchführung der Materialwirtschaft von Bedeutung sind.

Kapitel 1
Das Unternehmen und seine Umwelt

Ganz zu Anfang fragen Sie sich bestimmt: Was sind eigentlich Unternehmen?

Unternehmen, oft auch Betriebe genannt, haben in einem marktwirtschaftlichen Wirtschaftssystem die Aufgabe, als planmäßig organisierte Wirtschaftseinheiten Sachgüter und Dienstleistungen herzustellen und abzusetzen, damit die materiellen Bedürfnisse der Bevölkerung befriedigt werden.

Güter und Bedürfnisse

Die *Bedürfnisse* von Menschen lassen sich nach der Bedürfnispyramide von Abraham Maslow in fünf Stufen einteilen:

✔ Stufe 1: Existenzielle Basisbedürfnisse (Essen, Trinken, Schlafen)

✔ Stufe 2: Sicherheitsbedürfnisse (körperliche Sicherheit, Versorgungssicherheit)

✔ Stufe 3: Soziale Beziehungen (Integration, Kommunikation, Beziehungen)

✔ Stufe 4: Soziale Anerkennung (Ansehen, Status, Wertschätzung)

✔ Stufe 5: Selbstverwirklichung (Autonomie, Kreativität)

Nach Maslow strebt der Mensch danach, die verschiedenen Bedürfnisse der Reihe nach zu befriedigen, ausgehend von der Stufe 1 bis hin zu Stufe 5.

 Unter *Ökonomie* oder *Wirtschaft* versteht man den sorgsamen Umgang mit knappen Gütern und Dienstleistungen zur Befriedigung der menschlichen Bedürfnisse.

Im Unterschied zu den *freien Gütern*, die im Überfluss vorhanden sind (Luft, Sonnenlicht, Meerwasser) und keinen Preis haben, sind *knappe Güter* nicht frei verfügbar. Sie müssen erzeugt und bereitgestellt werden; man unterscheidet zwischen materiellen Gütern (Produkte), immateriellen Gütern (Dienstleistungen, Rechte), Produktionsgütern (Maschinen), Konsumgütern (Lebensmittel), privaten und öffentlichen Gütern.

 Die Güterbegriffe können sich überschneiden. Beispielsweise ist ein Fließband sowohl ein materielles Gut als auch ein Produktionsgut.

Haushalte und Unternehmen

Die knappen Güter werden von Unternehmen und Haushalten gleichermaßen angeboten und nachgefragt. Unternehmen und Haushalte können Sie einteilen wie in Abbildung 1.1 gezeigt.

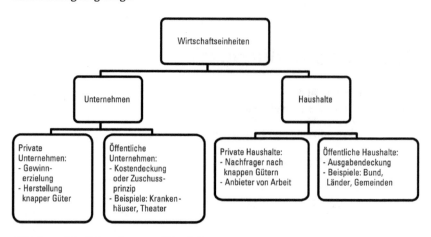

Abbildung 1.1: Unternehmen und Haushalte

Die Unternehmensfunktionen

Damit ein Unternehmen funktioniert, muss es planvoll organisiert sein. Dabei ergeben sich vielfältige Aufgaben, Prozesse und Strukturen.

Betrieblicher Güterprozess

Der betriebliche Güterprozess, auch leistungswirtschaftlicher Prozess genannt, steht im Mittelpunkt des Unternehmens. Er verläuft in drei zusammenhängenden Stufen:

✔ **Beschaffung:** Zunächst beschafft sich das Unternehmen von den verschiedenen Faktormärkten die für die Erstellung der Güter notwendigen Produktionsfaktoren. Mehr dazu erfahren Sie in Kapitel 2.

✔ **Produktion:** Zur Erzeugung der Produkte und zur Bereitstellung von Dienstleistungen werden die Produktionsfaktoren miteinander kombiniert. Neben den Materialien (auch Werkstoffe genannt) zählen zu den Produktionsfaktoren die Betriebsmittel (Anlagen, Maschinen, Gebäude, Grundstücke) und der Faktor Arbeit. Weitere Ausführungen zum Produktionsprozess folgen in Kapitel 3.

✔ **Absatz:** Unternehmen versuchen, ihre Produkte und Dienstleistungen an den Absatzmärkten an die Kunden zu verkaufen. Dabei können die Unternehmen auf verschiedene absatzpolitische Instrumente (auch Marketingmix genannt) zurückgreifen. In Kapitel 4 können Sie mehr über das Marketing lesen.

Weitere Unternehmensfunktionen

Damit ein Unternehmen als System funktioniert, bedarf es weiterer Prozesse und Strukturen (mehr dazu in den Kapiteln 5 bis 12):

✔ **Finanzwirtschaftliche Prozesse:** Die für die Beschaffung und Produktion erforderlichen finanziellen Mittel erhält ein Unternehmen von den Kunden, wenn diese die erworbenen Sachgüter und in Anspruch genommenen Dienstleistungen bezahlen. Reichen diese Einzahlungen nicht aus, zum Beispiel zur Finanzierung größerer Investitionen, oder kommen die Einzahlungen erst, nachdem die notwendigen Auszahlungen bereits geleistet wurden, hat ein Unternehmen einen Kapitalbedarf und muss im Rahmen der *Finanzierung* dafür sorgen, zahlungsfähig (liquide) zu sein.

✔ **Unternehmensführung:** Neben den Personen, die ein Unternehmen leiten (Management), ist mit Unternehmensführung auch ein Prozess gemeint, der die Planung, Durchführung, Kontrolle und Steuerung von Maßnahmen zur Erreichung der Unternehmensziele umfasst.

✔ **Unternehmensorganisation:** Für einen geregelten Arbeitsablauf sorgt die Unternehmensorganisation durch die strukturelle Zuordnung von Mitarbeitern und Sachmitteln (Aufbauorganisation) und Vorgaben für den Ablauf der Standardprozesse (Ablauforganisation).

✔ **Personalmanagement:** Die Planung, Durchführung, Kontrolle und Steuerung aller Maßnahmen, die auf die Mitarbeiter ausgerichtet sind. Deren Qualifikation und Motivation beeinflusst den Unternehmenserfolg in hohem Maße.

✔ **Rechnungswesen:** Eine systematische Erfassung und Auswertung aller quantifizierbaren Beziehungen und Vorgänge, die aus den Geld- und Güterströmen eines Unternehmens resultieren, leistet das Rechnungswesen. Seine Kernbestandteile sind insbesondere die Buchhaltung, die Erstellung eines Geschäftsberichts sowie die Kostenrechnung und das Controlling.

Das ökonomische Prinzip

Damit Unternehmen Sachgüter und Dienstleistungen möglichst planvoll und rational bereitstellen, sollten sie nach dem *ökonomischen Prinzip* vorgehen.

 Beim *ökonomischen Prinzip* geht es darum, das Verhältnis aus Produktionseinsatz (eingesetzte Mittel und Ressourcen; auch Produktionsfaktoren oder Input genannt) und Produktionsergebnis (erstellte Sachgüter und Dienstleistungen; auch Ertrag oder Output genannt) möglichst optimal zu gestalten.

Das ökonomische Prinzip gibt es in zwei Ausprägungen:

✔ **Maximumprinzip:** Mit gegebenem Input soll der größtmögliche Output erzielt werden.

✔ **Minimumprinzip:** Ein vorgegebener Output soll mit möglichst geringem Input erreicht werden.

Das ökonomische Prinzip zielt letztlich darauf ab, dass ein Unternehmen seine Produkte und Dienstleistungen möglichst kostengünstig erstellt und dadurch der Gewinn des Unternehmens möglichst maximiert wird.

Das Unternehmensumfeld

Das Unternehmensumfeld wird zum einen durch die Interessengruppen (Stakeholder) bestimmt. Dabei unterscheidet man zwischen internen Stakeholdern (Eigentümer beziehungsweise Shareholder, Management, Mitarbeiter) und externen Interessengruppen des Unternehmens (Kunden, Fremdkapitalgeber wie Banken, Lieferanten, Konkurrenz, Öffentlichkeit). Zum anderen ist aber auch das weitläufigere Unternehmensumfeld zu beachten (ökonomisches, technologisches, physikalisch-ökonomisches, gesellschaftliches Umfeld).

 Wegen nicht immer einheitlicher Interessen der Stakeholder und auch wegen unterschiedlicher Anforderungen seitens der weiteren Unternehmensumwelt können *Zielkonflikte* entstehen. Während die Eigentümer möglichst hohe Gewinne und Ausschüttungen erwarten, möchten beispielsweise die Kunden möglichst niedrige Preise und der Fiskus möglichst hohe Steuerzahlungen, was zu niedrigeren Gewinnen und Ausschüttungen führt.

Die Unternehmensformen

In Deutschland gibt es mehr als 3,3 Millionen umsatzsteuerpflichtige Unternehmen. Sie lassen sich nach verschiedenen Kriterien in unterschiedliche Unternehmensformen einteilen. Wichtige Unterscheidungskriterien sind:

✔ Größe

✔ Rechtsform

✔ Branche

Unternehmensformen nach der Größe

Die Unternehmen lassen sich beispielsweise nach den Kriterien Zahl der Beschäftigten, Bilanzsumme, Umsatz pro Geschäftsjahr, Anzahl der Arbeitsplätze, Lohn- und Gehaltssumme, investiertes Kapital und Produktionsmengen in Klein-, Mittel- und Großbetriebe einteilen.

Kapitalgesellschaften können gemäß § 267 HGB in die in Tabelle 1.1 gezeigten Größenklassen eingeteilt werden.

	Bilanzsumme in Euro	Umsatzerlöse in Euro	Arbeitnehmeranzahl im Jahresdurchschnitt
Kleine Kapitalgesellschaft	≤ 6 Mio.	≤ 12 Mio.	≤ 50
Mittelgroße Kapitalgesellschaft	≤ 20 Mio.	≤ 40 Mio.	≤ 250
Große Kapitalgesellschaft	> 20 Mio.	> 40 Mio.	> 250

Tabelle 1.1: Betriebsgrößen nach § 267 HGB

Von diesen drei Merkmalen müssen zwei zutreffen, damit eine Kapitalgesellschaft einer Größenklasse zugeordnet wird. Am Ende des Geschäftsjahres wird überprüft, ob eine Neueinstufung erforderlich ist. Dies ist der Fall, wenn an den Abschluss-stichtagen von zwei aufeinanderfolgenden Geschäftsjahren mindestens zwei der drei Merkmale einer Größenklasse über- oder unterschritten werden. Börsenno-tierte Gesellschaften gelten stets als große Gesellschaften. Die Einteilung hat für die Unternehmen bestimmte Offenlegungspflichten gemäß § 325 HGB zur Fol-ge. Die Unternehmenslandschaft in Deutschland ist überwiegend von kleinen und mittleren Unternehmen (KMU) mit einem Umsatz von unter 50 Millionen Euro geprägt.

Unternehmensformen nach der Rechtsform

Bezüglich der Rechtsformen der Unternehmen in Deutschland unterscheidet man grundsätzlich zwischen öffentlichen und privatrechtlichen Unternehmen sowie den sonstigen Rechtsformen wie zum Beispiel Genossenschaften.

Bei der Festlegung der Rechtsform sind eine Reihe von Aspekten und Kriterien von Bedeutung. In Tabelle 1.2 und Tabelle 1.3 finden Sie die wichtigsten Charakteristika für die privatrechtlichen Unternehmen aufgelistet.

 In Deutschland gibt es laut der Umsatzstatistik 2016 fast 2,2 Millio-nen Einzelunternehmen und mehr als 435.000 Personengesellschaf-ten. Diese Rechtsformen sind wegen ihrer einfachen Handhabung und der geringen Gründungskosten vor allem für kleine und mittlere Be-triebe geeignet.

Rechtsform	Rechtsgrundlage	Leitung	Haftung	Mindestkapital
Einzelunter-nehmung	Handelsgesetz-buch HGB	Inhaber allein	Inhaber unbeschränkt	kein Mindestkapital
Personengesellschaften:				
Gesellschaft bürgerlichen Rechts	Bürgerliches Gesetz-buch BGB	gemeinschaft-lich, durch Satzung andere Regelung möglich	alle Gesellschafter unbeschränkt	kein Mindestkapital
Offene Han-delsgesell-schaft OHG	HGB und BGB	grundsätzlich alle Gesell-schafter	alle Gesellschafter unbeschränkt	kein Mindestkapital
Kommandit-gesellschaft KG	HGB und BGB	Komplementäre	Komplementäre unbeschränkt Kommanditisten mit Einlagen-höhe	kein Mindestkapital
Kapitalgesellschaften:				
Gesellschaft mit beschränkter Haftung GmbH	GmbH-Gesetz	Geschäftsführer	als juristische Person nur mit Gesellschafts-vermögen	25.000 €
Aktiengesell-schaft AG	Aktiengesetz AktG	Vorstand, Kontrolle durch Aufsichtsrat und Wahl durch Haupt-versammlung	als juristische Person nur mit Gesellschafts-vermögen	50.000 €

Tabelle 1.2: Charakteristika privatrechtlicher Unternehmen Teil I

Die knapp 575.000 Kapitalgesellschaften sind eigenständige Rechtspersonen und sind insbesondere wegen der Haftungsbeschränkung der Gesellschafter interessant. Es gibt zwar nur weniger als 8.000 Aktiengesellschaften in Deutschland, jedoch haben die meisten der ganz großen Unternehmen (wie die im Deutschen Aktienindex (DAX) gelisteten 30 Unternehmen) diese Rechtsform. Die sogenannten Mischformen wie die GmbH & Co. KG vereinen die Vorteile der Personengesellschaften mit denen der Kapitalgesellschaften.

Rechtsform	Steuerbelastung	Gründerzahl	Publizitätspflicht	Handelsregister
Einzelunternehmung	Einkommensteuer	1 Gründer	keine	Eintragung erforderlich
Personengesellschaften:				
Gesellschaft bürgerlichen Rechts	Einkommensteuer, Gewerbesteuer bei Gewerbe	2 Gründer	keine	nicht erforderlich
Offene Handelsgesellschaft OHG	Einkommensteuer, Gewerbesteuer	2 Gründer	keine, nur bei Großunternehmen	alle Gesellschafter
Kommanditgesellschaft KG	Einkommensteuer, Gewerbesteuer	Komplementär, Kommanditist	wie bei OHG, Einsichtsrecht des Kommanditisten	Eintrag erforderlich
Kapitalgesellschaften:				
Gesellschaft mit beschränkter Haftung GmbH	Körperschaftsteuer	1 Gründer	wie bei OHG	Eintrag als Firma erforderlich
Aktiengesellschaft AG	Körperschaftsteuer	1 Gründer	publizitätspflichtiger Jahresabschluss	Eintrag als Firma erforderlich

Tabelle 1.3: Charakteristika privatrechtlicher Unternehmen Teil II

Unternehmensformen nach der Branche

Die Unternehmen lassen sich auch nach dem Wirtschaftszweig und der erstellten Leistung unterteilen. Während Industrieunternehmen Sachleistungsunternehmen sind, werden Handels-, Verkehrsunternehmen, Banken, Versicherungen und sonstige Dienstleistungsunternehmen als Dienstleistungsunternehmen bezeichnet.

Die große volkswirtschaftliche Bedeutung des Dienstleistungssektors in Deutschland zeigt sich etwa daran, dass nach vergleichsweise aktuellen Daten circa vier Fünftel aller Unternehmen (mit etwa drei Viertel aller Erwerbstätigen) auf den Dienstleistungssektor entfallen und dass der Anteil der gesamtwirtschaftlichen Wertschöpfung seitens des Dienstleistungssektors bei circa 70 Prozent liegt.

Die Unternehmenszusammenschlüsse

 Unternehmenszusammenschlüsse entstehen, wenn sich bisher rechtlich und wirtschaftlich selbstständige Unternehmen zu größeren Wirtschaftseinheiten verbinden.

Je nach der Intensität der Unternehmensverbindung können die *rechtliche Selbstständigkeit* (eigene Rechtspersönlichkeit) und/oder die *wirtschaftliche Selbstständigkeit* (freie Willensbildung und Geschäftsführung) verloren gehen:

✔ **Kooperation:** Ein freiwilliger Zusammenschluss von Unternehmen, bei dem die Unternehmen rechtlich selbstständig bleiben und nur einen Teil ihrer wirtschaftlichen Selbstständigkeit aufgeben. Man unterscheidet Interessengemeinschaften (zum Beispiel Einkaufs- oder Forschungsgemeinschaften), Gelegenheitsgesellschaften (zum Beispiel Bankenkonsortien oder Arbeitsgemeinschaften für Bauprojekte), Gemeinschaftsunternehmen (Beispiel: Joint Ventures mit ausländischen Partnern), und (Absatz- oder Beschaffungs-) Kartelle voneinander.

✔ **Konzentration:** Die beteiligten Unternehmen geben ihre wirtschaftliche Selbstständigkeit auf und begeben sich unter eine sogenannte einheitliche Leitung. Erfolgt dies unter dem Dach eines Konzerns, bleiben die Konzernunternehmen rechtlich selbstständig. Bei einer Fusion verlieren die Unternehmen neben der wirtschaftlichen auch ihre rechtliche Selbstständigkeit.

Unternehmen können sich auch zu Verbänden zusammenschließen, um ihre gemeinsamen Interessen zu bündeln und der Öffentlichkeit gegenüber zu vertreten (Fachverbände der Wirtschaft wie der Bundesverband der deutschen Industrie (BDI), Industrie- und Handelskammern, Arbeitgeberverbände wie die Bundesvereinigung der Deutschen Arbeitgeberverbände (BDA)).

 Kartelle können zu einer Verhinderung, Einschränkung und Beschränkung des Wettbewerbs führen und sind daher nach § 1 GWB (Gesetz gegen Wettbewerbsbeschränkungen) grundsätzlich verboten. Unter das *Kartellverbot* fallen beispielsweise Preisabsprachen, Wettbewerbsverbote, ausschließliche Bezugs- oder Lieferpflichten oder Marktaufteilungen. Bestimmte Arten von Wettbewerbsbeschränkungen können unter besonderen Voraussetzungen vom Kartellverbot ausgenommen sein, wie *Mittelstands-* oder *Rationalisierungskartelle*. Über die Einhaltung des Kartellverbots wachen in Deutschland das Bundeskartellamt und die Landeskartellbehörden und in der Europäischen Union die Europäische Kommission.

Unternehmenszusammenschlüsse (international auch als Mergers and Acquisitions bezeichnet) können folgende Ziele haben:

✔ **Rationalisierung:** Durch die Ausnutzung von Synergieeffekten soll die Wirtschaftlichkeit der verbundenen Unternehmen verbessert werden – etwa durch den Abbau beziehungsweise durch die Zusammenlegung von doppelt vorhandenen Abteilungen (Einkauf, Personal) oder durch den Austausch von in den Unternehmen vorhandenem Know-how (Forschung und Entwicklung).

✔ **Diversifikation:** Durch Aufteilung des wirtschaftlichen Risikos auf mehrere Partner bei der Kooperation beziehungsweise durch neu erschlossene Produkte und Märkte bei der Konzentration soll das wirtschaftliche Risiko für die zusammengeschlossenen einzelnen Unternehmen verringert werden.

✔ **Konzentration:** Durch die Zusammenlegung von Unternehmensaktivitäten entstehen größere Einheiten, die eine entsprechend große Verhandlungsmacht gegenüber den Lieferanten und Kunden haben.

Die Standortwahl

Die Auswahl des Standortes bei der Gründung, einer Standortverlagerung oder -spaltung bindet in der Regel für ein Unternehmen über einen längeren Zeitraum erhebliche Ressourcen. Die Standortauswahl sollte daher besonders sorgfältig durchgeführt werden. Bei der Analyse der infrage kommenden Standorte sollte ein Unternehmen sorgfältig verschiedene Kriterien prüfen, die als *Standortfaktoren* bezeichnet werden (siehe hierzu Abbildung 1.2).

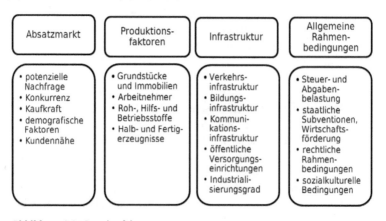

Abbildung 1.2: Standortfaktoren

Neben der Orientierung an Checklisten gibt es verschiedene quantitative und qualitative Modelle zur Standortwahl, die auf den Standortfaktoren aufbauen. Ein einfaches und praktikables Verfahren sind *Scoring-Modelle* in Form der Nutzwertanalyse.

Die Unternehmensziele

 Unternehmensziele sind bewusst angestrebte zukünftige Zustände. Sie dienen als Orientierungsgrößen zur Steuerung und Beurteilung des unternehmerischen Handelns.

Arten von Unternehmenszielen

Unternehmensziele können nach unterschiedlichen Kriterien eingeteilt werden.

Ausrichtung der Ziele

Nach der *Ausrichtung der Ziele* unterscheiden sich die in Abbildung 1.3 aufgeführten Ziele.

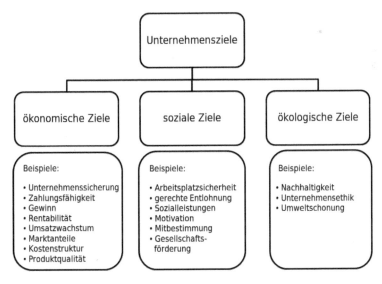

Abbildung 1.3: Unternehmensziele

Die Zuordnung der Unternehmensziele in eine der drei Ausrichtungen ist oft nicht eindeutig, weil bestimmte Unternehmensziele mehrere Wirkungen haben können. Das Ziel der Nachhaltigkeit kann beispielsweise durch eine besonders ökologisch ausgerichtete Produktion erreicht werden. Diese wiederum kann aber zu einem besseren Unternehmensimage und letztlich zu höheren Umsätzen beitragen.

Rangordnung der Ziele

Des Weiteren lassen sich *Ziele nach der Rangordnung* einteilen in:

✔ Oberziele

✔ Zwischenziele

✔ Unterziele

Ein strategisches Oberziel eines Unternehmens könnte zum Beispiel in einer Gewinnerhöhung durch die Senkung der Stückkosten liegen. Ein taktisches Zwischenziel könnte es sein, die Kostensenkung durch eine Erhöhung der Produktivität im Produktionsbereich zu erreichen, wozu als operatives Unterziel die Modernisierung der Maschinen beitragen soll.

Zeitbezug der Ziele

Nach dem *Zeitbezug* lassen sich Ziele wie folgt unterscheiden:

✔ **Kurzfristige Ziele:** Sie umfassen einen Zeitraum von bis zu einem Jahr und sind operativ ausgerichtet.

✔ **Mittelfristige Ziele:** Sie gelten für einen Zeitraum von einem bis zu fünf Jahren und sind der taktischen Planung zuzuordnen.

✔ **Langfristige Ziele:** Sie haben einen Planungshorizont von über fünf Jahren und sind daher für die strategische Planung typisch.

Zielbeziehungen

Ziele können in verschiedener Weise zueinander in Beziehung stehen:

✔ **Komplementäre Ziele:** Die Verfolgung des einen Ziels trägt zur Zielerreichung des anderen Ziels bei.

✔ **Konkurrierende Ziele:** Die Verfolgung des einen Ziels führt zu einer schlechteren Erreichung des anderen Ziels.

✔ **Indifferente Ziele:** Die Verfolgung des einen Ziels hat keine Auswirkungen auf die Zielerreichung des anderen Ziels.

Ziele »SMART« formulieren

Ziele zu formulieren und ein in sich stimmiges Zielsystem für ein Unternehmen zu entwickeln, ist eine schwierige Aufgabe. Die Unternehmensziele sollten nämlich

✔ inhaltlich richtig und vollständig formuliert sein,

✔ miteinander konsistent (das heißt nicht konkurrierend) sein,

✔ von den Mitarbeitern verstanden und akzeptiert sein, damit sie motivierend wirken.

Dabei hilft die Beachtung der SMART-Regel weiter. Ihr zufolge sollen Ziele

✔ S: spezifisch, klar, eindeutig und verständlich,

✔ M: messbar, das heißt operational feststellbar und kontrollierbar,

✔ A: akzeptabel

✔ R: realistisch und

✔ T: zeitlich terminiert sein.

Wichtige Kennzahlen eines Unternehmens

Für die Steuerung eines Unternehmens durch das Management und die Beurteilung seiner Leistungsfähigkeit gibt es eine Fülle von Kennzahlen. In diesem Kapitel werden nur einige der wichtigsten Kennzahlen vorgestellt. Weitere spezielle Kennzahlen folgen in den späteren Kapiteln.

Produktivität

Der Produktivität liegt eine reine Mengenbetrachtung zugrunde, indem der mengenmäßige Produktionseinsatz (Input) und das mengenmäßige Produktionsergebnis (Output) zueinander ins Verhältnis gesetzt werden:

$$\text{Produktivität} = \frac{\text{Outputmenge}}{\text{Inputmenge}} \quad \text{oder} \quad \frac{\text{Inputmenge}}{\text{Outputmenge}}$$

Um die Produktivität unterschiedlicher Einsatzfaktoren (wie Arbeitsstunden, Materialverbrauchsmengen oder Maschinenstunden) miteinander vergleichen zu können, nutzt man nicht die Einsatzmengen der Einsatzfaktoren, sondern bewertet die Einsatzstoffe mit Geld. Genau dazu dient die nächste Kennziffer, die Wirtschaftlichkeit.

Wirtschaftlichkeit

Bei der Kennziffer Wirtschaftlichkeit werden der wertmäßige Output (= *Ertrag*) und der wertmäßige Input (= *Aufwand*) zueinander in Beziehung gesetzt. *Wertmäßig* bedeutet, dass die Einsatzmengen mit Preisen bewertet werden.

Ertrag und Aufwand ermitteln Sie folgendermaßen:

Ertrag = Outputmenge × Güterpreis

Aufwand = Inputmenge × Faktorpreis

$$\text{Wirtschaftlichkeit} = \frac{\text{wertmäßiger Output}}{\text{wertmäßiger Input}} = \frac{\text{Ertrag}}{\text{Aufwand}}$$

Die Wirtschaftlichkeitskennziffer sollte > 1 sein, da dann ein positiver Beitrag zum Unternehmensgewinn entsteht. Ist die Kennziffer aber < 1, lohnt sich die Produktion nicht. Indem der Aufwand gesenkt (beispielsweise durch eine Verbesserung der Produktivität in der Produktion) oder der Ertrag (etwa durch eine Preiserhöhung) gesteigert wird, kann man die Wirtschaftlichkeit verbessern.

Rentabilität

Um die Gewinnsituation eines Unternehmens besser einzuschätzen, kann man den Gewinn in Relation zur Kapitalbasis setzen. Das Ergebnis ist eine relative Kennzahl, und zwar für

✔ den **Zeitvergleich** über die letzten Jahre und

✔ den **Unternehmensvergleich** gegenüber anderen Unternehmen.

Die mit dem Gewinn im Zähler eines Quotienten gebildeten Kennzahlen werden *Rentabilitätskennzahlen* genannt.

Diese *relativen Kennzahlen* werden im Gegensatz zu *absoluten Kennzahlen*, wie beispielsweise dem Gewinn in Euro, als Prozentwerte abgebildet. Dadurch wird die Aussagekraft und Vergleichbarkeit von Kennziffern verschiedener Unternehmen erhöht.

Die beiden in der Praxis am häufigsten verwendeten Rentabilitätsformeln sind die *Eigenkapital-* und die *Umsatzrentabilität*.

✔ **Eigenkapitalrentabilität:** Dies ist eine wichtige Kennzahl für die Anteils-eigner des Unternehmens, weil sie die Verzinsung des investierten Kapitals angibt:

$$\text{Eigenkapitalrentabilität} = \frac{\text{Gewinn}}{\text{Eigenkapital}} \times 100$$

✔ **Umsatzrentabilität:** Sie drückt als Prozentgröße aus, wie viel Gewinn von ei-nem Euro Umsatz übrig bleibt. Eine Umsatzrentabilität von 5 Prozent bedeu-tet also, dass dem Unternehmen von 1 Euro Umsatz gerade 5 Cent als Gewinn verbleiben:

$$\text{Umsatzrentabilität} = \frac{\text{Gewinn}}{\text{Umsatz}} \times 100$$

Als Gewinngröße wird bei der Eigenkapitalrentabilität in der Regel der Jahresüber-schuss nach Steuern genommen, den Sie der Gewinn-und-Verlust-Rechnung des Unternehmens (siehe Kapitel 11) entnehmen können. Bei der Umsatzrentabilität wird als Gewinngröße häufig das Betriebsergebnis verwendet. Für ein Unterneh-men bietet sich für beide Kennzahlen auch ein Soll-Ist-Vergleich an, um zu sehen, ob die eigene Planung aufgegangen ist.

Kapitel 2
Die Materialwirtschaft

D er betriebliche Güterprozess besteht aus drei Stufen (Beschaffung, Produktion, Absatz; siehe Kapitel 1). In der ersten Stufe werden vom Unternehmen von den verschiedenen Beschaffungsmärkten die für die Erstellung der Güter notwendigen Produktionsfaktoren beschafft.

Die Aufgaben der Materialwirtschaft

Die *Materialwirtschaft* hat die Aufgabe, die für die Produktion notwendigen Materialien und Dienstleistungen möglichst kostengünstig zu beschaffen und bereitzustellen.

Die benötigten Produktionsfaktoren müssen dem Unternehmen

✔ in der richtigen *Art*,

✔ am richtigen *Ort*,

✔ zur richtigen *Zeit*,

✔ in der richtigen *Menge*,

✔ in der richtigen *Qualität*

zur Verfügung stehen.

Die verschiedenen *Materialarten* sehen Sie in Tabelle 2.1.

Materialart	Beschreibung	Beispiele
Rohstoffe	Gehen als Hauptbestandteil unmittelbar in das zu fertigende Erzeugnis ein. Haben sie einen hohen Reifegrad, werden sie auch als Zulieferteile bezeichnet.	Baumwolle, Blech, Eisen
Hilfsstoffe	Gehen in das zu fertigende Erzeugnis ein, haben aber wert- und mengenmäßig nur einen geringen Anteil.	Schrauben, Lack, Leim
Betriebsstoffe	Gehen nicht in das zu fertigende Erzeugnis ein, sondern werden bei der Herstellung verbraucht.	Energie, Schmierstoffe, Kühlmittel
Unfertige Erzeugnisse	Selbst erstellte Vorräte von Unternehmen, die noch nicht verkaufsfähig sind	vormontierte Einbauteile, die noch zusammengesetzt werden müssen
Fertigerzeugnisse	Selbst erstellte Vorräte von Unternehmen, die verkaufs- fähig sind	versandfertiges Endprodukt
Handelswaren	Gekaufte Vorräte, die das Produktsortiment erweitern	Pkw-Produzent bietet Autoradios an

Tabelle 2.1:   Materialarten

   Rohstoffe, Hilfsstoffe und unfertige Erzeugnisse, die in die Fertigerzeugnisse eingehen, werden auch als *Werkstoffe* bezeichnet.

Die wichtigsten Aufgabenbereiche der Materialwirtschaft sind:

✔ Materialplanung

✔ Materialbeschaffung

✔ Materialtransport

✔ Materiallagerung

✔ Materialentsorgung

Die Materialanalyse

Ein wichtiges Instrument der *Materialplanung* ist die *Materialanalyse*. Zur Klassifizierung der Materialien dienen

✔ die ABC-Analyse,

✔ die XYZ-Analyse,

✔ eine Kombination der ABC- und XYZ-Analyse und

✔ die Wertanalyse.

Die ABC-Analyse

Die ABC-Analyse ist ein Instrument, mit dem Sie die wirklich wichtigen von den eher unwichtigen Materialarten trennen können. Dazu dient die folgende Klassifizierung:

✔ **A-Materialien** werden zwar nur in geringen Mengen bestellt, haben aber einen großen Anteil am Gesamtwert der verbrauchten Güter. Bei ihnen bietet sich eine *programmgesteuerte Materialbedarfsermittlung* mit Stücklisten an.

✔ **B-Materialien:** Hier ist die Mengen-Wert-Relation eher ausgeglichen und man orientiert sich in der Regel am durchschnittlichen Verbrauch vergangener Perioden (*verbrauchsorientierte Verfahren*).

✔ **C-Materialien** werden in großen Mengen bestellt, sind aber bei wertmäßiger Betrachtung eher von untergeordneter Bedeutung, sodass für Bestellvorgänge grobe Schätzungen ausreichen.

Die XYZ-Analyse

Bei der XYZ-Analyse erfolgt die Klassifizierung der Materialien nach der Regelmäßigkeit des Bedarfsanfalls.

✔ **X-Materialien** mit einem regelmäßigen, schwankungslosen Bedarf. Sie sollten aufgrund ihrer hohen Prognosegenauigkeit möglichst fertigungsnah (*just in time*) beschafft werden.

✔ **Y-Materialien** unterliegen hinsichtlich ihres Bedarfs regelmäßigen (etwa saisonalen) Schwankungen. Für sie bietet sich eine Vorratsbeschaffung an.

✔ **Z-Materialien** werden nur unregelmäßig benötigt. Als Folge der schlechten Vorhersagbarkeit ihres Bedarfs sollten sie nur fallweise beschafft werden.

Die Kombination aus ABC- und XYZ-Analyse

Um die Materialien möglichst wirtschaftlich zu beschaffen und die Summe aus Beschaffungs- und Lagerkosten zu minimieren, kann man die ABC- und die XYZ-Analyse miteinander kombinieren, und es ergeben sich insbesondere folgende Folgerungen aus einer derartigen Zusammenführung:

✔ Die Beschaffung der AX-Materialien sollte möglichst fertigungsnah erfolgen, da ihr Bedarf gut vorhergesagt werden kann.

✔ Die AZ-Materialien sind zwar ebenfalls hochwertig, werden aber nur unregelmäßig benötigt, sodass sie fallweise nach Bedarf bestellt werden sollten.

✔ Die Beschaffung der AY- und BX-Materialien sollten Sie besonders sorgfältig planen, um möglichst alle Kosteneinsparungspotenziale zu nutzen.

Die Wertanalyse

Ein weiteres Instrument der Materialanalyse ist die *Wertanalyse*. Sie hat die Aufgabe, die *Kosten* eines Produkts oder eines Prozesses systematisch zu analysieren und jene Kosten zu eliminieren, die für den Wert oder die Funktion eines Produkts oder einer Dienstleistung nicht notwendig sind. Zur Systematisierung der Wertanalyse dienen verschiedene DIN- und VDI-Normen.

Make-or-Buy-Entscheidungen

 Eine wichtige Grundsatzentscheidung im Rahmen der Materialplanung ist, ob Sie die für die Produktion benötigten Materialien selbst erstellen (*Make*-Entscheidung) oder von Lieferanten einkaufen (*Buy*-Entscheidung). Beim Fremdbezug spricht man auch vom *Outsourcing*.

Die Make-or-Buy-Entscheidung hängt von vielen Kriterien ab. Für ein Outsourcing kann unter anderem sprechen,

✔ dass die Kompetenzen (beziehungsweise auch die Produktionskapazitäten) für die betreffende Leistung eher beim Fremdanbieter angesiedelt sind,

✔ dass die Einkaufspreise niedriger als die Kosten der Eigenerstellung sind oder

✔ dass Nachfrageschwankungen und Absatzrisiken auf den Zulieferer abgewälzt werden können.

Eine Entscheidungsmatrix für Make-or-Buy-Strategien könnte aus Sicht des eigenen Unternehmens die in Tabelle 2.2 aufgezeigten Tendenzen haben.

	Große strategische Bedeutung	Geringe strategische Bedeutung
Hohe Kompetenz	Make!	Strategische Allianz?
Geringe Kompetenz	Buy?	Buy!

Tabelle 2.2: Make-or-Buy-Strategien

Während die mit einem Ausrufezeichen versehenen Entscheidungen relativ eindeutig sind, sind die mit einem Fragezeichen dargestellten Entscheidungen mögliche Strategien, über die im Einzelfall unter Abwägung aller Argumente entschieden werden sollte. So könnte es zum Beispiel Sinn machen, einen Einsatzstoff im Rahmen einer strategischen Allianz im Produktionsverbund mit anderen Unternehmen herzustellen, wenn er für das eigene Unternehmen von geringer strategischer Bedeutung ist, man aber für die Herstellung dieses Einsatzstoffes ein hohes Know-how hat.

Die Beschaffungsmarktforschung und Lieferantenauswahl

Nachdem Sie grundsätzlich festgelegt haben, welche Materialien von Lieferanten eingekauft (»Buy«-Entscheidung) werden sollen, müssen im Rahmen der Materialplanung die nächsten Schritte folgen:

✔ Beschaffungsmarktforschung

✔ Lieferantenauswahl

Die Analyse des Beschaffungsmarktes

Die Analyse des Beschaffungsmarktes erfolgt durch die *Beschaffungsmarktforschung*. Sie ist ein Teilgebiet der Marktforschung und greift auf deren Methoden zurück (diese werden in Kapitel 4 näher erklärt).

Bei der Beschaffungsmarktforschung liefert die *Marktanalyse* systematische Informationen über die Beschaffungsmärkte, und die *Marktbeobachtung* verfolgt die Entwicklung der Beschaffungsmärkte.

Die Daten für die Beschaffungsmarktforschung können Sie mittels Primär- und Sekundärerhebung erhalten.

Primärerhebung

Bei der *Primärerhebung* liegen Ihnen die Daten noch nicht vor und müssen aus erster Hand durch Befragungen, Beobachtung oder Experiment erst noch gewonnen werden (mittels Fragebogen, Interviews, Betriebsbesichtigungen und Beobachtungen bei den Zulieferern vor Ort, Expertenbefragungen und Erfahrungsaustausch unter Fachleuten, Test und Analyse von Probelieferungen, Daten von Marktforschungsinstituten).

Sekundärerhebung

Bei der *Sekundärerhebung* greifen Sie auf Informationen zurück, die Ihnen bereits vorliegen. Die Daten können aus (betriebs-) internen und externen Informationsquellen stammen (Unterlagen der eigenen Buchhaltung, Kundenstatistiken, Berichte von Außendienstmitarbeitern, eigene Archivdaten und frühere Primärerhebungen als interne Quellen sowie amtliche Statistiken, Veröffentlichungen von Wirtschaftsverbänden und dergleichen, Geschäftsberichte, Kataloge, Firmenzeitungen der Lieferanten, allgemeine Nachrichtenmedien als externe Quellen).

Die Beschaffungsmarktforschung liefert Ihnen auch wichtige Informationen für die Lieferantenauswahl.

Die Lieferantenauswahl

Die *Lieferantenauswahl* ist ein wichtiger, in manchen Branchen sogar ein für den Unternehmenserfolg entscheidender Auswahlprozess. Die wichtigen Schritte beim Prozess der Lieferantenauswahl sind:

✔ Beschaffungsmarktanalyse

✔ Lieferantenvorauswahl

✔ Lieferantenanalyse

✔ Lieferantenbewertung

✔ Lieferantenauswahl

Bei der Lieferantenbewertung und -auswahl sollten Sie insbesondere die in Abbildung 2.1 enthaltenen Kriterien berücksichtigen.

Abbildung 2.1: Kriterien der Lieferantenauswahl

Ebenso wie bei der Standortanalyse können Sie auch bei der Lieferantenauswahl *Scoring-Modelle* einsetzen, um die für Ihr Unternehmen wichtigen Auswahlkriterien mit den entsprechenden Gewichtungen zu berücksichtigen.

Die Materialbeschaffung

Im operativen Geschäft müssen Sie dafür sorgen, dass die für die Leistungserstellung benötigten Materialarten auch mit den notwendigen Mengen beschafft werden. Dafür ist es zunächst notwendig, dass Sie den Materialbedarf feststellen.

Die Bedarfsfeststellung

Bei der Feststellung des Materialbedarfs unterscheidet man:

✔ **Primärbedarf:** die geplante Menge an Endprodukten, die sich aus dem Produktionsprogramm ergibt

✔ **Sekundärbedarf:** der Materialbedarf an Einbauteilen und Rohmaterialien

✔ **Tertiärbedarf:** der Bedarf an Hilfsstoffen und Betriebsstoffen, die zur Herstellung des Primär- und Sekundärbedarfs benötigt werden

Für die Planung des Materialbedarfs stehen als Verfahren zur Verfügung:

✔ **Programmgebundene Bedarfsermittlung:** Der Materialbedarf wird aus Aufträgen und dem Produktionsprogramm abgeleitet. Die Anwendung (vor allem für die hochwertigen A-Güter aus der ABC-Analyse) setzt voraus, dass das Verhältnis zwischen Input und Output der einzelnen Fertigungsstufen genau bekannt und eindeutig festgelegt (daher auch deterministische Methode genannt) ist. Dazu benötigt man (vielfach bei Einsatz sogenannter Produktionsplanungs- und -steuerungssysteme; PPS-Systeme) die entsprechenden Baupläne, Rezepturen oder Stücklisten.

✔ **Verbrauchsorientierte Bedarfsermittlung:** Der Materialbedarf (vor allem für die geringwertigen B- und C-Güter aus der ABC-Analyse) wird auf Basis von Verbrauchsmengen der Vergangenheit prognostiziert, was unter anderem einen konstanten oder trendförmigen Verlauf der Materialverbräuche zur Voraussetzung hat für den Einsatz mathematisch-statistischer Verfahren (gleitender Durchschnitt, exponentielle Glättung oder lineare Einfachregression). Dieses Verfahren wird auch stochastische Bedarfsermittlung genannt.

✔ **Schätzungen (auch heuristische Bedarfsermittlung genannt):** Der Materialbedarf (vor allem von geringfügigen C-Gütern aus der ABC-Analyse) wird subjektiv durch qualifizierte, erfahrene Disponenten geschätzt. Diese Methode ist vor allem geeignet für Güter mit schwankendem Bedarf, ohne ausreichende Datenbasis für deterministische oder stochastische Verfahren beziehungsweise für neue Produkte.

Ermittlung des Nettobedarfs

Nachdem Sie den Materialbedarf mittels eines der genannten Verfahren ermittelt haben, müssen Sie für die Ermittlung der zu bestellenden Beschaffungsmenge noch weitere Faktoren berücksichtigen. Dabei hilft Ihnen die folgende Formel:

Bruttobedarf (= Sekundärbedarf + Zusatzbedarf für Wartung,

   Reparatur, Ausschuss oder Schwund)

– Lagerbestand

– Bestellbestand (aus offenen Bestellungen)

+ Vormerkbestand (Reservierungen, Voranmeldungen)

– Werkstattbestand (im Sinne von Materialien in der Werkstatt

   zur Weiterverarbeitung)

= Beschaffungsmenge (= *Nettobedarf*)

Materialtransport und -logistik

Die *Logistik* umfasst die Planung, Organisation und Steuerung des Transports und der Lagerung der Materialien.

Die Logistik hat die Aufgabe, für einen reibungslosen Ablauf der Materialversorgung im Unternehmen zu sorgen. Das heißt, dass

✔ die *richtigen Materialien* der Art und Menge nach,

✔ zur *richtigen Zeit*,

✔ am *richtigen Empfangsort*,

✔ im *richtigen Zustand* (Qualität, Materialeigenschaften)

zu minimalen Kosten bereitgestellt werden sollen.

Zur Steuerung der Logistik werden zwei Prinzipien unterschieden:

✔ **Hol-Prinzip:** Der Besteller holt das von ihm bestellte Material selbst ab (Vorteile: geringere Lagerbestände und Durchlaufzeiten; sogenanntes innerbetriebliches *Kanban-Prinzip*).

✔ **Bring-Prinzip:** Jede Produktionsstelle bringt das Material der nachgelagerten Produktionsstelle (*Just-in-time-Konzept*: »alles genau zur rechten Zeit«, je nachdem, wann eine Leistung gebraucht wird).

Die Logistik ist eine *unternehmensübergreifende Querschnittsfunktion*, da der Materialfluss über alle Wertschöpfungsstufen von den Zulieferern bis zu den Endkunden gesteuert werden soll. Daher können Sie die Logistik in die Teilbereiche der Beschaffungs-, der Produktions-, der Distributions- und der Entsorgungslogistik einteilen.

Die Optimierung der gesamten Logistikkette erfordert eine fortlaufende Koordination und Zusammenarbeit zwischen den Lieferanten, Händlern, Logistikdienstleistern und Kunden. Ein derartiges Logistikkettenmanagement wird international als *Supply Chain Management* (SCM) bezeichnet.

Die Materiallagerung

Die nächste Aufgabe der Materialwirtschaft besteht darin, die *Materiallagerung* zu optimieren. Grundlegend erkläre ich Ihnen zunächst die Lagerarten und die Lagerbestandsformen, bevor Sie mehr über die Methoden und Instrumente der Bestellpolitik erfahren.

Die Lagerarten

Werden die angelieferten Materialien nicht direkt verbraucht, müssen sie bis zur weiteren Verwendung als Vorrat oder Lagerbestand aufbewahrt werden. Die wichtigsten Lagerarten sehen Sie in Abbildung 2.2.

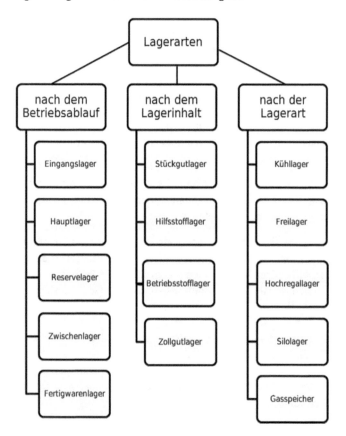

Abbildung 2.2: Lagerarten

Die Lagerbestandsformen

Es gibt beim *Lagerbestand* folgende Lagerbestandsformen:

✔ den *aktuellen Materialbestand,*

✔ den *verfügbaren Bestand* (Lagerbestand zuzüglich schon getätigter Bestellungen und abzüglich schon angekündigter Materialreservierungen für bestimmte Verwendungen),

✔ den *Sicherheitsbestand* (im Sinne einer eisernen Reserve),

✔ den *Meldebestand*, bei dem eine Bestellung ausgelöst wird, und

✔ den *Maximalbestand* (im Sinne der Materialmenge, die höchstens gelagert werden soll).

Abbildung 2.3 zeigt die Zusammenhänge zwischen den Lagerbestandsformen an einem Beispiel. Dabei wird angenommen, dass ein gleichmäßiger Lagerverbrauch (gestrichelte Linie) besteht und das Lager immer wieder bis zum Maximalbestand aufgefüllt wird.

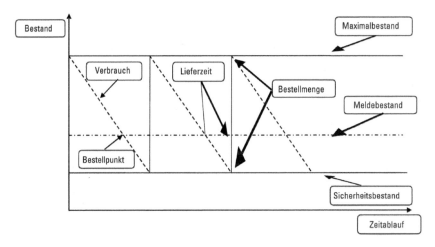

Abbildung 2.3: Lagerbestandsformen

Die Ermittlung des Materialverbrauchs

Die Lagerbestandsermittlung setzt voraus, dass Ihnen Ihr Materialverbrauch und Ihr Lagerbestand bekannt sind. Zur Ermittlung des Materialverbrauchs beziehungsweise des Lagerbestands können Sie folgende Methoden verwenden:

✔ **Inventurmethode:**

Verbrauch = Anfangsbestand + Zugang − Endbestand laut Inventur

✔ **Skontraktionsmethode (Fortschreibungsmethode):**

Endbestand = Anfangsbestand + Zugang − Abgang

Die Abgänge an Material werden hier über Materialentnahmescheine erfasst.

✔ **Retrograde Methode (Rückrechnung):**

Verbrauch = Sollverbrauch pro Einheit × hergestellte Stückzahl

Die Höhe des Lagerbestands wird entscheidend durch die *Bestellpolitik* beeinflusst, das heißt insbesondere durch

✔ Bereitstellungsprinzipien,

✔ Bestellverfahren und

✔ Lagerverwaltungsstrategien.

Die Bereitstellungsprinzipien

Die Höhe des Lagerbestands ist abhängig davon, nach welchem Bereitstellungsprinzip Ihr Unternehmen vorgeht. Dabei haben Sie die Wahl zwischen drei Möglichkeiten:

✔ **Vorratsbeschaffung:** Bestellung relativ großer Mengen an Materialien, sodass zwangsläufig bei Eingang der Bestellung höhere Lagerbestände entstehen, die im Zeitablauf dann jedoch abgebaut werden (siehe hierfür das Beispiel in Abbildung 2.3) − unter der Voraussetzung, dass die Qualität der Materialien durch die Lagerung nicht leidet

✔ **Einzelbeschaffung:** Beschaffung nur im konkreten Bedarfsfall wie zum Beispiel bei einer auftragsorientierten Einzelfertigung von Produkten

✔ **Fertigungssynchrone Beschaffung (just in time):** Lieferung der Materialien zum direkten Verbrauch in der Produktion zur Vermeidung von Lagerbeständen; Voraussetzungen: kontinuierlicher Materialverbrauch mit großem Mengenaufkommen und zeitgenauer Abstimmung zwischen Lieferant und Abnehmer

Bei der Auswahl des Bereitstellungsprinzips müssen Sie abwägen zwischen

✔ **Lagerkosten und Zinskosten durch die Kapitalbindung,** die der Lagerbestand auslöst (dies spricht für eine fertigungssynchrone Beschaffung und Einzelbeschaffung),

✔ **Beschaffungskosten pro Stück,** die bei größeren Bestellmengen durch Rabatteffekte sinken (eher ein Vorteil der Vorratsbeschaffung), und

✔ **Risiken,** die durch ausbleibende oder fehlerhafte Lieferungen entstehen können (spricht ebenfalls für Lagerbestände und eine Vorratsbeschaffung).

Das Bestellverfahren

Bei der Vorratsbeschaffung haben Sie zwei Bestellverfahren zur Auswahl:

✔ **Bestellpunktverfahren** mit der Festlegung der zu bestellenden Menge im Voraus, sobald der Lagerbestand auf den Meldebestand schrumpft (siehe das Beispiel in Abbildung 2.3)

✔ **Bestellrhythmusverfahren:** Konstanz nicht der Bestellmenge, sondern der Zeitabstände zwischen den Bestellungen, sodass die Bestellmenge dem Verbrauch und dem Lagerbestand angepasst werden muss

Die Lagerverwaltungsstrategien

Bei der Verwaltung der Lagerbestände können Sie über die Reihenfolge des Lagerverbrauchs entscheiden. Grundlegend gibt es die beiden folgenden *Lagerverwaltungsstrategien*:

✔ **FIFO (First In – First Out):** Lagerentnahme zuerst der Materialien, die dort als Erstes aufgenommen wurden, um zu vermeiden, dass der Warenbestand veraltet (Beispiel: Entnahme von Getreide aus einem Silo)

✔ **LIFO (Last In – First Out):** Entnahme der zuletzt angelieferten Materialien aus dem Lager zuerst (Beispiel: Entnahme des auf einen Sandberg zuletzt aufgeschütteten Sands zuerst)

Die Beschaffungskostenoptimierung

Die Beschaffungskosten setzen sich aus den von der Bestellmenge und den Einkaufspreisen der Materialien abhängigen *Beschaffungskosten,* den von der

Bestellmenge unabhängigen *Bestellkosten* (Fixkosten für jede Bestellung) und den *Lagerhaltungskosten* (insbesondere aus Raum-, Personalkosten und Zinsen für das im Lager gebundene Kapital) zusammen.

Bei der Ermittlung der kostenminimalen Bestellmenge gibt es ein *Optimierungsproblem*:

✔ Die Bestellkosten sind umso geringer, je *seltener* Sie bestellen.

✔ Die Lagerhaltungskosten sind dagegen umso geringer, je *häufiger* Sie bestellen.

Abbildung 2.4 veranschaulicht das Optimierungsproblem grafisch.

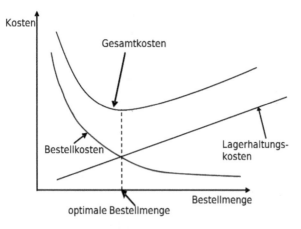

Abbildung 2.4: Optimale Bestellmenge

Zur mathematischen Ermittlung der optimalen Bestellmenge können Sie auf die (vereinfachte) *andlersche Formel* zurückgreifen:

$$B_{opt} = \sqrt{\frac{200 \times JB \times K_f}{p \times (i + l)}}$$

mit B_{opt}: optimale Bestellmenge, JB: Jahresbedarf in Stück, K_f: bestellfixe Kosten pro Bestellung, p: Bestellpreis pro Stück, i: Zinskostensatz pro Jahr in Prozent, l: Lagerkostensatz pro Jahr in Prozent

Die Anzahl der jährlich durchzuführenden Bestellungen können Sie ermitteln, indem Sie den Jahresbedarf JB durch die optimale Bestellmenge B_{opt} dividieren.

Die Materialentsorgung

 Die *Materialentsorgung* ist heute ein wichtiger Bestandteil einer umweltorientierten und auf Nachhaltigkeit ausgerichteten Unternehmensführung. Hierzu zählen alle Maßnahmen zur Begrenzung und Behandlung von betrieblichen Abfällen, die entstehen, wenn Materialien nicht oder nicht in vollem Umfang zu Bestandteilen der produzierten Erzeugnisse werden.

Die abfallwirtschaftlichen Maßnahmen sind:

✔ Abfallbegrenzung: Abfallvermeidung, -minderung

✔ Abfallbehandlung: Recycling, Abfallvernichtung, -beseitigung

Kennzahlen der Materialwirtschaft

Im Folgenden finden Sie vier weitere wichtige Kennzahlen der Materialwirtschaft, die sich insbesondere mit der Lagerbewirtschaftung beschäftigen.

Lieferbereitschaftsgrad

Der *Lieferbereitschaftsgrad* sagt Ihnen, wie gut die Waren verfügbar sind. Ist die Kennzahl vergleichsweise niedrig, ist eventuell die Lieferbereitschaft gefährdet. Weist sie einen relativ hohen Wert auf, könnte das Lager zu voll sein.

$$\text{Lieferbereitschaftsgrad} = \frac{\text{Anzahl der bedienten Bedarfspositionen}}{\text{Anzahl aller Bedarfspositionen}} \times 100$$

Lagerumschlagshäufigkeit

Die *Lagerumschlagshäufigkeit* sollte möglichst hoch sein, damit im Lager möglichst wenig Kapital gebunden ist.

$$\text{Lagerumschlagshäufigkeit} = \frac{\text{Materialeinsatz pro Jahr}}{\text{durchschnittlicher Lagerbestand}}$$

Durchschnittliche Lagerdauer

Die *durchschnittliche Lagerdauer* sagt Ihnen, wie hoch die durchschnittliche Verweildauer der Materialien oder Waren in Tagen ist. Ist sie zu gering, ist eventuell die Lieferbereitschaft gefährdet. Ist sie hingegen relativ hoch, deutet dies auf Unwirtschaftlichkeiten (Lagerhüter, zu hohe Bestellmenge, falscher Bestellrhythmus) hin.

$$\text{Durchschnittliche Lagerdauer} = \frac{365 \text{ Tage}}{\text{Lagerumschlagshäufigkeit}}$$

Lagerbestand in Prozent des Umsatzes

Der *Lagerbestand in Prozent des Umsatzes* ist ein weiterer Kontrollwert. Auch diese Kennzahl sollte weder einen zu niedrigen noch zu hohen Wert aufweisen.

$$\text{Lagerbestand in Prozent des Umsatzes} = \frac{\text{Lagerbestand}}{\text{Umsatz}} \times 100$$

Teil II
Produktion und Marketing

IN DIESEM TEIL . . .

In Teil II geht es um die beiden Themen Produktion und Marketing. Haben Sie auch diese beiden Kapitel bewältigt, haben Sie den dreistufigen betrieblichen Güterprozess mit der Beschaffung (Materialwirtschaft), der Produktion und dem Absatz (Marketing) komplett kennengelernt.

Im dritten Kapitel betrachten wir die Produktion, also den Prozess der Leistungserstellung, näher. Dabei geht es zunächst um einige Grundlagen wie den Begriff der Produktion, die Produktionsziele und die Produktionsformen. Dann fasse ich die verschiedenen Produktions- und Kostenfunktionen zusammen, die eine optimale Kombination der Produktionsfaktoren ermöglichen sollen. Abschließend stelle ich dann die Instrumente zur Produktionsplanung und -steuerung vor.

In Kapitel 4 geht es um das Marketing, also die Ausrichtung des Unternehmens auf den Markt und die Kunden. Dabei stehen dem Unternehmen verschiedene Instrumente wie die Marktforschung, die Produkt-, die Preis-, die Kommunikations- und die Distributionspolitik zur Verfügung.

Kapitel 3
Die Produktion

Die Grundbegriffe der Produktion

Bei der Produktion werden mit *Produktionsfaktoren* (*Werkstoffe*: Roh-, Hilfs- und Betriebsstoffe, *Betriebsmittel*: Gebäude, Anlagen, Know-how, Patente, *menschliche Arbeit*), das heißt dem *Input, Produkte* (Sachgüter und Dienstleistungen), das heißt der *Output*, erstellt.

Ein *Produktionsprogramm* legt dabei die Art, Menge und den Zeitpunkt der herzustellenden Produkte in einem Unternehmen fest. Ein optimales Produktionsprogramm trägt zu einer Maximierung des langfristigen Gewinns bei. Mithilfe der *Produktionsplanung und -steuerung* wird eine Optimierung des gesamten Produktionssystems herbeigeführt.

Während die *Produktion im weiteren Sinne* einfach die Kombination der Produktionsfaktoren meint, bezeichnet man als *Produktion im engeren Sinne* den eigentlichen Prozess der betrieblichen Leistungs*erstellung*. Aus dem Input (= Produktionsfaktoren) wird der Output (= fertige Produkte) erstellt.

Die Produktionsziele

Die Produktionsziele teilt man ein in:

✔ **Formalziele:** ökonomische Ziele, die den Erfolg des unternehmerischen Handelns wiedergeben (Gewinn, Umsatz, Rendite); Beispiele: hohe Wirtschaftlichkeit, hohe Produktivität, hohe Qualität, soziale Ziele wie Arbeitsplatzsicherheit, Nachhaltigkeit im Sinne des Umweltschutzes

✔ **Sachziele:** Ziele, die sich nach den Formalzielen richten und sich auf das konkrete Handeln bei der Leistungserstellung beziehen; Beispiele: Art des Produktionssortiments und -programms, Höhe der Produktionsmenge, Produktionsqualität, Liefertreue

 Ein klassischer *Zielkonflikt* besteht zwischen der Qualitäts- und der Kostenoptimierung als konkurrierenden Produktionszielen. Bei der Qualitätssteuerung entstehen nämlich als gegenläufige Kosteneffekte die *Kosten der Qualitätssicherung* und die *Kosten durch mangelnde Qualität*.

Die Gesamtkosten der Qualitätssteuerung optimieren Sie, wenn Sie die Summe der Kosten der Qualitätssicherung und der Kosten aus Qualitätsmängeln minimieren. Abbildung 3.1 zeigt diesen Zusammenhang. Sie sehen: Aus betriebswirtschaftlicher Sicht ist eine bestmögliche Qualität (100 Prozent) nicht kostenoptimal.

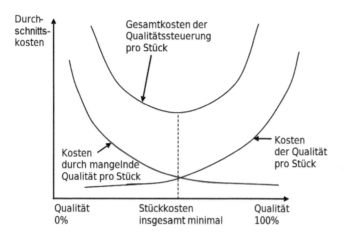

Abbildung 3.1: Qualitäts- und Kostenoptimierung als konkurrierende Produktionsziele

Die Produktionsformen

Die einzelnen Produktionsformen können Sie nach verschiedenen Kriterien unterscheiden. Eine Übersicht über die verschiedenen Produktionsformen, deren Charakteristika und passende Beispiele finden Sie in Tabelle 3.1.

Produktions-kriterien	Produktionsformen	Charakterisierung	Beispiele
Art der Produkte	Sachgütererstellung	Materielle (körperlich vorhandene) Güter; können auf Vorrat produziert werden	Maschinen, Nahrungsmittel
	Dienstleistungs-bereitstellung	Immaterielle Güter, nicht lagerfähig	Kundenberatung
Zahl der Produkte im Produktions-programm	Einprodukt erstellung	Das Unternehmen erstellt nur ein Produkt	Zuckerfabrik
	Mehrprodukt-erstellung	Das Unternehmen erstellt mehrere Produkte	Haushaltsgeräte-hersteller
Anzahl der hergestellten Produkte	Einzelproduktion	Anfertigung von Einzelstücken, Auftragsfertigung	Maßanzug, Bau eines Bürogebäudes
	Serienproduktion	Mehrere Produkte werden in be-grenzter Stückzahl auf unterschiedlichen Anlagen hergestellt	Automobilindustrie, Möbelindustrie
	Sortenproduktion	Mehrere eng mit-einander verwandte Produkte werden in begrenzter Stückzahl auf der gleichen Anlage hergestellt	Brauerei mit meh-reren Biersorten, Papierwerk
	Massenproduktion	Ein oder mehrere Produkte werden auf der gleichen Anlage in sehr großer Stückzahl hergestellt	Computerfertigung, Textilindustrie
Automati-sierungsgrad	Manuelle Fertigung	Handwerklich geprägter Fertigungsprozess	Reparatur von Schuhen
	Automatisierte Fertigung	Vom Computer gesteuerter Fertigungsprozess	Automobilfertigung

Tabelle 3.1: Produktionsformen im Überblick

Produktions-kriterien	Produktionsformen	Charakterisierung	Beispiele
Anordnung der Produktion	Werkstattfertigung	Betriebsmittel und Arbeitsplätze mit gleichartigen Arbeitsverrichtungen werden in einer Werkstatt zusammengefasst	Tischlerei, Schlosserei, Montagewerkstatt
	Fließfertigung	Anordnung der Betriebsmittel und Arbeitsplätze entspricht der Reihenfolge der am Produkt durchzuführenden Arbeitsvorgänge	Fließbandfertigung bei der Montage von Autos
	Gruppenfertigung	Kombination aus Werkstatt- und Fließfertigung	Straßenbau; Produktion von Fahrrädern
Stufigkeit der Produktion	Einstufige Produktion	Die Herstellung erfordert nur einen Arbeitsvorgang	Prägung von Kfz-Nummernschildern
	Mehrstufige Produktion	Der Produktions-prozess erfordert mehrere Arbeits-vorgänge	Automobilproduk-tion, Flugzeugbau

Tabelle 3.1: *(fortgesetzt)*

Die in der Praxis beobachtbaren Produktionsformen sind oft Kombinationen aus mehreren Produktionskriterien.

Die Produktions- und Kostenfunktionen

Wichtige Formalziele der Produktionswirtschaft sind die *Produktivität* und die *Wirtschaftlichkeit*. Das bedeutet, dass die Produkte (Output) mit einem minimalen Verbrauch an Produktionsfaktoren (Input) und möglichst kostengünstig hergestellt werden. Dabei helfen die Produktions- und Kostentheorie.

✔ Die **Produktionstheorie** zeigt die Beziehungen zwischen der *Menge* der eingesetzten *Produktionsfaktoren* und der *Menge* der damit hergestellten *Produkte* (= Ausbringungsmenge) anhand von Produktionsfunktionen auf.

✔ Die **Kostentheorie** baut auf der Produktionstheorie auf und soll anhand von Kostenfunktionen beschreiben, wie sich die Veränderungen der *Ausbringungsmenge* auf die *Kosten* der Produktion auswirken.

 Die Produktionstheorie beschreibt beispielsweise, welche Mengen an Produktionsfaktoren (Gestell, Räder, Stoßdämpfer, Bremsen, Korb, Gurte, Schrauben, Nähte, Maschinen und menschliche Arbeitskraft) zur Herstellung eines Kinderwagens erforderlich sind. Die Kostentheorie zeigt dann auf, um welchen Betrag sich die Kosten erhöhen, wenn die Ausbringungsmenge an Kinderwagen von 1.000 Stück auf 1.200 Stück angehoben wird.

Die Produktionsfunktionen

 Die *Produktionsfunktion* gibt Ihnen den mengenmäßigen Zusammenhang zwischen den Einsatzmengen an Produktionsfaktoren (Input) und der Ausbringungsmenge (Output) bei technisch effizienter Produktion an.

Als *technisch effizient* gilt eine Produktion, wenn die beiden folgenden Voraussetzungen erfüllt sind:

1. Eine bestimmte Ausbringungsmenge kann bei Verminderung der Einsatzmenge eines Produktionsfaktors nur dann hergestellt werden, wenn gleichzeitig die Einsatzmenge mindestens eines weiteren Produktionsfaktors erhöht wird *und*

2. es nicht möglich ist, mit der gegebenen Einsatzmenge jedes Produktionsfaktors eine höhere Ausbringungsmenge zu erzielen.

Mathematisch definiert die Produktionsfunktion, wie eine Ausbringungsmenge x abhängig ist von der Menge der Produktionsfaktoren r_1 bis r_n.

$$x = f(r_1, r_2, r_3, \ldots, r_n)$$

Die Produktionsfunktionen können grundlegend danach unterschieden werden, ob die Produktionsfaktoren mengenmäßig in einem bestimmten festen Verhältnis zueinander stehen (*limitationale Produktionsfunktionen*) oder die Produktionsfaktoren gegenseitig zumindest teilweise ersetzt oder ausgetauscht werden können (*substitutionale Produktionsfunktionen*).

Substitutionale Produktionsfunktionen

Bei *substitutionalen Produktionsfunktionen* können Sie demnach eine bestimmte Ausbringungsmenge durch unterschiedliche Mengenkombinationen von Produktionsfaktoren herstellen.

 Bei der Produktion eines Kinderwagens kann das Gestell aus unterschiedlichen Materialien hergestellt werden. Man kann das Gestell beispielsweise aus verstärktem Aluminium, aus Metallrohren oder durch unterschiedliche Kombinationen beider Materialien erstellen.

Grafisch lässt sich eine substitutionale Produktionsfunktion wie in Abbildung 3.2 darstellen.

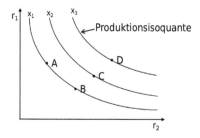

Abbildung 3.2: Substitutionale Produktionsfunktion

Die Abbildung zeigt, wie sich eine bestimmte Produktionsmenge (dargestellt als sogenannte *Produktionsisoquante*) durch eine unterschiedliche Kombination der beiden Produktionsfaktoren r_1 und r_2 herstellen lässt. Beispielsweise kann die Produktionsmenge x_1 sowohl durch die im Punkt A dargestellte Kombination der beiden Produktionsfaktoren r_1 und r_2 hergestellt werden als auch durch die im Punkt B gekennzeichnete Kombination (mehr Einsatzmenge von r_2, dafür weniger von r_1).

Limitationale Produktionsfunktionen

Bei einer *limitationalen Produktionsfunktion* können die Produktionsfaktoren zur Herstellung eines Produkts nicht gegenseitig ersetzt werden, sondern stehen in einem gleichbleibenden festen Verhältnis zueinander. Es gibt daher für eine Ausbringungsmenge nur eine einzige technisch effiziente Faktorkombination. Die

Isoquante ist keine Kurve, sondern besteht nur aus einem einzigen Punkt (siehe Abbildung 3.3). Eine Veränderung der Ausbringungsmenge ist nur dann möglich, wenn die Einsatzmengen aller Produktionsfaktoren in einem bestimmten Einsatzverhältnis gesteigert werden.

Bei der Produktion eines Kinderwagens werden unter anderem genau ein Gestell, ein Korb, vier Räder, ein Bremsgestell, ein Rollbügel und ein Handgriff benötigt. Für die Herstellung von zwei Kinderwagen sind genau zwei Gestelle, zwei Körbe, acht Räder und so weiter notwendig.

Eine limitationale Produktionsfunktion können Sie grafisch wie in Abbildung 3.3 darstellen.

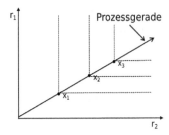

Abbildung 3.3: Limitationale Produktionsfunktion

In der Abbildung erkennen Sie, dass eine bestimmte Produktionsmenge (zum Beispiel x_1) nur durch eine bestimmte Kombination der beiden Produktionsfaktoren r_1 und r_2 hergestellt werden kann. Die gestrichelten Linien deuten an, dass Veränderungen der Einsatzmenge nur eines Produktionsfaktors r technisch nicht effizient sind. Verbindet man die effizienten Faktorkombinationen (x_1, x_2, x_3 und so weiter) durch eine Linie, entsteht die sogenannten *Prozessgerade*.

Die Kostenfunktionen

Während die Produktionsfunktion die mengenmäßige Beziehung zwischen Input und Output ausdrückt, ergänzt die Kostenfunktion die Betrachtung um eine *wertmäßige Analyse* (Wertgerüst), um aus den technisch effizienten Produktionsprozessen die kostenminimalen Produktionsprozesse zu bestimmen.

Bei einer Kostenfunktion werden die Gesamtkosten K eines Produktionsprozesses dargestellt, die von den eingesetzten Produktionsfaktoren r_1 bis r_n herrühren, die mit ihren jeweiligen Marktpreisen p_1 bis p_n multipliziert werden.

$$K = p_1 \times r_1 + p_2 \times r_2 + p_3 \times r_3 + \ldots + p_n \times r_n$$

Die Bewertung der Faktoreinsatzmengen mit Preisen führt dazu, dass alle Faktorverbräuche einheitlich in Geldeinheiten (zum Beispiel in Euro) ausgedrückt werden. Damit wird das Äpfel-Birnen-Problem der Produktionstheorie gelöst, da dort die Faktorverbräuche in unterschiedlichen Dimensionen (Stunden, Stück, Kilogramm) gemessen werden.

Die Kostenfunktion ist gleichzeitig von der Ausbringungsmenge x abhängig, da die Einsatzmengen der Produktionsfaktoren die Ausbringungsmenge x bestimmen:

$$K = f(x)$$

Die Kostenfunktion gibt an, wie sich die Kosten im Verhältnis zur Anzahl der produzierten Güter verändern.

Kostenbegriffe

Um die Kostenfunktionen und ihre Analyse zu verstehen, sollten Sie die wichtigsten Kostenbegriffe, ihre formale Darstellung und ihre Berechnung kennen. Wie können Sie Kosten allgemein definieren?

Kosten sind der in Geldeinheiten bewertete Verbrauch von Produktionsfaktoren.

Weitere für die Kostentheorie wichtige Kostenbegriffe und ihre Berechnungsformeln finden Sie in Tabelle 3.2. Ausführlichere Erklärungen zu den Kostenbegriffen folgen in Kapitel 12.

Kostenminimum

Zur grafischen Bestimmung des Kostenminimums bei einer *substitutionalen Produktionsfunktion* suchen Sie den Punkt auf der entsprechenden Produktionsisoquante, der mit den geringsten Kosten verbunden ist. Die Höhe der Kosten können Sie in Form einer sogenannten Kostenisoquante darstellen.

Kostenbegriff	Erklärung	Formel
Gesamtkosten	Summe aus fixen und variablen Kosten	$K = K_V + K_V$
Variable Kosten	von der Beschäftigungsmenge x abhängige Kosten	K_V
Fixe Kosten	von der Beschäftigungsmenge x unabhängige Kosten	K_F
Stückkosten	durchschnittliche Kosten pro produziertem Stück	$k = \dfrac{K}{x}$
Variable Stückkosten	von der Beschäftigungsmenge x abhängige Stückkosten	$k_v = \dfrac{K_V}{x}$
Fixe Stückkosten	von der Beschäftigungsmenge x unabhängige Stückkosten	$k_F = \dfrac{K_F}{x}$
Grenzkosten	zusätzliche Kosten einer weiteren Produkteinheit	$K' = \dfrac{dK}{dx}$

Tabelle 3.2: Kostenbegriffe

Die *Kostenisoquante* ist der geometrische Ort aller Faktoreinsatzkombinationen, die bei gegebenen Faktorpreisen zu den gleichen Kosten führen.

Die Kostenisoquante können Sie bestimmen, indem Sie die Kosten K konstant setzen zu $\overline{K}$ und die Kostenfunktion

$$\overline{K} = p_1 \times r_1 + p_2 \times r_2$$

nach r_1 oder r_2 auflösen. Es gilt also beispielsweise:

$$r_2 = \frac{\overline{K}}{p_2} - \frac{p_1}{p_2} \times r_1$$

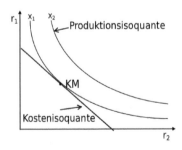

Abbildung 3.4: Minimalkostenkombination bei substitutionalen Produktionsfunktionen

Die Minimalkostenkombination *KM* für die Produktionsisoquante x_1 haben Sie gefunden, wenn die Kostenisoquante die Produktionsisoquante gerade noch in einem Punkt tangiert. Das ist in Abbildung 3.4 im Punkt *KM* der Fall. Verschieben Sie die Kostenisoquante parallel nach links unten, ergibt sich kein Berührungspunkt mehr, sodass die Ausbringungsmenge x_1 bei einem niedrigeren Kostenbudget als $\overline{K}$ nicht realisierbar ist. Verschieben Sie die Kostenisoquante parallel nach rechts oben, würden Sie das Kostenbudget erhöhen und hätten höhere Kosten.

Da im Kostenminimum *KM* die Steigung der Kostenisoquante gleich der Steigung einer Tangente an die Produktionsisoquante für x_1 (auch *Grenzrate der Substitution* genannt) ist, kann das Kostenminimum mathematisch bestimmt werden durch:

$$\frac{\mathrm{d}r_2}{\mathrm{d}r_1} = -\frac{p_1}{p_2}$$

Bei *limitationalen Produktionsfunktionen* können Sie die Minimalkostenkombination grundsätzlich einfach bestimmen. Da es bei der in Abbildung 3.3 dargestellten limitationalen Produktionsfunktion für jede Ausbringungsmenge nur eine effiziente Kombination der Produktionsfaktoren gibt, ist diese Kombination auch gleichzeitig die Minimalkostenkombination. Komplizierter kann die Bestimmung der Minimalkostenkombination werden, wenn bei einer limitationalen Produktionsfunktion die Ausbringungsmenge über unterschiedliche Anpassungsformen hergestellt werden kann. Mehr dazu können Sie im Abschnitt »Die Produktions- und Kostenfunktion vom Typ B« weiter hinten in diesem Kapitel lesen.

Bestimmungsfaktoren der Kosten

Die Gesamtkosten der Produktion hängen von verschiedenen Kosteneinflussgrößen ab. Die wichtigsten Kostendeterminanten im Produktionsbereich sind die *Betriebsgröße* (zum Beispiel wegen Kostendegressionseffekten), das *Produktionsprogramm* (zum Beispiel durch eine veränderte Losgröße im Sinne der gefertigten Stückzahl), die *Beschäftigung* (im Sinne der betrieblichen Kapazitätsauslastung etwa in Bezug auf die eingesetzten Maschinen), die *Produktionsbedingungen* (vor allem wegen des Automatisierungsgrads der Produktion), die *Faktorqualität* und die *Faktorpreise* (zum Beispiel wegen Mengenrabatten).

Die Gesamtkosten eines Produkts werden aber auch durch Einflussfaktoren aus anderen Bereichen des Unternehmens beeinflusst, wie zum Beispiel durch die Kosten für Forschung und Entwicklung (F&E) oder die Vertriebskosten.

Die Analyse ausgewählter Produktions- und Kostenfunktionen

Aus der Vielzahl von Kosteneinflussfaktoren ergeben sich unterschiedliche und komplexe Verläufe der Produktions- und Kostenfunktionen. Zwei der wichtigsten und bekanntesten Produktionsfunktionen lernen Sie jetzt genauer kennen.

Die Produktions- und Kostenfunktion vom Typ A

Die *Produktionsfunktion vom Typ A* basiert auf dem klassischen *Ertragsgesetz*. Die ertragsgesetzliche Produktionsfunktion (am üblichen Beispiel der Landwirtschaft) geht davon aus, dass es bei zunehmendem Einsatz eines Produktionsfaktors (Arbeit) und bei konstanten Einsatzmengen der anderen Produktionsfaktoren (Boden, Saatgut, Dünger)

✔ zunächst zu steigenden Grenzerträgen und

✔ dann zu abnehmenden Grenzerträgen kommt.

Der *Grenzertrag* x' gibt an, um wie viel sich die Ausbringungsmenge x verändert, wenn eine Einheit eines bestimmten Produktionsfaktors r zusätzlich eingesetzt wird. Der Grenzertrag wird mathematisch ermittelt, indem die Produktionsfunktion nach einem Produktionsfaktor r_i abgeleitet wird, wobei alle anderen Faktoreinsatzmengen konstant bleiben (das nennt man partielle Faktorvariation):

$$x' = \frac{\mathrm{d}x}{\mathrm{d}r_\mathrm{i}}$$

Das *Ertragsgesetz* besagt nun, dass mit jeder zusätzlich eingesetzten Einheit eines Produktionsfaktors der Ertrag zunächst stark steigt, dann aber mit jeder weiteren Einheit nur noch einen geringeren zusätzlichen Anstieg aufweist. Ab einer bestimmten Faktoreinsatzmenge kann der Ertrag dann sogar bei einer weiteren Erhöhung der Faktoreinsatzmenge rückläufig sein (siehe hierzu Abbildung 3.5 für einen Produktionsfaktor r_1).

Den *durchschnittlichen Ertrag* $\bar{x}$ ermitteln Sie im Übrigen, indem Sie den Gesamtertrag x durch die Einsatzmenge des Produktionsfaktors r_i teilen:

$$\bar{x} = \frac{x}{r_\mathrm{i}}$$

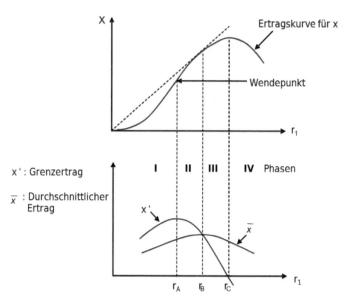

Abbildung 3.5: Produktionsfunktion vom Typ A

Den Verlauf der ertragsgesetzlichen Produktionsfunktion können Sie in vier Phasen einteilen, die hinsichtlich des Gesamtertrags wie folgt charakterisiert sind:

✔ Phase I: progressiv steigend

✔ Phase II: degressiv steigend

✔ Phase III: degressiv steigend

✔ Phase IV: fallend

Hierbei steigt der Durchschnittsertrag $\bar{x}$ in den Phasen I und II und fällt in den Phasen III und IV.

Die *Gesamtkostenfunktion* K einer Produktionsfunktion vom Typ A hat einen S-förmigen Kurvenverlauf. Dieser ergibt sich daraus, dass die Kostenfunktion zunächst einen unterproportional (= degressiv) steigenden und später (ab Beginn der Phase II) einen überproportional (= progressiv) steigenden Verlauf aufweist (siehe Abbildung 3.6).

Ferner berechnen Sie die *Gesamterlöse* E, indem Sie die Ausbringungsmenge x (Output) mit dem hier als konstant angenommenen Preis p multiplizieren:

$$E = x \times p$$

Zur Bestimmung *des Grenzerlöses E'* leiten Sie *E* nach *x* ab:

$$E' = \frac{\mathrm{d}E}{\mathrm{d}x} = p$$

Der Grenzerlös *E'* entspricht hier also dem Stückpreis *p*.

Ein *Gewinn* (siehe farbig gekennzeichnete Flächen in Abbildung 3.6) liegt vor, wenn die Gesamterlöse *E* größer als die Gesamtkosten *K* sind (siehe obere Grafik) beziehungsweise der Verkaufspreis *p* (= Grenzerlös *E'*) höher ist als die Stückkosten *k* (siehe untere Grafik).

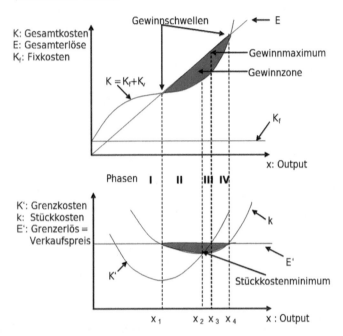

Abbildung 3.6: Kostenfunktion nach dem Ertragsgesetz

 Die ertragsgesetzliche Produktionsfunktion mit ihrem idealtypischen Verlauf ist zum Verständnis von Produktions- und Kostenfunktionen sehr gut geeignet, entspricht aber leider selten der Realität. In einer modernen industriellen Produktion mit einem hohen Maschinisierungsgrad lassen sich Produktionsfaktoren selten problemlos gegenseitig ersetzen.

Die Produktions- und Kostenfunktion vom Typ B

Die Produktionsfunktion vom Typ B wurde von Erich Gutenberg zur Beschreibung der industriellen Produktion entwickelt und geht von einer limitationalen Produktionsfunktion aus. Hierbei werden die Produktionsfaktoren unterschieden in Gebrauchsfaktoren (Betriebsmittel wie Maschinen und Werkzeuge, menschliche Arbeit) und Verbrauchsfaktoren (beispielsweise Werkstoffe). Der Verbrauch eines *Verbrauchsfaktors* hängt unmittelbar von der Ausbringungsmenge x ab. Der Verbrauch an *Gebrauchsfaktoren* hingegen hängt nicht unmittelbar von der Ausbringungsmenge x, sondern

✔ von den technischen Eigenschaften (maximale Leistung einer Maschine) z_1, z_2 des Gebrauchsgutes und

✔ der Intensität d der Nutzung des Gebrauchsgutes (tatsächlich genutzte Leistung der Maschine) ab.

Die Verbrauchsfunktionen der Produktionsfunktion vom Typ B können unterschiedliche Verläufe haben (siehe Abbildung 3.7).

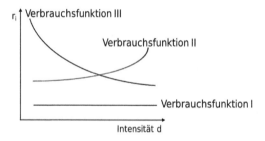

Abbildung 3.7: Verbrauchsfunktionen

✔ Die Verbrauchsfunktion I zeigt einen linearen Verlauf. Das bedeutet, dass der mengenmäßige Verbrauch des Produktionsfaktors r_i je Produkteinheit unabhängig von der Intensität d der Nutzung des Gebrauchsgutes ist. Beispiel: Verbrauch an Verbrauchsfaktoren wie Werkstoffen.

✔ Der progressiv steigende Verlauf der Verbrauchsfunktion II bedeutet, dass bei zunehmender Intensität d der mengenmäßige Verbrauch des Produktionsfaktors r_i je Produkteinheit immer stärker steigt. Beispiel: Verbrauch an Schmiermitteln bei steigender Motorleistung.

✔ Die Verbrauchsfunktion III hat einen degressiv fallenden Verlauf, sodass bei zunehmender Intensität d der mengenmäßige Verbrauch des Produktionsfaktors r_i je Produkteinheit immer weiter sinkt, wenn auch mit immer kleiner werdenden Rückgängen. Beispiel: Zeitlohnarbeit bei Fließbandarbeit.

Die Ausbringungsmenge x hängt bei der Produktionsfunktion vom Typ B von

✔ der *Einsatzmenge* der Produktionsfaktoren gemäß ihrer Verbrauchsfunktionen,

✔ der *Intensität* des Faktoreinsatzes und

✔ der *Einsatzzeit* des Faktoreinsatzes ab.

 Eine *kombinierte Anpassung* liegt vor, wenn mindestens zwei Anpassungsformen so kombiniert werden, dass eine bestimmte Ausbringungsmenge mit den minimalen Durchschnittskosten produziert wird.

Produktionsplanung und -steuerung

Die Produktionsplanung und -steuerung (PPS) ist in der betrieblichen Realität häufig sehr komplex, da gleichzeitig eine Vielzahl von Planungsproblemen gelöst werden muss. Die wichtigsten PPS-Methoden und Verfahren sind:

✔ **Traditionelle PPS-Systeme:** schrittweise (sukzessive) Planung mit der typischen Abfolge: Grunddatenverwaltung der Planungsdaten → Produktionsprogrammplanung → Mengenplanung (Materialbedarf, Bestellmenge, Losgrößen) → Termin- und Kapazitätsplanung → Werkstattsteuerung → Auftragsüberwachung über die Betriebsdatenerfassung → Vertriebssteuerung

✔ **Manufacturing Resource Planning (MRP):** hierarchische Planung von der Geschäfts- über die Produktionsprogramm- bis zur Termin- und Ablaufplanung zur Verkürzung der Lagerdauer und Verminderung der Durchlaufzeiten; hierbei: Berücksichtigung der Kapazitätsrestriktionen der einzelnen Planungsebenen

✔ **Optimized Production Technology (OPT):** computergestützte, algorithmische Steuerung des Material- und Fertigungsflusses in Form eines Netzwerkes zur Vermeidung von Engpässen (im Rahmen einer rollierenden Planung durch Rückwärtsterminierung)

✔ **Belastungsorientierte Auftragsfreigabe (BOA):** optimierte Auftragsfreigabe bei der Fertigungssteuerung zur Vermeidung zu hoher Lagerbestände und zu langer Durchlaufzeiten

✔ **Kanban-Verfahren:** nach dem *Hol-Prinzip* (*Pull-Prinzip*) dezentraler, sich selbst steuernder Regelkreis dahingehend, dass die verbrauchende nachgelagerte Produktionsstelle das für die Produktion benötigte Material aus einem Pufferlager holt und eine Laufkarte (japanisch: Kanban) hinterlegt

✔ **Fortschrittszahlenkonzept:** Einteilung des Produktionsbereichs in einzelne, nacheinander zu durchlaufende Kontrollblöcke (Fertigungsstufen, Maschinengruppen, Einzelmaschinen) mit der Ermittlung einer Fortschrittszahl für jeden Bereich, wodurch die bisher im Fertigungsverlauf insgesamt angefallene (kumulierte) Menge an Input- beziehungsweise Outputgütern angegeben wird

✔ **Computer Integrated Manufacturing (CIM):** ganzheitliche Betrachtung der Leistungserstellungsprozesse eines Unternehmens durch integrierte IT-Systeme – mit folgenden (miteinander verknüpften) Bestandteilen:

- CAD: Computer Aided Design (rechnergestützte Konstruktion, Entwurf)

- CAP: Computer Aided Planning (rechnergestützte Arbeitsplanung)

- CAM: Computer Aided Manufacturing (rechnergestützte Fertigung)

- CAQ: Computer Aided Quality Assurance (rechnergestützte Qualitätssicherung)

- PPS: Produktionsplanung und -steuerung

- BDE: Betriebsdatenerfassung

Produktionsprogrammplanung ohne Engpass

Das gewinnmaximale Produktionsprogramm können Sie mithilfe der Deckungsbeitragsrechnung, die in Kapitel 12 näher erklärt ist, ermitteln. Dabei gehen Sie in einem einfachen Fall (kurzfristige Betrachtung, Mehrproduktunternehmen, keine Kapazitätsengpässe, Verrechnung der Fixkosten en bloc) wie folgt vor:

1. Sie bestimmen die Deckungsbeiträge pro Stück für alle Produkte.

2. Es werden nur die Produkte hergestellt, die einen positiven Deckungsbeitrag haben.

3. Das optimale Produktionsprogramm wird realisiert, wenn von den Produkten mit positiven Deckungsbeiträgen die maximale Absatzmenge hergestellt wird.

4. Zur Bestimmung des maximalen Gewinns ziehen Sie von der Summe der Deckungsbeiträge der hergestellten Produkte die Fixkosten ab.

 Der Taschenrechnerproduzent NRW Instruments kann die Produkte A, B, C und D produzieren. Die für die Ableitung des gewinnmaximalen Produktionsprogramms relevanten Daten und die Berechnungen für die oben genannten vier Schritte sehen Sie in Tabelle 3.3.

Produkte	A	B	C	D	Summe
(1) Preis	20 €	40 €	37 €	18 €	
(2) Variable Stückkosten	12 €	30 €	28 €	20 €	
(3) Deckungsbeitrag pro Stück: (1) – (2)	8 €	10 €	9 €	–2 €	
(4) Maximale Absatzmenge	20.000 Stück	12.000 Stück	10.000 Stück	30.000 Stück	
(5) Produktionsmenge	20.000 Stück	12.000 Stück	10.000 Stück	0	
(6) Deckungsbeitrag: (3) × (5)	160.000 €	120.000 €	90.000 €	0 €	370.000 €
(7) Fixkosten					200.000 €
(8) Gewinn: (6) – (7)					170.000 €

Tabelle 3.3: Deckungsbeitragsrechnung ohne Engpass

Das Produkt D wird nicht produziert, weil es einen negativen Deckungsbeitrag pro Stück von –2 Euro hat. Das gewinnmaximale Produktionsprogramm besteht darin, die maximalen Absatzmengen der Produkte A, B und C zu produzieren. Dabei entsteht ein Periodengewinn von 170.000 Euro.

Produktionsprogrammplanung mit Engpass

Ein Problem könnte darin bestehen, dass die Produktionskapazität für das gewinnmaximale Produktionsprogramm nicht ausreicht.

 Die vier Produkte der NRW Instruments aus dem vorangegangenen Beispiel werden auf einer Maschine hergestellt, die eine maximale Kapazität von 80.000 Minuten pro Periode hat. Dabei dauert die Produktion von A pro Stück 2 Minuten, die von B 5 Minuten, die von C 3 Minuten und die von D 4 Minuten.

Die Kapazitätsüberprüfung bei der NRW Instruments für das gewinnmaximale Produktionsprogramm ohne Engpass hat folgendes Ergebnis

Produkt A: 20.000 Stück × 2 Minuten = 40.000 Minuten

Produkt B: 12.000 Stück × 5 Minuten = 60.000 Minuten

Produkt C: 10.000 Stück × 3 Minuten = <u>30.000 Minuten</u>

130.000 Minuten

Da die Maximalkapazität 80.000 Minuten beträgt, hat NRW Instruments ein Problem. Es liegt ein Engpass vor, sodass das bisherige gewinnmaximale Produktionsprogramm nicht realisierbar ist.

In diesem Fall können Sie das gewinnmaximale Produktionsprogramm bestimmen, indem Sie für die Produkte die relativen Deckungsbeiträge berechnen und die Produkte in der Reihenfolge ihrer relativen Deckungsbeiträge herstellen. Den *relativen Deckungsbeitrag* pro Stück eines Produkts berechnen Sie mithilfe der folgenden Formel:

$$\text{relativer Deckungsbeitrag} = \frac{\text{Deckungsbeitrag pro Stück}}{\text{Engpassbeanspruchung}}$$

Wenn ein Engpass vorliegt, gehen Sie in folgenden Schritten vor:

1. Bestimmen Sie die relativen Deckungsbeiträge pro Stück für alle Produkte.

2. Bringen Sie die Produkte in eine Rangfolge, die mit dem Produkt mit dem höchsten relativen Deckungsbeitrag beginnt. Es folgt das Produkt mit dem zweithöchsten relativen Deckungsbeitrag und so weiter.

3. Stellen Sie nur die Produkte her, die einen positiven relativen Deckungsbeitrag haben.

4. Stellen Sie die Produkte gemäß der Rangfolge bis zu ihrer maximalen Absatzmenge her, bis die maximale Kapazität erreicht ist. Von dem zuletzt hergestellten Produkt kann dann gegebenenfalls nicht die maximale Absatzmenge erzeugt werden, weil die Kapazität dazu nicht mehr ausreicht.

5. Ziehen Sie zur Bestimmung des maximalen Gewinns von der Summe der Deckungsbeiträge der hergestellten Produkte die Fixkosten ab.

Die Durchführung der fünf Schritte für unser fortgesetztes Beispiel können Sie in Tabelle 3.4 sehen.

Produkte	A	B	C	D	Summe
(1) Preis	20 €	40 €	37 €	18 €	
(2) Variable Stückkosten	12 €	30 €	28 €	20 €	
(3) Deckungsbeitrag pro Stück: (1)–(2)	8 €	10 €	9 €	-2 €	
(4) Kapazitätsbeanspruchung pro Stück	2 Min.	5 Min.	3 Min.	4 Min.	
(5) Relativer Deckungsbeitrag: (3)–(4)	4 €/Min.	2 €/Min.	3 €/Min.	-0,5 €/Min.	
(6) Rangfolge	1	3	2	–	
(7) Maximale Absatzmenge	20.000 Stück	12.000 Stück	10.000 Stück	30.000 Stück	
(8) Produktionsmenge gemäß (6) unter Beachtung der Kapazitätsgrenze (siehe (9))	20.000 Stück	2.000 Stück	10.000 Stück	–	
(9) Kapazitätsbeanspruchung: (4)–(8)	40.000 Min.	10.000 Min.	30.000 Min.	–	80.000 Min. max.
(10) Deckungsbeitrag: (3)–(8)	160.000 €	20.000 €	90.000 €	0 €	270.000 €
(11) Fixkosten					200.000 €
(12) Gewinn: (10)–(11)					70.000 €

Tabelle 3.4: Deckungsbeitragsrechnung mit Engpass

Die Produktionsmenge für das Produkt B in Zeile (8) von Tabelle 3.2 können Sie wie folgt berechnen:

✔ Für die Produkte A und C benötigen Sie eine Kapazität von 70.000 Minuten (siehe Zeile (9) in Tabelle 3.2).

✔ Da insgesamt 80.000 Minuten an Maschinenkapazität zur Verfügung stehen, bleibt für die Herstellung des Produkts B noch eine Restkapazität von 80.000 Minuten – 70.000 Minuten = 10.000 Minuten übrig.

✔ Da die Produktion eines Stücks von Produkt B eine Kapazitätsbeanspruchung von 5 Minuten hat, können von Produkt B noch 10.000 Minuten : 5 Minuten/Stück = 2.000 Stück hergestellt werden.

Kennzahlen zur Produktionsplanung und -steuerung

Bei der Produktionsplanung und -steuerung gibt es einige Formeln und Kennziffern, die Ihnen helfen, die Produktionskosten zu minimieren und das optimale Produktionsprogramm festzulegen.

Optimale Losgröße

Bei der Herstellung mehrerer artverwandter Produkte (Sorten) auf einer Produktionsanlage fallen bei der Umstellung auf eine andere Produktart Umrüstkosten an. Bei wenigen Umrüstungen können zwar die Umrüstkosten niedrig gehalten werden, dafür sind aber die Lagerkosten relativ hoch (und umgekehrt). Sie können das Problem lösen, indem Sie die *optimale Losgröße* für die Fertigung bestimmen, bei der die Summe aus Lager- und Umrüstkosten minimal ist.

Hierbei hilft Ihnen die folgende Formel:

$$m_{opt} = \sqrt{\frac{200 \times JB \times R_k}{k_{HK} \times (i + l)}}$$

mit m_{opt}: optimale Losgröße, JB: Jahresbedarf (Absatzmenge pro Jahr) in Stück, R_k: fixe Rüstkosten bei Sortenwechsel, k_{HK}: Herstellkosten pro Stück, i: Zinskostensatz pro Jahr in Prozent, l: Lagerkostensatz pro Jahr in Prozent

Kennzahlen zur Produktionsprozesssteuerung

Es gibt noch weitere in der Praxis gebräuchliche Kennzahlen zur Steuerung und Kontrolle des Produktionsprozesses:

$$\text{Beschäftigungsgrad} = \frac{\text{Istbeschäftigung}}{\text{Planbeschäftigung}} \times 100$$

Der *Beschäftigungsgrad* ermöglicht einen Vergleich der tatsächlichen Produktionsmenge mit der geplanten Produktionsmenge.

$$\text{Kapazitätsauslastungsgrad} = \frac{\text{Istauslastung}}{\text{Maximalauslastung}} \times 100$$

Der *Kapazitätsauslastungsgrad* zeigt Ihnen, welcher Anteil der Kapazität beispielsweise bei einer Maschine tatsächlich genutzt wird.

$$\text{Ausschussquote} = \frac{\text{Ausschussmenge}}{\text{Produktionsmenge}} \times 100$$

Die *Ausschussquote* sagt Ihnen, wie viel Prozent der Produktionsmenge eines Produkts als Ausschuss unbrauchbar sind.

Um ihre Kostensituation zu optimieren, streben die Unternehmen hohe Beschäftigungs- und Kapazitätsauslastungsgrade an. Die Ausschussquoten hingegen sollten möglichst niedrig sein, da niedrige Ausschussquoten auf eine gute Qualität der Produktion hindeuten und zu niedrigen Produktionskosten beitragen.

IN DIESEM KAPITEL

Der Marketingbegriff und der
Marketingmanagementprozess

....

Die Marktforschung

....

Die Produkt- und Preispolitik

....

Die Kommunikations- und Distributionspolitik

....

Der Marketingmix

....

Kapitel 4
Das Marketing

Der Marketingbegriff

Der *Absatz* ist nach der Beschaffung und Produktion die letzte Stufe im betrieblichen Leistungserstellungsprozess. Nachdem die Güter und Dienstleistungen erstellt wurden, geht es bei der Absatzwirtschaft darum, die Güter und Dienstleistungen den Kunden gegen Geldzahlung zu verkaufen. Neben dieser traditionellen Auslegung des Marketings als der Lehre vom Absatz der Güter kann weiter gefasst *Marketing* als »bewusst marktorientierte Führung des Unternehmens« oder als »marktorientiertes Entscheidungsverhalten in der Unternehmung« verstanden werden, was auch als *Marketingmanagement* bezeichnet wird.

Der Marketingbegriff steht im Zusammenhang mit gesamtwirtschaftlichen Entwicklungen, die in den Beziehungen zwischen Unternehmen und Umwelt zu verschiedenen Entwicklungsphasen des Marketings geführt haben. Sie können nach Thommen/Achleitner fünf Phasen unterscheiden, die in Abbildung 4.1 zusammengefasst werden.

An den Entwicklungsphasen des Marketings erkennen Sie, dass die Ursprünge des Marketings im Konsumgüterbereich liegen. Im modernen Marketing können Sie aber zwischen

✔ **Konsumgütermarketing** (zum Beispiel Auto, Digitalkamera, Lebensmittel),

✔ **Investitionsgütermarketing** (zum Beispiel Schiffe, Elektromotoren, Rohöl) und

✔ **Dienstleistungsmarketing** (zum Beispiel Versicherungen, Beratungen, Softwareprogramme)

als eigenständige Anwendungsbereiche des Marketings unterscheiden.

Phase der Produktionsorientierung	• 1950er-Jahre: Nachfrage übersteigt Angebot • Verkäufermarkt: Primat der Produktion
Phase der Verkaufsorientierung	• ab 1960: Marktsättigung • Wandel zum Käufermarkt: Primat des Absatzes
Phase der Marktorientierung	• Ausrichtung auf die Kundenbedürfnisse • Primat des Marktes
Phase der Umweltorientierung	• seit 1970: zunehmendes ökologisches Bewusstsein • gesellschaftsorientiertes Marketing
Phase des Customer Relationship Management (CRM)	• heute: systematischer Aufbau und Pflege von Kundenbeziehungen • Kundenbindung und -loyalität im Mittelpunkt

Abbildung 4.1: Entwicklungsphasen des Marketings

Der Marketingmanagementprozess

Der *Marketingmanagementprozess* erfolgt nach einem typischen Ablauf, den Sie in Abbildung 4.2 sehen.

Markt- und Umweltanalyse

Der erste Schritt ist die Analyse der Ausgangslage des Unternehmens. Dazu werden Informationen benötigt – zum Beispiel über die ökonomischen, politischen, rechtlichen, technischen und kulturellen Rahmenbedingungen, die Marktteilnehmer (Konsumenten, Konkurrenten, Absatzmittler) oder die Absatzmöglichkeiten.

Wichtige Begriffe der Marktanalyse sind:

✔ **der Markt** (Ort, an dem Güter und Dienstleistungen gekauft, getauscht oder gehandelt werden),

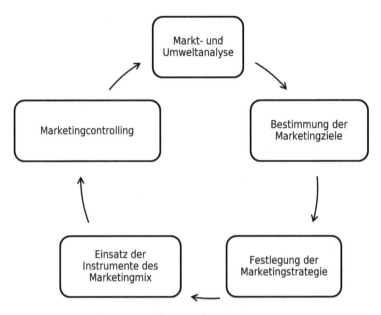

Abbildung 4.2: Marketingmanagementprozess

✔ **der Absatzmarkt** (alle vorhandenen und möglichen Kunden),

✔ **die Marktsegmentierung** (Aufteilung des Gesamtmarktes in gleichartige (homogene) Käufergruppen),

✔ **das Marktpotenzial** (maximal mögliche Absatzmenge eines bestimmten Produkts in einem Markt),

✔ **das Marktvolumen** (realisierte Absatzmenge im Gesamtmarkt),

✔ **das Absatzvolumen** (realisierte Absatzmenge des eigenen Unternehmens),

✔ **der Marktanteil** (Verhältnis zwischen Absatzvolumen und Marktvolumen in Prozent),

✔ **der relative Marktanteil** (Marktanteil des eigenen Unternehmens im Verhältnis zum Marktanteil des stärksten Konkurrenten oder der drei wichtigsten Konkurrenten).

Zur Marktanalyse gehört auch die Bestimmung der *Marktform*, die Auskunft über die Wettbewerbsverhältnisse gibt. Eine Übersicht über die möglichen Marktformen finden Sie in Tabelle 4.1.

Zahl der Anbieter → Zahl der Nachfrager ↓	einer	wenige	viele
einer	zweiseitiges Monopol	beschränktes Nachfragemonopol	Nachfragemonopol
wenige	beschränktes Angebotsmonopol	zweiseitiges Oligopol	Nachfrageoligopol
viele	Angebotsmonopol	Angebotsoligopol	vollkommene Konkurrenz (Polypol)

Tabelle 4.1: Marktformen

Ein wichtiges Instrument der Markt- und Umweltanalyse ist die *Marktforschung*, die daher in einem eigenen Abschnitt in diesem Kapitel ausführlich dargestellt wird.

Bestimmung der Marketingziele

Die Marketingziele sollten Sie aus den Unternehmenszielen ableiten und mit den Zielen in anderen Unternehmensbereichen (Beschaffung, Produktion, Finanzierung) abstimmen. Typische, möglichst miteinander harmonierende Marketingziele sind

✔ die Erhöhung der Absatzmenge,

✔ die Erhöhung des Marktanteils,

✔ die Erhöhung des Umsatzes,

✔ die Erhöhung des Bekanntheitsgrades des Unternehmens und seiner Produkte,

✔ die Verbesserung des Images des Unternehmens und seiner Produkte,

✔ die Erschließung neuer Kundengruppen beziehungsweise neuer Absatzgebiete.

Festlegung der Marketingstrategie

Mit der Marketingstrategie definieren Sie den Weg, wie Sie Ihre Marketingziele erreichen wollen. Dazu entwickeln Sie einen *Marketingplan*, der insbesondere Antworten auf die folgenden Fragen beinhaltet:

✔ Auf welchen Märkten soll Ihr Unternehmen tätig sein?

✔ Was sind Ihre Zielgruppen?

✔ Welchen Nutzen wollen Sie Ihren Kunden anbieten?

✔ Wie verhalten Sie sich gegenüber den Wettbewerbern?

Zur Bestimmung und Bewertung der Marketingstrategie können Sie verschiedene Instrumente und Methoden zur Analyse und Strategiefindung nutzen, wie die SWOT-Analyse, die GAP-Analyse, das Produktlebenszyklus-Konzept, die Produkt-Markt-Matrix oder die Produkt-Portfolio-Konzepte. Die meisten dieser Instrumente und Methoden werden auch zur Unternehmensplanung verwendet und sind daher in Kapitel 7 genauer dargestellt.

Einsatz der Instrumente des Marketingmix

Die Marketingstrategie wird umgesetzt durch den kombinierten Einsatz der Marketinginstrumente. Nach dem traditionellen *4-P-Modell* von McCarthy können Sie die Marketinginstrumente einteilen in

✔ Product,

✔ Place,

✔ Price und

✔ Promotion.

In der deutschsprachigen Literatur werden die Instrumente des Marketingmix meist so wie in Abbildung 4.3 systematisiert.

Abbildung 4.3: Instrumente des Marketingmix

Marketingcontrolling

Die letzte Phase im Marketingmanagementprozess ist das Marketingcontrolling. Dieses umfasst in einer weiten Begriffsdefinition *die Planung, Steuerung und Kontrolle aller Marketingaktivitäten* beispielsweise in Form einer Kontrolle durch Soll-Ist-Vergleiche. Aufgabe des Marketingcontrollings ist es auch, den Marketingmanagementprozess immer wieder neu beginnen zu lassen, da jedes Unternehmen sein Marketing immer wieder den sich in einer dynamischen Umwelt ständig ändernden Rahmenbedingungen anpassen muss.

Die *Kernaufgaben des Marketings* sind zusammengefasst:

✔ Marktforschung

✔ Produktpolitik

✔ Preispolitik

✔ Kommunikationspolitik

✔ Distributionspolitik

✔ Bestimmung des Marketingmix

Die Marktforschung

Marktforschung ist die systematische, auf wissenschaftlichen Methoden beruhende Erhebung, Auswertung, Analyse und Präsentation von marktbezogenen Informationen für das Marketing.

Im Folgenden erfahren Sie Näheres über

✔ den Ablauf der Marktforschung,

✔ die Methoden der Marktforschung sowie

✔ typische Anwendungsgebiete der Marktforschung.

Ablauf der Marktforschung

Der Prozess der Marktforschung läuft üblicherweise in mehreren Phasen ab, die in Abbildung 4.4 beispielhaft aufgeführt sind.

1. • Problemformulierung
   • Wahl des Forschungsdesigns

2. • Bestimmung der Informationsquellen
   • Festlegung der Erhebungsmethoden und -instrumente

3. • Datenerhebung
   • Datenaufbereitung

4. • Datenauswertung und -analyse

5. • Dateninterpretation

6. • Erstellung eines Forschungsberichts
   • Präsentation der Ergebnisse

7. • Aufnahme und Verwertung der Ergebnisse
   • Umsetzung

Abbildung 4.4: Prozessphasen der Marktforschung

In den ersten Phasen können Sie auf die Methoden der Marktforschung zurückgreifen, die im Folgenden im Überblick aufgezeigt werden.

Methoden der Marktforschung

Die Marktforschungsmethoden können Sie nach unterschiedlichen Kriterien systematisieren:

✔ Datenquellen

✔ Erhebungstechniken

✔ Erhebungsbereich

✔ Erhebungsumfang

Datenquellen

Bezüglich der verwendeten Datenquellen können Sie die Primär- und die Sekundärmarktforschung unterscheiden:

✔ **Sekundärforschung:** Hier greifen Sie auf bereits vorhandene Marktinformationen zurück (beispielsweise auf bereits vorhandene Statistiken und Marktuntersuchungen).

✔ **Primärmarktforschung:** Es werden die Marktinformationen durch das eigene Unternehmen oder durch spezielle Dienstleister ermittelt. Dabei können sowohl *einmalige Marktanalysen* (beispielsweise zu möglichen Reaktionen von Konsumenten auf neue Produkte) als auch *laufende, sich wiederholende Marktbeobachtungen* (zum Beispiel zu Veränderungen im durchschnittlichen Warenkorb der Verbraucher) durchgeführt werden.

 Die Kosten der Primärmarktforschung sind aufgrund der aufwendigen Erhebungen, die häufig von spezialisierten Marktforschungsinstituten durchgeführt werden, in der Regel höher als die der Sekundärmarktforschung.

Bei der Primärmarktforschung können Sie auf verschiedene Erhebungstechniken zurückgreifen.

Erhebungstechniken

Die wichtigsten Erhebungstechniken der Primärmarktforschung sind:

✔ **Befragungen** von Personen in schriftlicher, telefonischer oder computergestützter Form (zum Beispiel entweder in Gruppen- oder Einzelgesprächen)

✔ **Beobachtungen** des Verhaltens von Personen durch spezielle Beobachter oder technische Geräte wie Spiegel oder Kameras als Labor- oder Feldbeobachtungen

✔ **Experimente und Tests,** um vermutete Ursache-Wirkungs-Zusammenhänge zwischen verschiedenen Faktoren zu untersuchen (Beispiele: Tests von neuen Produkten, Preis-Markttests oder Wirkungstests neuer Werbemaßnahmen vor dem endgültigen Einsatz jeweils als *Labor-* und *Feldexperimente* (Markttests))

Erhebungsbereich

Sowohl bei der Primär- als auch bei der Sekundärmarktforschung können Sie auf verschiedene *interne und externe Informationsquellen* zurückgreifen. Eine Auflistung der wichtigsten (betriebs-) internen und externen Informationsquellen der Marktforschung finden Sie in Kapitel 2 im Abschnitt »Die Analyse des Beschaffungsmarktes«.

Erhebungsumfang

In Bezug auf den Umfang der Erhebung und die Anzahl der Befragten können Sie zwischen Voll- und Teilerhebung unterscheiden:

✔ **Voll- oder Totalerhebung:** Alle Elemente einer Grundgesamtheit (= sämtliche Informationsträger) werden erfasst (zum Beispiel alle möglichen Käufer eines Produkts oder alle Einwohner einer bestimmten Region). Diese Form der Erhebung ist bei größeren Grundgesamtheiten kosten- und zeitintensiv.

✔ **Teil- oder Partialerhebungen:** Bei dieser Erhebung wird stichprobenartig nur ein Teil der Grundgesamtheit erfasst. Das Hauptproblem dabei ist, dass die Teilauswahl ein möglichst repräsentatives Abbild der Grundgesamtheit abgeben soll. Die Teilauswahl kann eine Zufallsauswahl sein (wodurch der Zufallsfehler berechenbar wird).

Typische Anwendungsgebiete der Marktforschung

Typische Anwendungsgebiete der Marktforschung insbesondere für die Absatzplanung sind:

✔ **Analyse des Käuferverhaltens** mithilfe der Verhaltensforschung

✔ **Marktsegmentierung** nach geografischen, demografischen, sozialpsychologischen oder verhaltensbezogenen Kriterien (zum Beispiel in Käufergruppen) als Voraussetzung für eine gezielte und effiziente Absatzpolitik

✔ **Markt- und Absatzprognosen** zur Vorhersage des zukünftigen Absatzes des eigenen Unternehmens oder der Branche unter der Annahme bestimmter Bedingungen (entweder Entwicklungsprognosen über die zukünftige Entwicklung des Marktes oder Wirkungsprognosen über die voraussichtliche Wirkung des Einsatzes von bestimmten Marketinginstrumenten)

Die Produktpolitik

Produktpolitik ist die bedarfsgerechte Gestaltung des Produktangebots und der mit dem Produkt angebotenen Zusatzleistungen (zum Beispiel Kundendienst).

Um im marktwirtschaftlichen Wettbewerb bestehen zu können und Gewinne zu erzielen, muss ein Unternehmen bedarfsgerechte Leistungen anbieten. Viele Märkte sind heute globalisiert und entwickeln sich sehr dynamisch. Im Rahmen der Produktpolitik haben die Unternehmen verschiedene produktpolitische Gestaltungsmöglichkeiten (siehe Abbildung 4.5).

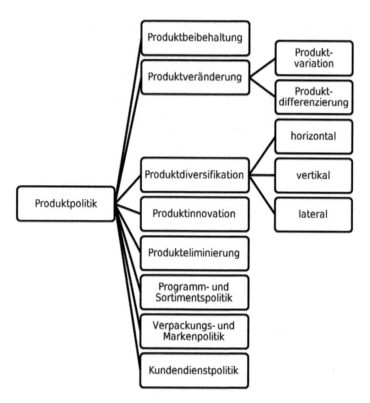

Abbildung 4.5: Entscheidungsbereiche der Produktpolitik

Produktbeibehaltung

Gründe dafür, dass das bestehende Produkt im Markt bleibt, können sein:

✔ Ihre Marktbeobachtungen geben keinen Anlass dazu, das Produkt aus dem Angebot zu nehmen.

✔ Sie haben die Marktveränderungen nicht bemerkt und daraus resultierende Marktchancen nicht erkannt.

Produktveränderung

Sie verändern Ihre ursprünglichen Produkte:

✔ **Produktvariation:** Sie ersetzen Ihr bisheriges Produkt durch eine neue Ausführung, die aus Kundensicht eine Produktverbesserung im Hinblick auf die technischen oder ästhetischen Eigenschaften bedeutet. Beispiel: neue Generation eines bestimmten Automodells mit verbesserter Ausstattung.

✔ **Produktdifferenzierung:** Sie bieten verschiedene Varianten Ihres Produkts für unterschiedliche Kundengruppen an. Beispiel: Für ein Automodell wird zusätzlich eine schicke Cabriovariante angeboten.

Produktdiversifikation

Sie nehmen neue Produkte in Ihr Produktionsprogramm auf:

✔ **Horizontale Diversifikation:** Sie erweitern Ihr Produktionsprogramm um ein artverwandtes Produkt, das in einem engen sachlichen Zusammenhang zum bisherigen Produkt steht. Beispiel: Ihr Autohaus bietet auch Kfz-Versicherungen an.

✔ **Vertikale Diversifikation:** Sie bieten zusätzliche Produkte und Leistungen aus einer vor- oder nachgelagerten Produktionsstufe an. Beispiel: Ein Automobilproduzent bietet seine Motoren in überarbeiteter Form den Herstellern von Rennbooten an.

✔ **Laterale Diversifikation:** Sie erweitern Ihr Produktionsprogramm um völlig artfremde Produkte und stoßen damit in völlig neue Märkte vor. Beispiel: Ein Automobilproduzent steigt in die Luft- und Raumfahrttechnik ein.

Produktinnovation

Sie entwickeln ganz neue Produkte und nehmen sie in Ihr Produktionsprogramm auf. Das neue Produkt soll vorhandene Bedürfnisse durch verbesserte Produkteigenschaften besser abdecken. Beispiel: Übergang von Fahrzeugen mit Verbrennungsmotoren zum Elektroauto.

 Die Entwicklung und Einführung neuer Produkte sind für die Unternehmen sehr kostenintensiv. Fehlgeschlagene Produktinnovationen können daher aufgrund hoher F&E-Aufwendungen und ausbleibender Erlöse existenzbedrohend sein. Eine erfolgreiche Produktinnovation – insbesondere bei einem Patentschutz – kann dem Unternehmen aber auf Jahre einen Wettbewerbsvorsprung vor den Konkurrenten bescheren und damit satte Umsätze und Gewinn sichern. Produktinnovationen haben daher eine große strategische Bedeutung und müssen sorgfältig geplant werden.

Produkteliminierung

Wenn Sie mit einem Produkt langfristig Verluste machen, weil die Erlöse die Selbstkosten nicht mehr abdecken können, sollten Sie das Produkt aus dem Produktprogramm streichen.

 Aber Vorsicht! Bevor Sie den schwerwiegenden Entschluss einer Produkteliminierung treffen, sollten Sie die Vor- und Nachteile einer solchen Entscheidung genau abwägen. Bedenken Sie beispielsweise, dass Produkte in einem Absatzverbund mit anderen ergänzenden Produkten des Unternehmens stehen können. Dann liegt ein sogenanntes *Cross-Selling* (»über Kreuz verkaufen«) vor. Es könnte auch sein, dass das eliminierungsfähige Produkt zwar nicht vollkostendeckend ist, aber zumindest einen positiven Deckungsbeitrag (der Stückpreis ist höher als die variablen Stückkosten) aufweist und so zur Deckung der Fixkosten beiträgt.

Programm- und Sortimentspolitik

In der Regel bietet ein Unternehmen nicht nur ein Produkt an, sondern mehrere Leistungen. Die optimale Gestaltung des Leistungsprogramms eines Güter produzierenden Unternehmens wird als *Programmpolitik* bezeichnet. Bei einem Handelsunternehmen spricht man analog von der *Sortimentspolitik*. Als Instrument für die Festlegung des Leistungsprogramms bietet sich die Deckungsbeitragsrechnung (siehe Kapitel 12) an.

Bei der Gestaltung des Absatzprogramms können Sie folgende Entscheidungen treffen:

✔ **Programmtiefe** (beim Handelsbetrieb: *Sortimentstiefe*): Innerhalb einer Produktart können Sie festlegen, wie viele verschiedenartige Ausführungen und Typen angeboten werden sollen. Beispiel: Für die Produktart »Fernseher« werden Fernseher mit verschiedenen Bildschirmgrößen hergestellt.

✔ **Programmbreite** (beim Handelsbetrieb: *Sortimentsbreite*): Sie legen fest, wie viele Produktarten das Absatzprogramm Ihres Unternehmens enthält. Beispiel: Ein Hersteller von Unterhaltungselektronik bietet die Produktarten Fernseher, Spielkonsolen und MP3-Player an. Stehen die Produktarten wie in dem Beispiel in einem engen technischen Zusammenhang, wird dies auch als *Produktlinie* bezeichnet.

 Bei der Auswahl der Produkte sollte Ihr Unternehmen darauf achten, möglichst viele Produkte mit einem *USP (unique selling proposition)* im Absatzprogramm zu haben, das heißt mit einem

Alleinstellungsmerkmal gegenüber der Konkurrenz. Beispiele: ein Geheimrezept für eine koffeinhaltige Limonade oder eine neuartige Technik beim Automobil wie ein selbststeuerndes Auto.

Verpackungs- und Markenpolitik

Die *Verpackung* kann als die äußere Erscheinungsform eines Produkts insbesondere im Konsumgüterbereich den Verkaufserfolg positiv beeinflussen. Sie kann sehr unterschiedliche Funktionen haben, beispielsweise:

✔ Informationsfunktion (Packungsmenge, Herkunft und Inhaltsstoffe des Produkts, Mindesthaltbarkeitsdatum),

✔ Werbefunktion (Werbebotschaft vermitteln),

✔ Identifikationsfunktion (Markenname auf der Verpackung),

✔ Schutz- und Sicherungsfunktion (beim Transport und bei der Lagerung),

✔ Gebrauchs- und Verbrauchserleichterung (zum Beispiel Senftube),

✔ Vermittlung von Zusatznutzen (zum Beispiel Senfglas).

Die *Markenpolitik* als absatzpolitisches Instrument versucht das eigene Produkt durch Markenbildung (Markenartikel) von den Konkurrenzprodukten abzuheben, und zwar durch die Markierung der Produkte in Form von

✔ Verpackung (Farb- und Formgebung wie bei der Maggi-Flasche),

✔ Produktnamen (Nivea),

✔ Firmenzeichen (T der Deutschen Telekom AG),

✔ Firmennamen (Adidas).

Ein *Markenartikel* steht für gleichbleibende Qualität und soll den Verbraucher zur Markentreue bewegen. Die dadurch beim Kunden entstehenden Präferenzen geben dem Unternehmen Möglichkeiten zur Preisdifferenzierung. Es wird unterschieden zwischen Hersteller- (Bahlsen-Kekse), Handels- (EDEKA, REWE) und Eigenmarken (Produkte der Marke »gut & günstig«).

Kundendienstpolitik

Als *Kundendienst* werden Nebenleistungen in den Bereichen Service und Garantie bezeichnet, die den Kundennutzen erhöhen und einen zusätzlichen Kaufanreiz bilden sollen (besonders bei hochwertigen und technisch komplizierten

Gebrauchsgütern wie Automobilen, PCs, Fernsehgeräten oder Heizungsanlagen). Typische Bereiche der Kundendienstpolitik sind die Information und Beratung beim Kauf, die Lieferung und Inbetriebnahme, das Umtauschrecht, Kundenschulungen, die Ersatzteilversorgung, die Wartung und der Reparaturdienst, der Garantiedienst und die Entsorgung von Altgeräten.

Welche dieser Gestaltungsmöglichkeiten innerhalb der Produktpolitik Sie nutzen sollten, hängt auch von der Phase des Produktlebenszyklus ab, in der sich Ihre Produkte befinden.

Produktlebenszyklus

Das Konzept des *Produktlebenszyklus* zeigt den idealtypischen Verlauf eines Produkts bezüglich der Umsatz- und Gewinnentwicklung während der verschiedenen Lebensphasen auf.

Dazu wird die als begrenzt angenommene Lebensdauer eines Produkts in sechs Lebensphasen eingeteilt, die ineinander übergehen:

1. **Entwicklung** und Test des Produkts

2. **Einführung** des Produkts in den Markt

3. **Wachstum:** Steigerung des Bekanntheitsgrades des Produkts – einhergehend mit überproportionalen Umsatzerhöhungen und Überschreiten der Gewinnschwelle

4. **Reife:** maximaler Gewinn bei weiterhin steigenden, aber aufgrund zunehmender Konkurrenz geringeren Zuwachsraten beim Umsatz

5. **Sättigung:** Rückgang der Umsätze und Gewinne in einem gesättigten Markt mit starker Konkurrenz

6. **Rückgang** (auch Degenerationsphase genannt): weiterer Rückgang der Umsätze und Gewinne zum Beispiel aufgrund neuer, qualitativ besserer Produkte – in letzter Konsequenz wird das Produkt vom Markt genommen

Grafisch lässt sich das Konzept des Produktlebenszyklus wie in Abbildung 4.6 darstellen.

Das Konzept des Produktlebenszyklus ist ein idealtypisches Modell mit Schwächen: So kann zum Beispiel die Zeitdauer des gesamten Produktlebenszyklus sowie die Dauer der einzelnen Phasen nicht für alle Produkte generalisiert werden und lässt sich auch für einzelne Produkte kaum im Voraus bestimmen.

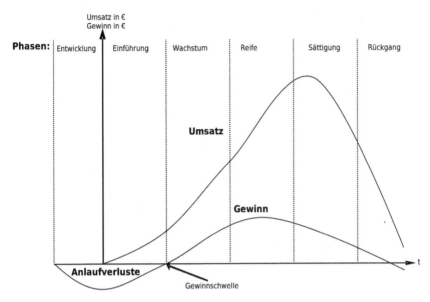

Abbildung 4.6: Produktlebenszyklus

Die Preispolitik

Die *Preispolitik* dient der kunden- und zielorientierten Gestaltung des Preis-Leistungs-Verhältnisses. Die *Konditionenpolitik* umfasst neben der Preisgestaltung die Rabattpolitik und die Festlegung der Liefer- und Zahlungsbedingungen.

Eine Übersicht über die Entscheidungsbereiche der Konditionenpolitik gibt Ihnen Abbildung 4.7.

Klassische Preistheorie

Die klassische Preistheorie geht zur Vereinfachung von den folgenden *Annahmen* aus:

✔ Unterstellung eines vollkommenen Marktes (Rationalverhalten der Konsumenten, Nutzenmaximierung, Ziel der Gewinnmaximierung, unendlich schnelle Reaktionsgeschwindigkeit, keine Präferenzen, vollkommene Markttransparenz)

✔ nachgefragte Menge durch Preis bestimmt

✔ statisches Modell, das heißt: Wirkung einer Preisveränderung nur auf die eine betrachtete Periode bezogen

✔ vollkommene Sicherheit über die angenommenen Erlöse und Kosten

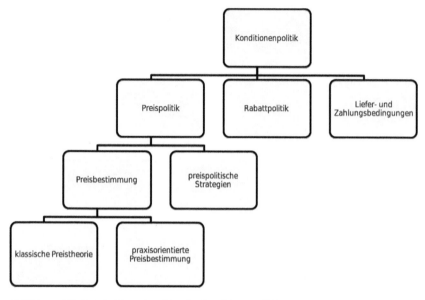

Abbildung 4.7: Entscheidungsbereiche der Konditionenpolitik

Die Preis-Absatz-Funktion

Im Mittelpunkt der klassischen Preistheorie steht die *Preis-Absatz-Funktion*. Sie sagt aus, welche Absatzmenge bei alternativen Preisen nachgefragt wird. Dabei wird unterstellt, dass die Absatzmenge bei sinkenden Preisen steigt, was für die meisten Güter auch zutreffend sein dürfte. Die Preis-Absatz-Funktion weist vereinfacht einen linear sinkenden Verlauf auf:

$$P(x) = a - b \times x$$

mit P: Preis pro Stück in Abhängigkeit von der Absatzmenge x, a: Höchstpreis, bei dem die Absatzmenge gleich null ist (Prohibitivpreis genannt), b: Verhältnis der proportionalen Veränderung von Preis und Menge, x: Absatzmenge in Stück

Beispiel: Nehmen Sie an, die Preis-Absatz-Funktion lautet $P(x) = 200 - 0,4 \times x$.

Grafisch lässt sich die Preis-Absatz-Funktion dann wie in Abbildung 4.8 darstellen.

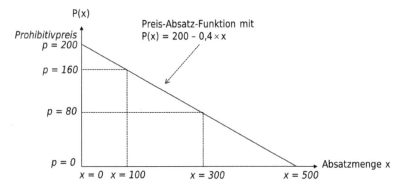

Abbildung 4.8: Preis-Absatz-Funktion

Im Unterschied zu Abbildung 4.8 steigt in bestimmten *Ausnahmefällen* die Absatzmenge bei steigendem Preis.

✔ **Snobeffekt:** Ein Snob möchte gerne Güter besitzen, die andere nicht besitzen. Er kauft deshalb gerade die Güter, die von anderen nicht gekauft werden.

✔ **Preis als Qualitätsmerkmal:** Eine weitere Ausnahme kann darin liegen, dass der Verbraucher den *Preis als Qualitätsmaßstab* nutzt und daher bei höheren Preisen das Gut verstärkt gekauft wird.

Den gewinnmaximalen Preis bestimmen

Die klassische Preistheorie zielt darauf ab, den gewinnmaximalen Preis zu bestimmen. Dazu müssen Sie die Erlös-, die Kosten- und letztlich die Gewinnfunktion ermitteln. Dabei gelten die oben aufgeführten Annahmen der klassischen Preistheorie und es wird ein Angebotsmonopol (siehe Marktformen) unterstellt. Aus der Preisabsatzfunktion können Sie zunächst die *Erlösfunktion* ableiten, indem Sie die Preis-Absatz-Funktion mit der Absatzmenge x multiplizieren:

Erlös $= E(x) = x \times P(x)$

Den Gewinn ermitteln Sie, indem Sie die Kosten von den Erlösen abziehen:

Gewinn $= G(x) =$ Erlös $-$ Kosten $= E(x) - K(x)$

Die *Kostenfunktion* setzt sich zusammen aus den Fixkosten K_F und den variablen Kosten K_v, die von der Absatzmenge x abhängig sind.

$K(x) = K_F + K_v(x)$

Beispiel: Nehmen Sie wieder die Preis-Absatz-Funktion:

$P(x) = 200 - 0,4 \times x$

Die Erlösfunktion ist dann:

$E(x) = x \times P(x) = x \times (200 - 0,4 \times x) = 200 \times x - 0,4 \times x^2$

Nehmen Sie an, Sie hätten eine Kostenfunktion mit:

$K(x) = 4000 + 20 \times x$

Die *Gewinnfunktion* lautet dann:

$G(x) = x \times (200 - 0,4 \times x) - (4000 + 20 \times x)$

Der Gewinn bei der Absatzmenge x von 300 Stück wäre somit:

$G(x = 300) = 300 \times (200 - 0,4 \times 300) - (4000 + 20 \times 300) = 14.000\ €$

 Sie können den *maximalen Gewinn* auch berechnen, indem Sie die ersten Ableitungen der Erlös- und der Kostenfunktion bilden und diese miteinander gleichsetzen. Diese Gleichung lösen Sie dann nach der Absatzmenge x auf. Setzen Sie dann noch die gewinnmaximale Absatzmenge x in die Preis-Absatz-Funktion ein, erhalten Sie den gewinnmaximalen Preis.

In unserem Beispiel gilt:

$E'(x) = 200 - 0,8 \times x,\ K'(x) = 20$
$E'(x) = K'(x)$ entspricht im Beispiel $200 - 0,8x = 20$

Daraus folgt: $x_{opt} = 225$ und $p_{opt} = 110$. Der maximale Gewinn ist dann: $G_{max} = 16.250\ €$.

Die gewinnmaximale Situation im Monopol wird nach Cournot auch *Cournot-Optimum* genannt und ist durch den *Cournot-Preis* (im Beispiel p_{opt}) und die *Cournot-Menge* (im Beispiel x_{opt}) charakterisiert.

Praxisorientierte Preisbestimmung

Die klassische Preistheorie kann aufgrund der wirklichkeitsfremden Annahmen in der Unternehmenspraxis höchstens für die Ableitung allgemeiner Aussagen verwendet werden. Die Preisbestimmung in der Praxis hingegen orientiert sich häufig an den folgenden Ausrichtungen:

✔ **Kostenorientierte Preisbestimmung:** Das Unternehmen möchte die Kosten abdecken und einen Gewinn über einen Aufschlag auf die Kosten erzielen.

In *Industrieunternehmen*, die ihre Produkte meist selbst herstellen, wird häufig folgendes Schema zur Preiskalkulation verwendet:

Materialkosten

+ Fertigungskosten

= **Herstellkosten**

+ Verwaltungsgemeinkosten

+ Vertriebskosten

= **Selbstkosten**

+ Gewinnzuschlag (zum Beispiel 20 Prozent)

= **Zielverkaufspreis (netto)**

+ Umsatzsteuer (19 Prozent)

= **Zielverkaufspreis (brutto)**

+ Kundenrabatte (zum Beispiel 20 Prozent)

= **ausgewiesener Preis (brutto)**

In den *Handelsunternehmen* werden die Selbstkosten hingegen meist auf Basis des Einstandspreises und der Handlungskosten (Verwaltung, Verpackung) kalkuliert.

 Wenn ein Unternehmen die Preise auf Vollkostenbasis kalkuliert, besteht die Gefahr, dass es sich »aus dem Markt herauskalkuliert«. Das Problem liegt in einer Kosten-Preisspirale, da der Preis auch vom Fixkostenteil pro Stück abhängt. Wird mit einer immer geringeren Absatzmenge gerechnet, fallen die Fixkosten pro Stück und damit die Selbstkosten pro Stück entsprechend immer höher aus und es wird ein immer höherer Preis angesetzt, bis sich das Produkt gar nicht mehr absetzen lässt. Eine Lösung des Problems bietet eine Kalkulation auf Teilkostenbasis (siehe Kapitel 12, Abschnitt »Die Deckungsbeitragsrechnung«).

✔ **Nachfrageorientierte Preisbestimmung:** Das Unternehmen orientiert sich bei der Preiskalkulation am Kundennutzen und den Nachfrageverhältnissen. Der vom Kunden akzeptierte Preis und damit die Nachfrage hängt von den Nutzenerwartungen der Kunden ab, die durch Konsumentenbefragungen und eine Beobachtung des Konsumentenverhaltens eingeschätzt werden können. Diese Methode führt oft zu einer Preisdifferenzierung (siehe auch nächsten

Abschnitt) für verschiedene Kundengruppen, um verschiedenen Preisvorstellungen und Nachfragesituationen (Nachttarifen, Nebensaisonpreisen) gerecht zu werden.

✔ **Konkurrenz- und branchenorientierte Preisbestimmung:** Das Unternehmen richtet seine Preise nach den Preisen eines Konkurrenten oder nach dem Branchendurchschnittspreis – also nach einem Leitpreis – aus, verzichtet also auf eine aktive Preispolitik.

Preispolitische Strategien

Im Rahmen des strategischen Marketings muss ein Unternehmen eine längerfristige preispolitische Grundsatzentscheidung treffen. Alternative Preisstrategien sind

✔ eine **Prämienpreisstrategie** mit einem relativ hohen Preis, einer hohen Produktqualität für prestigebewusste Kunden (typisch für Luxusgüter wie Parfüm),

✔ eine **Promotionspreisstrategie** mit einem relativ niedrigen Preis (Niedrigpreisimage) für preisbewusste Kunden (typisch für Massengüter wie Grundnahrungsmittel) oder

✔ eine **Strategie der Preisdifferenzierung** mit dem Verkauf des gleichen Produkts an verschiedene Kunden zu unterschiedlichen Preisen.

Im Rahmen der Produkteinführung können analog die beiden folgenden Preisstrategien verfolgt werden:

✔ **Abschöpfungspreisstrategie:** hoher Einführungspreis, hohe Stückkosten, geringe Absatzmenge, typisch für patent- und urheberrechtlich geschützte Güter

✔ **Penetrationspreisstrategie:** niedriger Einführungspreis, niedrige Stückkosten, hohe Absatzmengen, typisch für Massenprodukte und Großanbieter

Rabattpolitik

Rabatte sind Preisnachlässe an Wiederverkäufer (*Pushing*) und Verbraucher (*Pulling*).

Für *Verbraucherrabatte* sind Rabattmarken und Rückvergütungen typische Beispiele. Bezüglich der *Wiederverkäuferrabatte* differenziert man folgendermaßen:

✔ **Funktionsrabatte** sind Vergütungen für den Groß- und Einzelhandel für die Übernahme bestimmter Funktionen wie Lagerhaltung und Kundenbetreuung.

✔ **Mengenrabatte** werden für bestimmte Auftragsmengen oder Umsätze gewährt.

✔ Beispiele für **Zeitrabatte** sind Einführungs-, Auslauf- oder Saisonrabatte.

Liefer- und Zahlungsbedingungen

Die Liefer- und Zahlungsbedingungen finden Sie in den allgemeinen Geschäftsbedingungen eines Verkäufers (AGBs). Typische Bestandteile der Liefer- und Zahlungsbedingungen sind in Tabelle 4.2 aufgelistet.

Lieferbedingungen	Zahlungsbedingungen
Erfüllungsort und Gefahrenübergang	Zahlungsweise (Anzahlung, Zahlung bei Lieferung, Ratenzahlung)
Zeitpunkt der Lieferung	Zahlungsfrist (Zahlungsziele, Skonto)
Fracht- und Versicherungskosten (Beispiele: »ab Lager« oder »frei Haus«)	Inzahlungnahme (Gegen- oder Kompensationsgeschäfte)

Tabelle 4.2: Typische Bestandteile der Liefer- und Zahlungsbedingungen

Die Preispolitik wurde früher als wichtigstes Marketinginstrument angesehen. Diese absatzpolitische Vormachtstellung hat die Preispolitik in einer modernen Industriegesellschaft aber eingebüßt. Die Bedeutung der Medien und moderner Kommunikationsformen (Social Media) hat stark zugenommen und beeinflusst heute mehr denn je den Alltag der Menschen. Daher gewinnt auch die Kommunikationspolitik als Instrument des Marketings immer mehr an Bedeutung.

Die Kommunikationspolitik

Ziel der *Kommunikationspolitik* ist es, den aktuellen und den potenziellen Kunden sowie der Öffentlichkeit Informationen über die Produkte und das Unternehmen zum Zweck der Steuerung von Meinungen, Einstellungen und Verhaltensweisen zu vermitteln.

Die Instrumente der Kommunikationspolitik sind:

✔ Werbung

✔ Verkaufsförderung

✔ Direktmarketing

✔ Sponsoring

✔ Öffentlichkeitsarbeit

Die Werbung

Die klassische Werbung gilt als wichtigstes Instrument der Kommunikationspolitik.

 Bei der Werbung informieren Sie die Marktteilnehmer gezielt über die Produkte und Dienstleistungen Ihres Unternehmens, um sie in Richtung auf die Werbeziele des Unternehmens zu beeinflussen. Werbeziele sind beispielsweise, ein Produkt bekannt zu machen, ein Bedürfnis nach einem Produkt zu wecken oder eine Kaufhandlung auszulösen.

Ob Sie mit Ihrer Werbung auch Ihre Ziele erreichen, können Sie mithilfe des *AIDA-Modells* überprüfen. AIDA ist das Akronym von **A**ttention – **I**nterest – **D**esire – **A**ction. Diese *vier psychologischen Stufen der Werbewirkung* durchläuft der Konsument nacheinander:

1. **Attention/Aufmerksamkeit:** Mit der Werbung wird die Aufmerksamkeit des Verbrauchers gewonnen.

2. **Interest/Interesse:** Über die Wahrnehmung hinaus wird das Interesse des Konsumenten geweckt.

3. **Desire/Wunsch:** Der Kunde hat den Wunsch, das umworbene Produkt näher kennenzulernen und sich genauer zu informieren.

4. **Action/Taten:** Der Kunde kauft das Produkt.

Festlegung der Werbeziele

Einige der oft gewählten Werbeziele können Sie aus dem AIDA-Modell ableiten:

✔ Bekanntmachung des Unternehmens und seiner Leistungen

✔ Information über die Produkte

✔ Imagebildung (Unternehmen, Markenbildung)

✔ Handlungsauslösung (Kauf, Informationsbeschaffung, Mund-zu-Mund-Propaganda)

Die Werbeziele müssen letztlich zur Erreichung der Marketingziele und der allgemeinen Unternehmensziele beitragen (Umsatz, Gewinn, Rendite).

Auswahl der Zielgruppen

Achten Sie bei der Bestimmung der Zielgruppen (Konsumenten, Händler), an die sich die Werbung richten soll, darauf, dass

✔ bei den Adressaten der Werbung auch ein potenzielles Bedürfnis vorhanden ist und

✔ diese auch bereit und fähig sind, gemäß den Werbezielen zu handeln.

Festlegung des Werbebudgets

Für die Bestimmung der Höhe des Werbebudgets können Sie auf die folgenden Methoden zurückgreifen:

✔ **Percentage-of-Sales-Methode:** Sie orientieren Ihr Werbebudget am Umsatz.

✔ **Percentage-of-Profit-Methode:** Sie orientieren Ihr Werbebudget am Gewinn.

✔ **All-you-can-afford-Methode:** Das Werbebudget richtet sich nach den verfügbaren finanziellen Mitteln.

✔ **Competitive-Parity-Methode:** Sie richten das Werbebudget danach aus, was die wichtigsten Konkurrenten ausgeben.

✔ **Festgelegte Werbeziele:** Sie orientieren sich an den Werbezielen, die Sie vorher definiert haben.

Bestimmung der Werbeobjekte

Mögliche Werbeobjekte sind:

✔ Produkte oder Produktgruppen

✔ das Unternehmen

✔ die Zusatzleistungen (Finanzierung, Service)

Auswahl der Werbemittel

Die Werbemittel dienen dazu, die Werbebotschaft zu konkretisieren und wahrnehmbar zu machen. Werbemittel sind unter anderem Anzeigen, Werbeplakate, Werbedrucke (Flyer), Direktwerbung über Briefe, Anrufe oder E-Mails, Leuchtwerbung, Werbetexte im Radio und Fernsehspots, Werbefilme, Schaufensterwerbung, Werbeveranstaltungen, Werbegeschenke, Tragetaschen, Abzeichen (Buttons) und Werbebanner im Internet.

Bestimmung der Werbeträger

Die Werbeträger sind die Transportkanäle der Werbebotschaft. Typische Werbeträger sind:

✔ Printmedien (Tageszeitungen, Publikumszeitschriften)

✔ Außenmedien (Plakatsäule, Verkehrsmittel)

✔ elektronische Medien (Radio, Fernsehen, Internet, Kino)

 Bei der Bestimmung der Werbeobjekte, Werbemittel und Werbeträger müssen Sie darauf achten, dass alle Entscheidungen aufeinander abgestimmt sind, damit Sie Ihre Werbeziele für Ihre Zielgruppe im Rahmen des Werbebudgets auch erreichen.

Die Verkaufsförderung

Die *Verkaufsförderung* (im Englischen *sales promotion* genannt) ist der Oberbegriff für verschiedene absatzfördernde Maßnahmen, die ergänzend zur Werbung den kurzfristigen Absatz der eigenen Produkte steigern sollen. Die Verkaufsförderung kann sich an drei Personengruppen ausrichten:

✔ **Kunden:** mit Sonderpreisen, Mengenzulagen (»3 für 2«), Gutscheinen, Produktproben, Gewinnspielen, Zugaben, Rücknahme von Produkten bei Nichtgefallen

✔ **Händler:** mit Rabatten beziehungsweise Preisnachlässen, Händlerschulungen, Tagungen, Werbematerialien (Displays, Verkaufsaktionen)

✔ **Außendienstmitarbeiter:** mit Provisionen, Verkaufswettbewerben, Schulungen, Werbematerialien (Kataloge, Muster, Proben)

Das Direktmarketing

Beim *Direktmarketing* sprechen Sie Ihre Kunden unmittelbar und persönlich – das heißt zielgruppenspezifisch – an, unter anderem in Form von

✔ Mailings,

✔ postalischen Werbesendungen (an den Kunden adressierte Werbebriefe, Kataloge, Prospekte, Hauswurfsendungen),

✔ Telefonmarketing oder

✔ eines persönlichen Gesprächs mit dem Kunden durch einen Unternehmensvertreter.

Das Sponsoring

 Sponsoring bedeutet die Förderung oder Unterstützung von Personen, Organisationen, Veranstaltungen im kulturellen, sportlichen oder sozialen Bereich durch Gewährung von Sach- und Finanzmitteln oder Zuwendung von Dienstleistungen. Das Sponsoring dient in der Regel zur besseren Erreichung der kommunikationspolitischen Marketingziele (zum Beispiel Image, Bekanntheitsgrad, Produktwerbung).

Allerdings ist diese Förderung nicht selbstlos, sondern beruht (im Gegensatz zum Mäzenatentum und Spenden) auf Gegenseitigkeit (Einräumung von Nutzungsrechten wie Bandenwerbung oder Trikotwerbung, Exklusivtermine, Sonderkonditionen für eigene Mitarbeiter).

Die Öffentlichkeitsarbeit

Die *Öffentlichkeitsarbeit (Public Relations, PR)* ist ein kommunikationspolitisches Instrument zur Schaffung und Erhaltung eines positiven *Unternehmensimages (Corporate Identity)*, beispielsweise durch:

✔ Pressekonferenzen

✔ Berichterstattung über Presseberichte oder Geschäftsberichte

✔ Unternehmensimagewerbung in verschiedenen Medien (Anzeigen, Broschüren, Imagefilme, Homepage)

✔ Auftritte von Unternehmensvertretern in den Medien und bei Veranstaltungen

✔ Spenden und Sponsoring

✔ Öffnung für die Öffentlichkeit (Betriebsbesichtigungen, Tag der offenen Tür)

Ein *schlechtes Unternehmensimage* kann sich äußerst negativ auf die Erreichung der Marketing- und Unternehmensziele auswirken. Insbesondere wenn in den Medien über das Unternehmen im Zusammenhang mit Umweltkatastrophen, Betriebsschließungen oder Kündigungswellen berichtet wird, kann dies zu einer großen Empörung in der Öffentlichkeit und zu einem Ansehens- und Glaubwürdigkeitsverlust führen. Dies hat nicht selten gravierende Umsatzrückgänge und Ergebnisverschlechterungen für das Unternehmen zur Folge.

Weitere Kommunikationsinstrumente

Weitere Instrumente der Kommunikationspolitik sind:

✔ Messen und Ausstellungen,

✔ Eventmarketing,

✔ Product-Placement in Spielfilmen und

✔ sogenannte Testimonials (Produktnutzung durch eine prominente Person).

Die Distributionspolitik

Die *Distributionspolitik* soll für eine effiziente Gestaltung des Absatzweges zwischen dem Hersteller und dem Endabnehmer eines Produkts sorgen.

Im Rahmen der Distributionspolitik müssen Sie entscheiden über

✔ die Absatzwege (direkt oder indirekt),

✔ die Absatzorgane (zum Beispiel eigener Außendienst, Groß- und Einzelhändler) und

✔ die logistische Distribution, das heißt wie Ihre Produkte physisch-technisch zum Kunden kommen sollen.

Der Absatzweg und das Absatzorgan werden zusammen auch als *Absatzkanal* oder *akquisitorische Distribution* bezeichnet.

Auswahl des Absatzkanals

Bei der Wahl des Absatzkanals müssen Sie zunächst entscheiden, wie Ihre Produkte zum Kunden gelangen sollen.

✔ **Direkter Absatzweg:** Der Vertrieb erfolgt unmittelbar beim Kunden, das heißt, der Hersteller verkauft das Produkt direkt an den Endverbraucher (vor allem bei Investitionsgütern und bei Gebrauchsgütern als Werksverkauf verbreitet). Die Vorteile sind:

- direkter Kundenkontakt und schnelle Reaktionsmöglichkeit auf die Kundenbedürfnisse

- größere Gewinnspanne oder größere (Preis-) Gestaltungsmöglichkeiten durch Wegfall der Entgelte für die Absatzmittler (Handelsspanne)

- Erhaltung der Kontrolle über die Vermarktung des Produkts bei den Kunden

✔ **Indirekter Absatzweg:** Der Hersteller schaltet beim Verkauf einen oder mehrere Absatzmittler ein. Dies ist der übliche Vertriebsweg bei Konsumgütern. Die Vorteile sind:

- Die Absatzmittler bewirken eine hohe Verfügbarkeit der Produkte.

- Die Absatzmittler übernehmen die Sortimentsbildung und kennen die Kundenbedürfnisse und Marktverhältnisse bestens.

- Die Absatzmittler übernehmen teilweise die Vertriebskosten (dadurch geringere Kapitalbindung beim Hersteller).

- Der Produzent kann sich auf seine Kernkompetenzen konzentrieren und kann eine einfachere Organisationsstruktur haben.

Absatzorgane beim direkten Absatzweg

Bei einem direkten Absatzweg haben Sie die Wahl zwischen den folgenden Absatzorganen:

✔ Werksverkauf

✔ eigenes Filialnetz

✔ eigene Verkäufer im Außendienst

✔ Handelsvertreter (handelt in fremdem Namen und auf fremde Rechnung)

✔ Onlinevertrieb über das Internet oder Telefonverkauf

Absatzorgane beim indirekten Absatzweg

Bei einem indirekten Absatzweg kommen als Absatzorgane infrage:

✔ Großhändler

✔ Einzelhändler

✔ Kommissionäre (handeln im eigenen Namen und auf fremde Rechnung)

✔ Makler

Ihre wichtigsten Entscheidungsoptionen bei der Gestaltung des Absatzkanals sehen Sie in Abbildung 4.9.

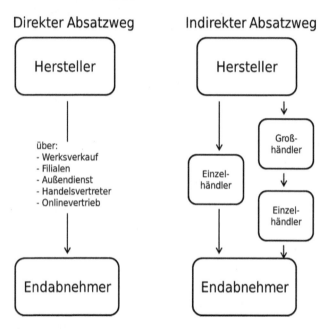

Abbildung 4.9: Auswahl des Absatzkanals

Franchising

Ein weiterer Absatzkanal ist das *Franchising*, eine Mischform zwischen dem direkten und dem indirekten Absatzweg. Die Franchisenehmer übernehmen das Geschäftsmodell des Franchisegebers gegen eine Gebühr und führen die Geschäfte als rechtlich selbstständige Unternehmen. Als Gegenleistung für das Entgelt liefert der Franchisegeber häufig Name, Marke, Know-how, Marketing und das Recht, bestimmte Waren und Dienstleistungen nach bestimmten Vorgaben zu verkaufen. Der Franchisegeber kann auch unterstützend wirken bei der Geschäftsberatung, Buchhaltung, Werbung und Ausbildung. Typische Beispiele sind Coca-Cola, TUI und McDonalds.

Minimierung der Logistikkosten bei gegebener Lieferzuverlässigkeit

 Bei der *logistischen Distribution* geht es darum, wie die Produkte und Leistungen Ihres Unternehmens physisch-technisch zum Endabnehmer gelangen.

Ziel dabei ist,

✔ die richtigen Produkte und Leistungen

✔ zur gewünschten Zeit

✔ am richtigen Bestimmungsort

✔ beim richtigen Kunden

✔ in der bestellten Menge und Qualität

✔ mit minimalen Logistikkosten (aus Lagerung, Auftragsabwicklung und Transport)

zu liefern. Letztlich geht es also darum, die vom Kunden erwartete Lieferzuverlässigkeit zu minimalen Logistikkosten zu gewährleisten.

Die wichtigsten Aufgabenbereiche der logistischen Distribution sind:

✔ **Lagerhaltung:** Entscheidung über die Zahl und Größe der Lager, die Lagerbestände und das Lagersystem

✔ **Auftragsabwicklung:** Teilaufgaben der Auftragsabwicklung sind die Erfassung und Bestätigung der Aufträge, die Aufbereitung und Weiterleitung der Aufträge an die Produktionsabteilung, die Versandpapierausstellung und die Erstellung der Rechnungen.

✔ **Transport:** Auswahl des Transportmittels (Lkw, Bahn, Schiff, Flugzeug, Rohrleitungen), Festlegung der zu transportierenden Menge, des Transportzeitpunktes und des Transportweges

Ein Optimierungsproblem ergibt sich daraus, dass sich die Lager- und die Transportkosten gegenläufig verhalten: Je mehr Zwischen- und Außenlager Sie haben, desto höher sind normalerweise Ihre Lagerkosten, aber desto kürzer sind Ihre Transportwege und desto geringer sind damit Ihre Transportkosten.

Der Marketingmix

Die optimale Kombination der Marketingmaßnahmen (= Marketingmix) führt zur Erreichung des langfristigen Gewinnmaximums.

Das Problem ist, den optimalen Marketingmix zu bestimmen. Dafür müssten nämlich die folgenden Voraussetzungen gegeben sein:

✔ Sie müssten alle denkbaren Kombinationen von absatzpolitischen Maßnahmen kennen und berücksichtigen.

✔ Sie müssten die zeitlichen Wirkungen von Marketingmaßnahmen kennen.

✔ Sie müssten die Wechselwirkungen (= Interdependenzen) und die Ausstrahlungseffekte zwischen den einzelnen Marketinginstrumenten berücksichtigen.

✔ Sie kennen die Kosten-Nutzen-Verhältnisse der einzelnen Marketinginstrumente und können diese exakt in Geldeinheiten messen.

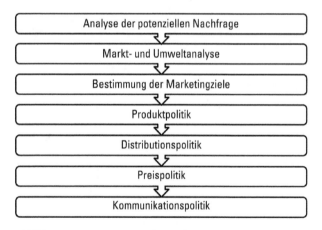

Abbildung 4.10: Bestimmung des Marketingmix

Wären diese Annahmen gegeben, könnten Sie *mathematisch-statistische Modelle* zur Bestimmung des Marketingmix nutzen. Da alle diese Voraussetzungen in der mit Unsicherheit behafteten Realität eigentlich nie zutreffen, greift man in der Praxis eher auf *heuristische Methoden* zurück. Dabei zerlegt man beispielweise das Gesamtproblem in Teilprobleme und löst diese dann Schritt für Schritt, bis man zu einer Gesamtlösung kommt. Dieses Vorgehen wiederholt man dann einfach so lange, bis man glaubt, annähernd die beste Lösung gefunden zu haben.

Eine mögliche pragmatische Vorgehensweise im Sinne der Heuristik zur Bestimmung des Marketingmix sehen Sie in Abbildung 4.10.

Beim Ansatz in der Abbildung werden beim schrittweisen Einsatz der Marketinginstrumente zunächst die strategisch wichtigeren Produkt- und Distributionsentscheidungen getroffen, die eine langfristige Bindungswirkung haben. Erst danach werden die Preis- und die Kommunikationspolitik festgelegt, da diese beiden Marketinginstrumente kurzfristig leichter veränderbar und daher mehr taktischer Natur sind.

Teil III
Finanzierung und Investition

Nachdem Sie sich in den ersten beiden Teilen mit dem dreistufigen betrieblichen Güterprozess (Beschaffung, Produktion, Absatz) befasst haben, stehen nun die beiden Themen Finanzierung und Investition auf dem Plan. Im Mittelpunkt steht die Steuerung der Geldströme des Unternehmens bei der Kapitalbeschaffung und der Investitionstätigkeit.

Bei der Finanzierung (Kapitel 5) geht es darum, den Kapitalbedarf des Unternehmens durch eine Finanzplanung zu ermitteln und das notwendige Kapital durch die Außen- oder Innenfinanzierung möglichst kostengünstig zu beschaffen.

In Kapitel 6 geht es dann um die optimale Verwendung der finanziellen Mittel eines Unternehmens im Rahmen von Investitionen. Dazu muss das beschaffte Kapital möglichst gewinnbringend eingesetzt werden, daher beschäftigen Sie sich insbesondere mit den Methoden der Investitionsrechnung, die dem Unternehmer helfen sollen, die rentabelsten Investitionsprojekte zu ermitteln.

Kapitel 5

Die Finanzierung

Grundlagen der Finanzierung

Ein Unternehmen benötigt freie Geldmittel, um beispielsweise *Auszahlungen* zur Bezahlung der Mitarbeiter und Lieferanten, zum Kauf neuer Maschinen oder zur Ausschüttung von Gewinnen an die Gesellschafter tätigen zu können.

Dazu benötigt es *Einzahlungen*, wie beispielsweise aus dem Absatzprozess durch den Verkauf der Leistungen an die Kunden des Unternehmens, durch die Aufnahme eines Bankkredits oder durch den Verkauf neuer Aktien an Investoren.

Die Bereitstellung finanzieller Mittel insgesamt wird als *Finanzierung* bezeichnet.

Gründe für den Finanzierungsbedarf eines Unternehmens

Warum hat fast jedes Unternehmen einen Finanzierungsbedarf? Dafür gibt es hauptsächlich zwei Gründe:

✔ **Die Einzahlungen erfolgen später als die Auszahlungen.** Nach dem Güterstrom (siehe Abbildung 5.1) finden zuerst die Auszahlungen für die Beschaffung der Produktionsfaktoren statt und die Einzahlungen aus dem Umsatzprozess gehen erst später ein (*Timelag*). Die Finanzierung hat die Versorgung mit finanziellen Mitteln so lange sicherzustellen, bis aus dem

Absatz der Unternehmensleistungen die zur Deckung der Auszahlungen notwendigen Einzahlungen im Unternehmen ankommen.

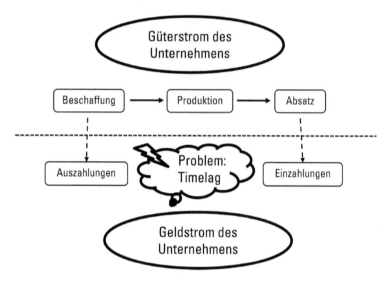

Abbildung 5.1: Güter- und Geldstrom eines Unternehmens

✔ Größere und teure Investitionsprojekte können in der Regel nicht aus dem normalen Umsatzprozess heraus finanziert werden. So haben Großinvestitionen (beispielsweise für Betriebserweiterungen, neue Produktionsanlagen oder den Erwerb von größeren Beteiligungen) hohe Anschaffungsauszahlungen und amortisieren sich meist erst über viele Jahre. Der hiermit einhergehende hohe Kapitalbedarf wird durch einen Kredit abgedeckt, der dann über mehrere Jahre hinweg zurückgeführt wird (durch Liquiditätszuflüsse aus der Großinvestition).

Die vier Möglichkeiten der Finanzierung

Ein Unternehmen hat vier verschiedene Möglichkeiten, sich zu finanzieren:

✔ Erhöhung der Einzahlungen oder frühere Eingänge der Einzahlungen,

✔ Vermeidung von Auszahlungen oder Hinauszögerung von Auszahlungen.

Finanzierung bedeutet also die Bereitstellung finanzieller Mittel durch zusätzliche oder frühere Einzahlungen sowie durch Vermeidung oder Hinauszögerung von Auszahlungen.

Damit das Unternehmen weiß, wie hoch der Finanzbedarf ist, benötigt es eine Finanzplanung.

Die Finanzplanung

 Für jedes Unternehmen ist es eine unabdingbare Existenzgrundlage, die jederzeitige Zahlungsfähigkeit (*Liquidität*) zu gewährleisen, um nicht insolvent zu werden.

Um eine ausreichende Liquidität sicherzustellen, sollte jedes Unternehmen

✔ den **strukturellen Kapitalbedarf** mithilfe der Kapitalbedarfsplanung und

✔ den **Liquiditätsbedarf** über eine kurzfristige Finanzplanung ermitteln sowie

✔ den Kapital- und Liquiditätsbedarf durch die Planung **geeigneter Finanzierungsmaßnahmen** abdecken.

Die Finanzplanung bedient sich der in Abbildung 5.2 dargestellten Instrumente.

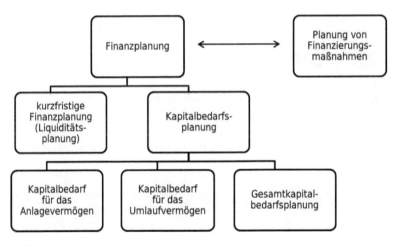

Abbildung 5.2: Finanzplanung

Der Umfang des Kapital- und Liquiditätsbedarfs hängt ab

✔ **von der jeweiligen Höhe der Aus- und Einzahlungen** beziehungsweise ihrer Differenz und

✔ **vom zeitlichen Abstand zwischen den Aus- und Einzahlungen** (Timelag).

Zur Ermittlung des Kapital- und Liquiditätsbedarfs müssen Sie daher für verschiedene Zeitfenster (etwa von einer Woche bis zu fünf Jahren) die bis zu einem bestimmten Zeitpunkt insgesamt angefallenen (= *kumulierten*) Ein- und Auszahlungen einander gegenüberstellen. Dann erst können Sie entscheiden, welche Finanzierungsinstrumente eingesetzt werden sollten.

Ermittlung des Kapitalbedarfs

Ein *struktureller, längerfristiger Kapitalbedarf* entsteht beispielsweise, wenn Unternehmen in der Gründungsphase oder bei Betriebserweiterungen große Investitionen für Immobilien oder Produktionsanlagen tätigen. Dann sind zunächst hohe Auszahlungen zu leisten, um die Investition durchzuführen. Die Rückflüsse aus den Investitionen erfolgen dann (hoffentlich) in den anschließenden Jahren.

Bei der Ermittlung des Kapitalbedarfs müssen Sie zunächst einen Planungszeitraum vorgeben (mindestens sechs Monate, meist drei Jahre). Dabei können Sie zwischen den folgenden drei Schritten unterscheiden:

1. Bestimmung des Kapitalbedarfs für das Anlagevermögen

2. Ermittlung des Kapitalbedarfs für das Umlaufvermögen

3. Zusammenstellung des Gesamtkapitalbedarfs

Kapitalbedarf für das Anlagevermögen

Das *Anlagevermögen* dient der Aufrechterhaltung des Geschäftsbetriebs und besteht aus zumeist längerfristigen Vermögensgegenständen.

Der *Kapitalbedarf für das Anlagevermögen* entsteht durch die Auszahlungen, die im Zusammenhang mit der Erhöhung des Anlagevermögens stehen, wie der Erwerb von Grundstücken, der Kauf oder die Errichtung von Gebäuden, der Kauf von Maschinen, die Erweiterung der Betriebs- und Geschäftsausstattung, Auszahlungen für die Gründung (Gerichts- und Notariatskosten, Gewerbeanmeldungen, Maklergebühren und sonstige Vergütungen) oder Auszahlungen für die Ingangsetzung des Geschäftsbetriebs (Marktstudien, Organisationsgutachten, Einführungswerbung und Personalbeschaffungskosten).

Kapitalbedarf für das Umlaufvermögen

 Zum *Umlaufvermögen* gehören Vermögensgegenstände wie Vorräte (unfertige und fertige Erzeugnisse, Roh-, Hilfs- und Betriebsstoffe), Forderungen und liquide Mittel (kurzfristige Wertpapiere, Bankguthaben, Kasse).

Auch das Umlaufvermögen kann trotz der eigentlich kurzfristigen Natur seiner Vermögensgegenstände einen dauerhaften Kapitalbedarf verursachen. Da stetig neue Waren produziert werden und alte Forderungen durch neue Forderungen abgelöst werden, gibt es einen ständigen Bodensatz bei den Vorräten und Forderungen, der langfristig zu finanzieren ist.

Den Kapitalbedarf im Umlaufvermögen können Sie mithilfe der Umschlagshäufigkeit mit den folgenden Formeln ermitteln:

✔ Kapitalumschlagshäufigkeit pro Jahr bei Vorräten:

$$\frac{360 \text{ Tage}}{\text{durchschnittliche Lagerdauer}}$$

✔ Kapitalumschlagshäufigkeit pro Jahr bei Forderungen:

$$\frac{360 \text{ Tage}}{\text{durchschnittliche Forderungsdauer}}$$

✔ Kapitalbedarf bei Vorräten:

$$\frac{\text{Umsatz p.a.}}{\text{Lagerumschlagshäufigkeit}}$$

✔ Kapitalbedarf bei Forderungen:

$$\frac{\text{Umsatz p.a.}}{\text{Forderungsumschlagshäufigkeit}}$$

Bestimmung des Gesamtkapitalbedarfs

Im letzten Schritt wird der im ersten und zweiten Schritt ermittelte Kapitalbedarf für das Anlage- und Umlaufvermögen zusammengeführt, um den *strukturellen Gesamtkapitalbedarf* zu erhalten. Für die Ermittlung können Sie auf unterschiedliche Methoden zurückgreifen:

✔ **Zahlungsorientierte Ermittlung des Gesamtkapitalbedarfs:** Sie stellen für den Planungszeitraum alle geplanten Ein- und Auszahlungen periodenweise gegenüber. Aus der Differenz der kumulierten Ein- und Auszahlungen ergibt sich der pro Periode zu deckende Kapitalbedarf. Bei den Einzahlungen sollten

Sie neben den Umsatzerlösen auch die gegebenenfalls schon feststehenden Finanzierungsmaßnahmen berücksichtigen. Die zahlungsorientierte Ermittlung des Gesamtkapitalbedarfs gleicht vom Aufbau her der kurzfristigen Finanzplanung (siehe nächsten Abschnitt).

✔ **Bilanzorientierte Ermittlung des Gesamtkapitalbedarfs:** Der Kapitalbedarf wird auf der Grundlage von Planbilanzen ermittelt (Bilanzen werden in Kapitel 11 genauer erklärt). Die Bilanzsumme der Aktivseite zeigt dabei den gesamten Kapitalbedarf an. Bei der Erstellung der Passivseite können dann die bereits geplanten Finanzierungsmaßnahmen berücksichtigt werden. Entsteht eine Differenz bei den Bilanzsummen der Aktiv- und der Passivseite, so zeigt diese die noch zu deckende Kapitallücke an.

Da die zukünftigen Ein- und Auszahlungen nur bedingt in eine Planbilanz einfließen und zudem auch nicht exakt prognostizierbar sind, werden in der Praxis nicht selten Mischformen zwischen der zahlungsstrom- und der bilanzorientierten Kapitalbedarfsplanung verwendet.

Ermittlung des Liquiditätsbedarfs durch einen Finanzplan

Den eher kurzfristigen Liquiditätsbedarf können Sie durch eine Finanzplanung feststellen.

Die Aufgaben von Finanzplänen

Bei der *Finanzplanung* werden alle zukünftigen Ein- und Auszahlungen nach ihrer Höhe und dem Zeitpunkt der Zahlung erfasst. Ziel der Finanzplanung ist es, den Überblick über die Zahlungseingänge und -ausgänge zu behalten und für eine ausreichende Liquidität zu sorgen.

Über eine ausreichende *Liquidität* verfügt ein Unternehmen vereinfacht ausgedrückt dann, wenn es alle eingehenden Rechnungen bezahlen kann. Dazu muss zu jedem Zeitpunkt die Summe der Einzahlungen höher sein als die Summe aller zu tätigenden Auszahlungen.

Finanzpläne (auch *Liquiditätspläne* genannt) sind meist kurzfristig mit einem Planungszeitraum von maximal zwölf Monaten. Neben einer Jahresplanung werden zur Ermittlung der unterjährigen Liquidität Finanzplanungen auch für die nächsten Monate oder Wochen vorgenommen. Größere Unternehmen arbeiten zudem auch mit einer taggenauen Liquiditätsplanung.

In der Praxis hat sich eine *rollierende* beziehungsweise *gleitende Planung* als sinnvoll erwiesen. Dies bedeutet, dass die Pläne fortlaufend fortgesetzt und aktualisiert werden. Dies setzt ein entsprechendes Melde- und Erfassungssystem – zum Beispiel über Excel-Tabellen – voraus.

Die Struktur eines Finanzplans

Wesentliche Grundlage für die Finanz- beziehungsweise Liquiditätsplanung bilden die geplanten Umsatzerlöse und Aufwendungen. Allerdings werden bei der Finanzplanung nur die Vorgänge erfasst, die zu einem Zahlungseingang oder -ausgang führen. Daher bleiben Erträge und Aufwendungen, die nicht zahlungsgleich sind, in der Finanzplanung unberücksichtigt – wie zum Beispiel Abschreibungen oder Personalaufwendungen für die Bildung einer Pensionsrückstellung. Umgekehrt müssen in der Finanzplanung aber Vorgänge erfasst werden, die in der Gewinn-und-Verlust-Rechnung *nicht* berücksichtigt werden (weil sie nicht erfolgswirksam sind), aber die Liquidität verändern – wie zum Beispiel die Tilgung eines Bankkredits durch das Unternehmen.

Im Rahmen eines modernen Finanz- und Rechnungswesens sind die Teilbereiche des Rechnungswesens (Buchhaltung, Kostenrechnung, Jahresabschluss, Finanzplanung) heute dank geeigneter EDV-Systeme so gut miteinander verknüpft, dass die für die Finanzplanung erforderlichen Basisdaten heute automatisch bereitgestellt werden. Die meisten Kreditinstitute bieten ihren Firmenkunden entsprechende Software zur Unterstützung an.

Bei den meisten Unternehmen weist die Finanzplanung einen Finanzbedarf aus. Um den Finanzbedarf zu decken, können die Unternehmen verschiedene Finanzierungsmöglichkeiten nutzen. In Abbildung 5.3 sind die Finanzierungsmöglichkeiten im Überblick dargestellt.

Nach der Herkunft der finanziellen Mittel können Sie bei der Finanzierung zunächst zwischen der Außen- und der Innenfinanzierung unterscheiden.

Die Außenfinanzierung

 Bei der *Außenfinanzierung* erhält das Unternehmen zusätzliche finanzielle Mittel von außen, das heißt, von den Geld- und Kapitalmärkten fließt Geld in das Unternehmen. Dies kann im Wege der Eigen- und Fremdfinanzierung erfolgen.

✔ **Eigenfinanzierung:** Die Gesellschafter des Unternehmens stellen dem Unternehmen Geldmittel in Form von Bar- oder Sacheinlagen und Beteiligungen zur Verfügung. Dadurch entsteht *Eigenkapital*.

✔ **Fremdfinanzierung:** Das Unternehmen leiht sich von außenstehenden (externen) Kapitalgebern Geld aus. Dies geschieht beispielsweise durch die Aufnahme lang- oder kurzfristiger Kredite. Dabei entsteht *Fremdkapital.* Zur Fremdfinanzierung gehören auch moderne Finanzierungsinstrumente wie Leasing und Factoring.

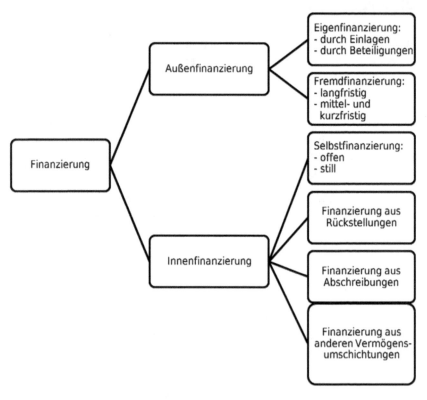

Abbildung 5.3: Finanzierungsmöglichkeiten eines Unternehmens

Die Eigenfinanzierung

Bei der Eigenfinanzierung gilt für die Eigenkapitalgeber:

✔ Sie gehen ein hohes Kapitalverlustrisiko ein.

✔ Sie haben aber auch die Chance, von den Gewinnen des Unternehmens zu profitieren.

✔ Sie haben das Recht, direkte oder indirekte Mitsprache bei der Unternehmensleitung auszuüben.

Das Ausmaß der *Chancen und Risiken* ist bei den Personen- und Kapitalgesellschaften allerdings unterschiedlich:

✔ **Personengesellschaften:**

- Die Gesellschafter haben grundsätzlich ein Recht auf die Beteiligung an der Geschäftsführung.

- Sie haften solidarisch und unbeschränkt mit ihrem Privatvermögen, wenn das Unternehmen nicht alle Verbindlichkeiten erfüllen kann. Ähnliches gilt auch für den Einzelkaufmann und die Gesellschaft bürgerlichen Rechts (GbR).

✔ **Kapitalgesellschaften (Aktiengesellschaft und GmbH):**

- Hier haftet der Gesellschafter nur in Höhe der Einlage und nicht mit seinem Privatvermögen. Für den Aktionär einer Aktiengesellschaft zum Beispiel bedeutet dies im schlimmsten Fall, dass seine Aktien wertlos werden und er einen Verlust in Höhe des Kaufpreises der Aktien hat.

- Dafür hat der Aktionär auch nur begrenzte Einflussmöglichkeiten (siehe Stammaktie).

Die Kapitalbeschaffung durch Ausgabe von Aktien

Wenn ein Unternehmen weiteres Eigenkapital benötigt, kann es eine Kapitalerhöhung durch Ausgabe neuer Gesellschaftsanteile durchführen, bei Aktiengesellschaften etwa durch die Ausgabe neuer (»junger«) Aktien. Mit dem Begriff *Going Public* oder *Initial Public Offering* (IPO) wird der erstmalige Gang bisher nicht börsennotierter Unternehmen an die Börse bezeichnet.

Sie können zwischen den folgenden *Aktienarten* unterscheiden:

✔ **Stammaktien:** Dies ist die übliche Form der Aktie. Stammaktionäre haben die folgenden Rechte:

- Recht auf Teilnahme an der Hauptversammlung sowie Auskunfts- und Stimmrecht in der Hauptversammlung

- Recht auf Gewinnbeteiligung durch Zahlung einer Dividende

- Bezugsrecht bei der Ausgabe von Aktien und Wandelanleihen

- Recht auf Anteil am Liquidationserlös, wenn das Unternehmen aufgelöst wird und die Vermögensmasse größer ist als die Schulden

✔ **Vorzugsaktien:** Sie bringen dem Aktionär einen Vorzug bei der Dividendenausschüttung. So können die Vorzugsaktien beispielsweise einen höheren

Dividendenanspruch als die Stammaktien haben (Vorzugsaktien mit Überdividende) oder sie werden vorrangig bedient (Vorzugsaktien mit Vorabdividende). Der Nachteil der Vorzugsaktie liegt meist darin, dass auf das Stimmrecht verzichtet werden muss.

Eine weitere Unterscheidung besteht bei Aktien in der Art der Übertragbarkeit:

✔ **Inhaberaktien:** Sie können ohne Namensnennung von einer Person auf eine andere Person übertragen werden. Daher kennt die Aktiengesellschaft die Namen ihrer Aktionäre nur dann, wenn der Erwerber gesetzlich fixierte Beteiligungsquoten überschreitet (3, 5, 10, 15, 20, 25, 30, 50 oder 75 Prozent der Stimmrechte).

✔ **Namensaktien:** Sie lauten auf den Namen des Aktionärs, der in das (elektronisch geführte) Aktienbuch der Gesellschaft eingetragen ist. Bei einer Übertragung ist daher eine Umschreibung notwendig, wenn der Erwerber alle Rechte wahrnehmen will. Da diese Form der Aktie international üblich ist, haben sich in Deutschland insbesondere die großen Unternehmen dazu entschlossen, von Inhaber- auf Namensaktien umzustellen.

✔ **Vinkulierte (gefesselte) Namensaktien:** Sie sind ein Sonderfall der Namensaktie. Zusätzlich ist hier die Übertragung der Namensaktie an die Zustimmung der Gesellschaft gebunden. Damit hat das Unternehmen die Möglichkeit, unerwünschte Aktionäre (beispielsweise Konkurrenten oder außerhalb der Familie befindliche Personen) vom Kauf der Aktien auszuschließen.

Nach der Aufteilung des Grundkapitals lassen sich zudem Nennwert- und Stückaktien unterscheiden:

✔ **Nennwertaktien:** Sie lauten auf einen in Geld ausgedrückten Betrag (mindestens ein Euro und stets in vollen Euro).

✔ **Stückaktien:** Sie verbriefen einen Bruchteil am Grundkapital. Hat eine AG beispielsweise ein Grundkapital von 50 Millionen Euro und hat 10 Millionen Stückaktien herausgegeben, so verbrieft eine Stückaktie einen Anteil von einem Zehnmillionstel am Grundkapital. Der – rechnerische – Nennbetrag pro Stückaktie liegt dann bei 5 Euro.

Bei der Ausgabe neuer Aktien verteilt sich der Wert des Unternehmens auf mehr Aktien als vorher. Dadurch sinkt der Kurs der Aktie (sogenannter *Kapitalverwässerungseffekt*). Dieser Nachteil für die Altaktionäre wird dadurch ausgeglichen, dass diese anteilig ein Vorrecht in Form von *Bezugsrechten* bekommen, die neuen Aktien zuerst erwerben zu können. Da man in jedem Fall zum Erwerb der neuen Aktien Bezugsrechte benötigt, haben diese einen Marktwert. Wenn die Altaktionäre keine neuen Aktien kaufen möchten, können sie die Bezugsrechte auch an der Börse verkaufen. Rein rechnerisch reicht der Wert der Bezugsrechte genau aus, den Vermögensverlust bei den Aktien aufgrund der Kapitalverwässerung auszugleichen.

Kapitalbeschaffung durch Kapitalbeteiligungsgesellschaften

Unternehmen ohne Zugangsmöglichkeit zur Börse (Personengesellschaften, GmbH, nicht börsennotierte Aktiengesellschaften) haben nicht die Möglichkeit, sich über die Ausgabe neuer Aktien vom organisierten Kapitalmarkt zusätzliches Eigenkapital zu beschaffen. Sie stehen oft vor folgendem Dilemma:

✔ Einerseits ist es den bestehenden Gesellschaftern oft nicht möglich, weiteres Geld aus dem Privatvermögen bereitzustellen, da dieses begrenzt ist.

✔ Andererseits sind neue, außenstehende Gesellschafter aber auch nicht unbedingt erwünscht, weil diese dann ihre Mitspracherechte ausüben wollen und sich die bisherige Stimmrechtsverteilung zuungunsten der Altgesellschafter ändert.

Einen Ausweg bieten *Kapitalbeteiligungsgesellschaften*, vielfach auch in Form von privaten Equity-Fonds. Sie beteiligen sich oft an klein- und mittelständischen Unternehmen (KMU) mit dem Ziel, nach drei bis sieben Jahren ihre Beteiligung gewinnbringend verkaufen zu können. Darüber hinaus hoffen sie auf die jährlichen Gewinnausschüttungen.

Bedeutung des Eigenkapitals

Unternehmen benötigen aus mehreren Gründen ein ausreichendes Eigenkapital:

✔ Eigenkapital ist eine langfristige Finanzierungsquelle, da es im Normalfall bei Fortbestehen des Unternehmens (= Going Concern) nicht zurückgezahlt werden muss.

✔ Das Eigenkapital bildet das Verlustauffangpotenzial des Unternehmens, da eventuell entstehende Verluste mit dem Eigenkapital verrechnet werden.

✔ Ohne eine ausreichende Eigenkapitalbasis bekommen die Unternehmen infolgedessen kein Fremdkapital (beispielsweise wenn deshalb eine Kreditfinanzierung abgelehnt wird).

✔ Je mehr Eigenkapital ein Unternehmen hat, desto besser ist die Bonität des Unternehmens. Es kommt dann leichter an Kredite, was die Gefahr von Liquiditätsproblemen verringert.

Ob ein Unternehmen eine ausreichende Eigenkapitalbasis hat, können Sie am leichtesten mithilfe der *Eigenkapitalquote* (siehe den Abschnitt »Analyse der Kapitalstruktur« in Kapitel 11) einschätzen.

Bei fast allen Unternehmen reicht das Eigenkapital aber nicht aus, um sämtliche Investitionen zu finanzieren. Daher sind die meisten Unternehmen auch auf eine Fremdfinanzierung angewiesen, um ausreichend finanziert zu sein.

Die Fremdfinanzierung

Bei der *Fremdfinanzierung* bekommt das Unternehmen Geldmittel von außenstehenden Kapitalgebern, die als Gläubiger (im Gegensatz zu den Eigenkapitalgebern) nicht für die Verbindlichkeiten des Unternehmens haften. Nach der Dauer der Kapitalüberlassung wird zwischen langfristiger (fünf Jahre und länger), mittelfristiger (ein bis fünf Jahre) und kurzfristiger Fremdfinanzierung (bis zu einem Jahr) unterschieden.

Abbildung 5.4 zeigt im Überblick, welche Arten der Fremdfinanzierung von Unternehmen grundsätzlich genutzt werden können.

Abbildung 5.4: Arten der Fremdfinanzierung

Langfristige Fremdfinanzierung

Um sich von Gläubigern langfristig Geld zu besorgen, stehen dem Unternehmen verschiedene Möglichkeiten zur Verfügung.

Langfristige Bankdarlehen

Die wichtigste Quelle der langfristigen Fremdfinanzierung ist insbesondere für kleine und mittlere Unternehmen die Aufnahme eines *langfristigen Bankdarlehens*. Damit werden häufig langfristige Investitionen (zum Beispiel in Grundstücke und Gebäude oder Produktionsanlagen) finanziert. Aus den Rückflüssen der Investitionen, die durch den Verkauf der Produkte entstehen, werden dann in den Folgejahren die Zinszahlungen und Tilgungen für das Bankdarlehen bezahlt.

Da die Rückflüsse aus einer Investition aber normalerweise unsicher sind (zum Beispiel aufgrund von Konjunkturschwankungen), verlangen die Banken für die gewährten Darlehen oft *Sicherheiten* (Grundpfandrechte, Bürgschaften und dergleichen), um sich für den Notfall abzusichern. Diese werden von der Bank aber nur dann in Anspruch genommen, wenn das Unternehmen seinen Zahlungsverpflichtungen gegenüber der Bank nicht vereinbarungsgemäß nachkommt.

Schuldscheindarlehen

Große, bonitätsstarke Unternehmen können sich über *Schuldscheindarlehen* Geldmittel über mehrere Millionen Euro beschaffen. Kapitalgeber sind Großanleger wie Lebensversicherungen und Pensionskassen. Der *Schuldschein* selbst ist ein Zahlungsbeleg und kein Wertpapier, sodass er auch nicht an der Börse gehandelt werden kann. Ein Schuldscheindarlehen ist meist zinsgünstiger als ein Bankdarlehen und kostengünstiger als eine Schuldverschreibung.

Schuldverschreibungen

Traditionell steht insbesondere den Großunternehmen (zunehmend allerdings auch mittelständischen Unternehmen über Mittelstandsanleihen) die Möglichkeit offen, sich langfristiges Fremdkapital durch die Ausgabe von großvolumigen Schuldverschreibungen, auch *Anleihen*, *Obligationen* oder *Corporate Bonds* genannt, zu beschaffen. Eine Schuldverschreibung ist ein verbrieftes Forderungsrecht und damit ein Wertpapier.

Die Käufer der Anleihen haben das Recht auf Verzinsung und Rückzahlung. Aus Sicht der Unternehmen weisen Anleihen im Vergleich zu Bankkrediten geringere Zinskosten auf. Allerdings sind auch die Emissionskosten (einmalig bei Ausgabe:

4 bis 5 Prozent, jährliche Nebenkosten von 1 bis 2 Prozent des Anleihebetrags) zu berücksichtigen. Aus Sicht des Käufers von Anleihen ergibt sich der Vorteil, dass die Renditen meist etwas höher sind als die Zinssätze, die man für Bankeinlagen erhält. Schuldverschreibungen sind oft schon in kleinen Stückelungen (ab 100 Euro) erhältlich.

Der Anleger sollte darauf achten, nur Anleihen von bonitätsstarken Unternehmen (oder Ländern) zu erwerben, da im Fall von Schuldnern mit schlechter Bonität die versprochenen Rückzahlungen manchmal nicht eingehalten werden; besonders groß ist diese Gefahr bei *Junkbonds* (»Dreckanleihen«).

Genussscheine

Genussscheine sind Wertpapiere und weisen Merkmale sowohl der Eigen- als auch der Fremdfinanzierung auf. Wie Wandel- und Optionsanleihen werden sie daher dem sogenannten *Mezzanine-Kapital* zugerechnet.

Genussscheine können sehr unterschiedlich ausgestaltet sein. Häufige Merkmale sind:

✔ eine Beteiligung am Gewinn (eventuell auch am Verlust),

✔ ein Anspruch auf Rückzahlung des Nominalwertes (also des Betrags, der auf dem Papier steht),

✔ kein Stimmrecht auf der Hauptversammlung (anders als bei einer Stammaktie),

✔ nachrangige Befriedigung im Insolvenzfall.

Kurz- und mittelfristige Fremdfinanzierung

Zur Abdeckung des kurz- und mittelfristigen Kapitalbedarfs kommen als Kapitalgeber Handelspartner, Banken und der Geldmarkt infrage.

Anzahlungen

In manchen Branchen (Bau von Großanlagen) erwarten die Unternehmen bei Vertragsabschluss eine Anzahlung des Kunden. Wenn mit der Anzahlung keine Kaufpreisminderung verbunden wird, hat sich das Unternehmen vom Kunden praktisch einen zinslosen Kredit verschafft.

Lieferantenkredit

Ein *Lieferantenkredit* entsteht, wenn der Lieferant dem Unternehmen bei sofortiger Zahlung einen Skontoabzug vom Rechnungsbetrag gewährt, das Unternehmen aber darauf verzichtet und stattdessen das Zahlungsziel (meist zwischen 30 und 90 Tagen) ausnutzt. Den Effektivzins eines Lieferantenkredits können Sie näherungsweise wie folgt berechnen:

$$\text{effektiver Jahreszins} = \frac{\text{Skontosatz} \times 360}{\text{Zahlungsziel} - \text{Skontofrist}}$$

Der formlose und bequeme Lieferantenkredit kann sehr teuer sein. Daher ist es oft besser, stattdessen bei einer Bank einen Kredit aufzunehmen. Hinzu kommt, dass sich die Lieferanten zur Absicherung ihrer Forderung nicht selten einen *Eigentumsvorbehalt* einräumen lassen – in dem Sinne, dass der Lieferant das Eigentum an der gelieferten Ware bis zur vollständigen Bezahlung behält.

Kontokorrentkredit

Ein Unternehmen kann auf verschiedenen Wegen kurzfristige Kredite bei einer Bank aufnehmen. Die wichtigste Form ist der *Kontokorrentkredit*, eine Art Überziehungskredit für Firmen, wodurch das Unternehmen unerwartete Liquiditätsengpässe (zum Beispiel aufgrund von plötzlichen Steuernachzahlungen oder Forderungsausfällen) ausgleichen kann. Die mit der Bank vereinbarte Überziehungsgrenze wird auch *Kreditlinie* genannt.

Wechselkredit

Kostengünstiger als ein Kontokorrentkredit kann ein Wechselkredit sein. Der *Wechsel* ist ein

✔ papiergebundenes *Wertpapier*,

✔ das eine *unbedingte Zahlungsanweisung* (unabhängig davon, warum der Wechsel zustande gekommen ist)

✔ *des Ausstellers* (damit ist der Gläubiger gemeint, also derjenige, der Geld bekommt)

✔ *an den Bezogenen* (damit ist der Schuldner gemeint) enthält,

✔ an ihn oder einen Dritten (wenn der Wechsel weiterverkauft wird) zu einem bestimmten Zeitpunkt an einem bestimmten Ort *eine bestimmte Geldsumme zu zahlen.*

Avalkredit

Ein *Avalkredit* ist kein üblicher Kredit, da zunächst kein Geld fließt. Die Bank gibt nämlich eine Bürgschaft ab, für die Zahlungsverpflichtungen eines Unternehmens einzustehen, die dieses gegenüber einem Dritten eingegangen ist. Dies kommt vor, wenn der Geschäftspartner dieses Unternehmens ganz sicher sein will, dass er im Zweifel auch sein Geld bekommt, und dafür die Garantie einer Bank haben möchte. Abgesichert werden beispielsweise potenzielle Zahlungsansprüche aus Gewährleistungen, aus Konventionalstrafen, von Finanzbehörden oder von Vermietern (statt einer Kaution). Für die Bereitstellung von Avalkrediten verlangen die Banken eine Avalprovision zwischen 0,5 und 3 Prozent.

Lombardkredit

Ein *Lombardkredit* ist ein kurzfristiger Bankkredit, der durch die Verpfändung marktgängiger Vermögenswerte abgesichert wird. Als Pfandobjekte dienen in der Regel Wertpapiere, Forderungen und Edelmetalle. Banken beleihen aber nicht den vollen Wert der verpfändeten Vermögenswerte, sondern kalkulieren aus Vorsicht mit Wertabschlägen von 20 bis 50 Prozent.

Kredite vom Geldmarkt

Größere Unternehmen können sich zinsgünstig kurzfristige Kredite am Geldmarkt verschaffen.

Der *Geldmarkt* ist der Teil des Finanzmarktes, an dem sich insbesondere Banken und bonitätsstarke Großunternehmen kurzfristig größere Geldsummen ausleihen können oder Liquiditätsüberschüsse anlegen. Die wichtigsten globalen Finanzplätze sind London, New York City, Hongkong und Singapur.

Wichtigste Instrumente des Geldmarktes sind kurzfristige Schuldverschreibungen wie Commercial Papers und Euronotes.

Die Innenfinanzierung

Bei der *Innenfinanzierung* entstehen Finanzierungseffekte dadurch, dass der Abfluss von Auszahlungen durch zusätzliche Kapitalbindung verhindert oder hinausgezögert wird oder eine Vermögensumschichtung stattfindet. Das Unternehmen finanziert sich bei der

Innenfinanzierung aus liquiden Mitteln, die aus dem Umsatzprozess heraus bereits im Unternehmen vorhanden sind, oder aus bestehenden Vermögensgegenständen.

Innenfinanzierungseffekte können zwei Ursachen haben:

✔ **Innenfinanzierung durch zusätzliche Kapitalbindung:** Dabei wird der Abfluss von bestimmten Auszahlungen (Gewinnausschüttungen, Steuerzahlungen) verhindert oder zumindest verzögert und so die bereits im Unternehmen vorhandene Liquidität gebunden. Eine zusätzliche Kapitalbindung entsteht bei der

- Selbstfinanzierung aus Gewinnen, indem das Eigenkapital erhöht wird,

- Finanzierung aus Rückstellungen dadurch, dass zusätzliches Fremdkapital gebildet wird.

✔ **Innenfinanzierung durch Vermögensumschichtungen:** Hier besteht der Finanzierungseffekt darin, dass liquiditätsferne Vermögensgegenstände (zum Beispiel Maschinen) durch

- Abschreibungen oder

- andere Vermögensumschichtungen in liquiditätsnahe Positionen (Fertigerzeugnisse oder direkt in Finanzmittel) umgewandelt werden.

Sie können zusammengefasst zwischen den in Abbildung 5.5 aufgezeigten Formen der Innenfinanzierung unterscheiden.

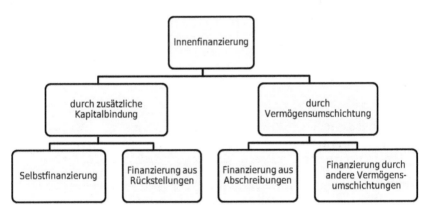

Abbildung 5.5: Arten der Innenfinanzierung

Die Innenfinanzierung hat für die deutschen Unternehmen eine sehr große Bedeutung. Laut Bundesbankstatistik finanzieren sich die deutschen Unternehmen (ohne finanzielle Unternehmen wie Banken und Versicherungen) in den letzten Jahren mindestens zu 50 Prozent (in einigen Jahren sogar vollständig) über die Instrumente der Innenfinanzierung.

Offene und stille Selbstfinanzierung

Bei der Selbstfinanzierung können Sie zwischen der offenen und der stillen Selbstfinanzierung unterscheiden.

Offene Selbstfinanzierung

Bei der *offenen Selbstfinanzierung* wird ein Finanzierungseffekt erzielt, indem der im Jahresabschluss festgestellte Gewinn nicht an die Gesellschafter ausgeschüttet wird, sondern durch Gewinneinbehaltung (*Gewinnthesaurierung*) im Unternehmen verbleibt – bei einer Aktiengesellschaft beispielsweise durch Vorstands- und Aufsichtsratsbeschluss (§ 58 Abs. 2 AktG) oder durch einen entsprechenden Beschluss auf der Hauptversammlung (§ 58 Abs. 3 AktG). Der einbehaltene Gewinn wird der Eigenkapitalposition »Gewinnrücklage« gutgeschrieben.

Stille Selbstfinanzierung

Bei der *stillen Selbstfinanzierung* wird der auszuweisende Gewinn durch die Bildung stiller Reserven verringert. Dadurch werden die zu zahlenden Gewinnsteuern vermindert und auch eine mögliche Gewinnausschüttung verhindert.

Für die *Bildung stiller Reserven* können Sie verschiedene bilanzpolitische Möglichkeiten nutzen:

✔ **Unterbewertung von Vermögensteilen**, und zwar niedriger, als es dem tatsächlichen Wert entspricht. Beispiel: Überhöhte Wertberichtigung einer Forderung (muss aber trotzdem für den Wirtschaftsprüfer plausibel sein).

✔ **Nichtaktivierung aktivierungsfähiger Vermögensgegenstände:** Hier wird auf die Aufnahme eines Vermögensgegenstands in die Bilanz verzichtet, obwohl dieses möglich wäre. Der Gewinn wird dadurch vermindert, dass der Vermögensgegenstand nicht erfolgsneutral in die Bilanz aufgenommen, sondern sofort abgeschrieben wird. Beispiel: Verzicht auf die Aktivierung von eigenen Entwicklungskosten für selbst erstellte Software.

✔ **Unterlassung von Zuschreibungen:** Vermögensteile steigen im Wert, der Wertansatz in der Bilanz bleibt jedoch konstant. Beispiel: Das Unternehmen hat eine Beteiligung an einem anderen Unternehmen in Form eines Aktienpakets. Wenn der Aktienkurs des anderen Unternehmens ansteigt und die Beteiligung an Wert gewinnt, darf das Unternehmen dennoch maximal die Anschaffungskosten des Aktienpaketes als Wert ansetzen (§ 253 Abs. 1 HGB).

✔ **Überbewertung von Passivposten:** Das Unternehmen bildet Rückstellungen in übertriebener Höhe. Beispiel: Garantie- oder Prozessrückstellungen.

Allerdings werden einige der stillen Reserven zwangsläufig gebildet. Zum Beispiel gibt es Vermögensgegenstände, die gar nicht bilanziert werden dürfen (wie der Wert des Kundenstamms). Auch die (teilweise) Unterlassung von Zuschreibungen ist vorgegeben, weil das HGB-Bilanzrecht bei Vermögensgegenständen als Wertobergrenze die Anschaffungs- oder Herstellungskosten vorschreibt.

Finanzierung aus Rückstellungen

Rückstellungen können Sie für Verpflichtungen bilden, deren genaue Höhe und/oder Fälligkeit ungewiss sind. Sie werden dem Fremdkapital zugerechnet.

Beispiele für Rückstellungen sind Pensionsrückstellungen, Rückstellungen für Prozessrisiken, Rückstellungen für Garantieansprüche und Rückstellungen für Steuernachzahlungen.

Die Bildung einer Rückstellung ist mit einer entsprechenden Aufwandsbuchung (»Aufwendungen an Rückstellungen«) verbunden, die letztlich den zu versteuernden Gewinn mindert und damit zu einer Verringerung der Gewinnsteuerzahlung und der möglichen Gewinnausschüttung führt.

Der Finanzierungseffekt aus der Vermeidung von Liquiditätsabflüssen endet, wenn die Rückstellung aufgelöst wird. Dann entsteht entweder ein Liquiditätsabfluss (wie bei Pensionszahlungen und Steuerzahlungen) oder die Rückstellung wird ertragswirksam aufgelöst.

Finanzierung aus Abschreibungen

Bei der *Finanzierung aus Abschreibungen* entsteht ein Finanzierungseffekt erst nach mehreren Stufen:

1. Zunächst werden Vermögensgegenstände des Anlagevermögens (zum Beispiel Maschinen) planmäßig abgeschrieben.

2. Diese Abschreibungen sind Teil der Herstellungskosten, sodass die Abschreibungen den Wert der mit dem Anlagegegenstand produzierten Vorräte (Fertigprodukte) erhöhen. Durch die ersten beiden Schritte entsteht ein Aktivtausch (Wertminderung bei dem abgeschriebenen Vermögensgegenstand, Erhöhung der Vorräte).

3. Werden die Vorräte dann zu einem kostendeckenden Preis verkauft, werden die Vorräte in liquide Mittel umgewandelt (nochmaliger Aktivtausch: Vorräte sinken, die liquiden Mittel steigen an).

4. Die liquiden Mittel stehen für andere Finanzierungszwecke zur Verfügung, bis der abgeschriebene Vermögensgegenstand durch eine Reinvestition wiederbeschafft wird.

Die Finanzierung aus Abschreibungen setzt voraus, dass die Abschreibungen in die Preise einkalkuliert sind und die Umsatzerlöse auch zu entsprechenden Einzahlungen führen. Es muss sich also um sogenannte *verdiente Abschreibungen* handeln, da sonst kein Finanzierungseffekt zustande kommen kann.

Der Finanzierungseffekt aus Abschreibungen wird auch als *Kapitalfreisetzungseffekt* bezeichnet, da über die durch die Abschreibung freigesetzte Liquidität bis zum Ende der Wiederbeschaffung des abzuschreibenden Vermögensgegenstands frei verfügt werden kann.

Ein Sonderfall der Finanzierung aus Abschreibungen liegt dann vor, wenn die durch den Kapitalfreisetzungseffekt frei zur Verfügung stehenden liquiden Mittel dazu genutzt werden, die Kapazität des Unternehmens auszuweiten. Dieser Effekt wird auch *Kapazitätserweiterungseffekt* oder auch *Lohmann-Ruchti-Effekt* genannt.

Finanzierung aus anderen Vermögensumschichtungen

Eine *Finanzierung aus anderen Vermögensumschichtungen* kommt dadurch zustande, dass

✔ Unternehmenseinheiten (zum Beispiel ein Tochterunternehmen oder eine Unternehmenssparte) veräußert,

✔ außerplanmäßig einzelne Vermögensgegenstände des Anlage- oder Umlaufvermögens verkauft oder

✔ Rationalisierungsmaßnahmen durchgeführt werden.

Die Finanzierungswirkung aus dem Verkauf nicht zwingend benötigter Vermögensgegenstände wie Finanzanlagen oder nicht benötigter Grundstücke entsteht dadurch, dass durch den Zufluss der Verkaufserlöse die liquiden Mittel direkt erhöht werden.

Ein Beispiel für den außerplanmäßigen Verkauf von Anlagevermögen ist das *Sale-and-Lease-back-Geschäft*. Hierbei wird häufig das Bürogebäude des Unternehmens an ein anderes Unternehmen verkauft, wodurch sich die Liquiditätssituation des abgebenden Unternehmens deutlich verbessert. Anschließend wird das Bürogebäude für einige Jahre zurückgemietet. Diese Methode wird oft von in Not geratenen Unternehmen genutzt.

Bei *Rationalisierungsinvestitionen* werden durch bestimmte Maßnahmen ausgesuchte Vermögenspositionen abgebaut, sodass das bisher dadurch gebundene Kapital an anderer Stelle (zum Beispiel für Investitionen oder Kredittilgungen) genutzt werden kann. Typische Rationalisierungsinvestitionen sind eine Verringerung der Lagerbestände (zum Beispiel durch Just-in-time-Beschaffung und Just-in-time-Produktion) oder der Abbau der Forderungen (insbesondere durch das Factoring; siehe unten).

Laut Schätzungen der Deutschen Bundesbank (Monatsbericht Dezember 2017) teilt sich das Finanzierungsvolumen der deutschen Unternehmen (ohne finanzielle Unternehmen wie Banken und Versicherungen) in Höhe von 356 Milliarden Euro im Jahre 2016 zu 27 Prozent auf die Außenfinanzierung und zu 73 Prozent auf die Innenfinanzierung auf. Der Anteil der *Finanzierung aus Abschreibungen* an der Gesamtfinanzierung liegt allein bei 52 Prozent, sodass diese Innenfinanzierungsform das *wichtigste Finanzierungsinstrument deutscher Unternehmen* darstellt.

Leasing und Factoring

Leasing und Factoring haben sich insbesondere bei der Finanzierung kleiner und mittlerer Unternehmen zu wichtigen Finanzierungsalternativen entwickelt. Da sie einen Bankkredit ersetzen können, nennt man sie auch *Kreditsubstitute*.

Leasing

Leasing ist die mittel- bis langfristige Nutzungsüberlassung eines Wirtschaftsgutes gegen Zahlung einer Leasinggebühr.

Beim Leasing wird ein Wirtschaftsgut (zum Beispiel eine Maschine, ein Fahrzeug, eine EDV-Ausstattung oder eine Immobilie) vom Unternehmen auf bestimmte oder unbestimmte Zeit angemietet. Dafür zahlt das Unternehmen eine meist fixe Leasingrate an die Leasinggesellschaft, die aus den laufenden Erlösen abgedeckt wird, die durch den Einsatz des Vermögensgegenstands erzielt werden.

Ob das Leasingobjekt beim Leasinggeber oder beim Leasingnehmer zu bilanzieren ist, hängt von der genauen Ausgestaltung des Leasingvertrags ab. Entscheidend für die Bilanzierung des Leasingobjekts ist, wer der wirtschaftliche Eigentümer ist und das Investitionsrisiko trägt. Für das Unternehmen als Leasingnehmer ist es fast immer vorteilhaft, wenn das Leasingobjekt nicht bei ihm, sondern beim Leasinggeber bilanziert wird, da dadurch bestimmte finanzielle Kennziffern wie die Eigenkapitalquote entlastet werden.

Vorteile des Leasings sind:

✔ Die Leasingraten sind konstant und genau kalkulierbar.

✔ Die Betriebsausstattung bleibt auf dem neuesten Stand.

✔ Leasing schont die Liquidität.

✔ Leasing ist steuerlich vorteilhaft.

Der Nachteil des Leasings im Vergleich zum kreditfinanzierten Kauf liegt darin, dass das Leasing nicht unbedingt kostengünstiger ist.

Factoring

 Beim *Factoring* verkauft das Unternehmen Forderungen aus Warenlieferungen oder Dienstleistungen an eine darauf spezialisierte Factoringgesellschaft (Factor).

Forderungen entstehen dadurch, dass ein Unternehmen aufgrund von Kaufverträgen bestellte Waren zunächst gegen Rechnung liefert und der Kunde nicht direkt zahlt (»Verkauf auf Ziel«). Die Forderungen können an eine Factoringgesellschaft abgetreten werden, die dann die Forderungen bevorschusst, sodass das Unternehmen bereits vor Fälligkeit der Forderungen den Liquiditätszufluss hat. Allerdings bekommt das Unternehmen nicht den vollen Gegenwert der Forderungen, da die Factoringgesellschaft Abschläge für die Übernahme der folgenden Funktionen vornimmt:

✔ **Finanzierungsfunktion:** Berechnung banküblicher Zinsen

✔ **Dienstleistungsfunktion:** Gebühr von 0,5 bis 2,5 Prozent des Forderungsvolumens

✔ **Delkrederefunktion beim echten Factoring:** Übernahme des Ausfallrisikos der Forderungen, Gebühr abhängig von der Ausfallwahrscheinlichkeit (0,5 bis 2,5 Prozent des Forderungsvolumens). Beim *unechten Factoring* verbleibt das Ausfallrisiko beim Unternehmen.

Die Abtretung der Forderung kann gegenüber dem Kunden offengelegt werden (offenes Factoring), muss es aber nicht (stilles Factoring).

Finanzierungsregeln

Mithilfe der Finanzierungsregeln können Sie feststellen, wie gesund die langfristige Finanzierungsstruktur eines Unternehmens ist. Sie werden auch als *horizontale Finanzierungsregeln* bezeichnet, da Positionen der Aktiv- und der Passivseite der Bilanz zueinander in Beziehung gesetzt werden. Zu den langfristigen Finanzierungsregeln gehören

✔ die *goldene Finanzierungsregel* und

✔ die *goldene Bilanzregel*.

Goldene Finanzierungsregel

Die *goldene Finanzierungsregel* zielt darauf ab, dass die langfristigen Vermögensgegenstände (zum Beispiel eine Maschine) auch durch langfristig zur Verfügung stehendes Kapital (zum Beispiel einen langfristigen Kredit) finanziert werden (*Grundsatz der Fristenkongruenz* im Sinne der Übereinstimmung von Kapitalüberlassungsdauer aus der Finanzierung und Kapitalbindungsdauer der Investition):

$$\frac{\text{langfristiges Vermögen}}{\text{langfristiges Kapital}} \leq 1 \text{ beziehungsweise } \frac{\text{kurzfristiges Vermögen}}{\text{kurzfristiges Kapital}} \geq 1$$

Wird die goldene Finanzierungsregel nicht eingehalten, werden langfristige Vermögenswerte nur kurzfristig finanziert. Dann wird irgendwann eine Anschlussfinanzierung notwendig, die das Unternehmen in Liquiditätsschwierigkeiten bringen könnte, wenn es keine neuen Kapitalgeber findet.

Goldene Bilanzregel

Die *goldene Bilanzregel* gibt es in einer engeren und einer weiteren Fassung:

✔ Goldene Bilanzregel im engeren Sinne:

$$\frac{\text{Eigenkapital} + \text{langfristiges Fremdkapital}}{\text{Anlagevermögen}} \geq 1$$

✔ Goldene Bilanzregel im weiteren Sinne:

$$\frac{\text{Eigenkapital} + \text{langfristiges Fremdkapital}}{\text{Anlagevermögen} + \text{langfristiges Umlaufvermögen}} \geq 1$$

Die Einhaltung der goldenen Bilanzregel im weiteren Sinne bedeutet, dass das langfristig gebundene Vermögen (wozu neben dem Anlagevermögen auch das langfristig gebundene Umlaufvermögen (zum Beispiel Bodensatz an Vorräten) gerechnet wird) auch langfristig finanziert wird. Zur langfristigen Finanzierung wird neben dem Eigenkapital auch das langfristige Fremdkapital (beispielsweise Pensionsrückstellungen und mehrjährige Bankverbindlichkeiten) gezählt. Damit soll verhindert werden, dass das langfristig gebundene Vermögen mit kurzfristigem Kapital finanziert wird.

Die Kapitalkosten

Die Gesamtkapitalkosten eines Unternehmens hängen ab von

✔ den Eigenkapitalkosten,

✔ den Fremdkapitalkosten und

✔ der Kapitalstruktur (Mix aus Eigen- und Fremdkapital).

Die Eigenkapitalkosten

Die *Eigenkapitalkosten* des Unternehmens entsprechen der Rendite der Eigenkapitalgeber. Man kann die Eigenkapitalrentabilität aus Daten des Jahresabschlusses berechnen oder erwartete Eigenkapitalrenditen verwenden auf der Basis von Modellen der Kapitalmarkttheorie wie dem Capital Asset Pricing Model (CAPM) oder dem Dividend Discount Model.

Da die Eigenkapitalgeber im Vergleich zu den Fremdkapitalgebern das höhere Risiko tragen, gilt tendenziell: Eigenkapital ist teurer als Fremdkapital.

Die Fremdkapitalkosten

Die Fremdkapitalgeber fordern im Vergleich zu risikolosen Anlagen einen höheren Zinssatz, da auch die Zins- und Tilgungsleistungen für die Rückzahlung des Fremdkapitals grundsätzlich ausfallbedroht sind. Die Höhe der Risikoprämie ist abhängig von der Bonität und den gestellten Sicherheiten.

Ein Vorteil der Fremdfinanzierung liegt darin, dass die Fremdkapitalzinsen im Gegensatz zur Gewinnausschüttung bei der Ermittlung des steuerpflichtigen Gewinns abzugsfähig sind. Dieser Effekt wird als *tax shield* bezeichnet. Der Effekt wird rechnerisch dadurch berücksichtigt, dass der Bruttozins r_{FK} mit dem Faktor $(1 - s)$ multipliziert (mit s = Gewinnsteuersatz) wird, um die Steuerentlastung zu erfassen und den Nettozins zu ermitteln.

Die Gesamtkapitalkosten

Die Gesamtkapitalkosten eines Unternehmens unter Berücksichtigung der Kapitalstruktur und des Steuervorteils der Fremdfinanzierung werden auch als gewichtete durchschnittliche Kapitalkosten (englisch: *Weighted Average Cost of Capital*, kurz WACC) bezeichnet. Sie können wie folgt berechnet werden:

$$r = r_{FK} \times (1 - s) \times \frac{FK}{GK} + r_{EK} \times \frac{EK}{GK}$$

mit r = durchschnittliche Kapitalkosten = WACC, r_{FK} = (Brutto-) Renditeforderung der Fremdkapitalgeber = Fremdkapitalkosten, r_{EK} = Renditeforderung der Eigenkapitalgeber = Eigenkapitalkosten, s = Gewinnsteuersatz, FK = Fremdkapital, EK = Eigenkapital, GK = Gesamtkapital

Ein Ziel der Finanzierung besteht darin, die Gesamtkapitalkosten möglichst niedrig zu halten. Wenn die Fremdfinanzierung günstiger als die Eigenfinanzierung ist, könnte man auf die Idee kommen, ein Unternehmen mit möglichst viel Fremdkapital zu finanzieren. Die Kapitalkosten der Eigen- und Fremdfinanzierung sind aber keine festgeschriebenen Größen, sondern hängen auch von der Kapitalstruktur des Unternehmens ab:

✔ Je weniger Eigenkapital ein Unternehmen aufweist, desto schlechter ist die Bonität und umso höher ist der Fremdkapitalzins, den die Bank fordern wird.

✔ Da bei einer geringen Eigenkapitaldecke auch das Risiko der einzelnen Eigenkapitalgeber steigt, erhöht sich auch deren erwartete Eigenkapitalrendite.

✔ Weist das Unternehmen nur ein geringes Eigenkapitalpolster auf, kann es passieren, dass es gar keine Kreditgeber mehr findet, weil ihnen das Risiko zu groß wird.

Unter Berücksichtigung dieser Effekte gibt es weder in der Praxis noch in der Theorie ein unumstrittenes Modell, mit dessen Hilfe man die Kapitalkosten eines Unternehmens unter realitätsnahen Bedingungen minimieren kann. Allerdings geben die genannten Effekte Anhaltspunkte, mit welcher Kapitalstruktur ein Unternehmen die Kapitalkosten möglichst gering halten kann.

IN DIESEM KAPITEL

Grundlagen der Investitionsrechnung

Die statische Investitionsrechnung:
Kostenvergleichsrechnung und Co

Die dynamische Investitionsrechnung:
Kapitalwertmethode und Co

Investitionsrechnung unter Unsicherheit

Kapitel 6
Die Investitionsrechnung

Nachdem Sie aus dem fünften Kapitel wissen, woher ein Unternehmen sein Kapital bekommen kann, geht es in diesem Kapitel darum, wie ein Unternehmen das zur Verfügung stehende Kapital möglichst sinnvoll einsetzen und investieren kann.

Grundlagen der Investitionsrechnung

Eine *Investition* ist die Verwendung finanzieller Mittel. Investitionen bedeuten, dass

✔ anfangs Auszahlungen getätigt werden (zum Beispiel durch die Anschaffung einer Maschine),

✔ denen dann später Einzahlungsüberschüsse folgen. Ein Einzahlungsüberschuss ist zum Beispiel die Differenz aus den Einzahlungen aus dem Verkauf der mit der Maschine produzierten Güter und den Auszahlungen bei der Produktion für Mitarbeiter und Lieferanten.

Investitionsarten

Sie können zwischen den in Abbildung 6.1 genannten Investitionsarten unterscheiden.

Wenn Sie Investitionen nach dem Investitionszweck einteilen, können Sie unterscheiden zwischen:

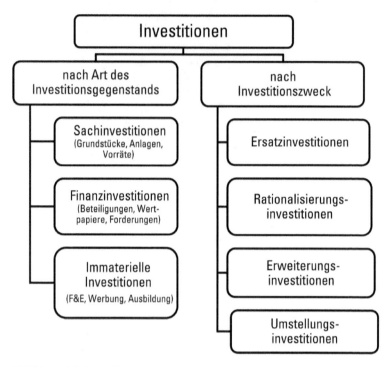

Abbildung 6.1: Investitionsarten

✔ **Ersatzinvestitionen:** Sie ersetzen eine alte Anlage durch eine neue gleichartige Anlage.

✔ **Rationalisierungsinvestitionen:** Sie ersetzen eine alte Anlage durch eine neue, die kostengünstiger ist oder qualitativ bessere Produkte produziert.

✔ **Erweiterungsinvestitionen:** Sie führen durch die neue Anlage eine Kapazitätserweiterung durch.

✔ **Umstellungsinvestitionen:** Sie ersetzen eine alte Anlage durch eine neue, die neue Produkte herstellen kann, wodurch Sie Ihr Produktsortiment diversifizieren.

Investitionen können Sie oft nicht nur einer Investitionsart zuordnen, sondern mehreren Zwecken. Eine Sachinvestition kann zum Beispiel eine Rationalisierungs- und Erweiterungsinvestition sein, wenn sie sowohl zu geringeren Stückkosten als auch zu einer höheren Kapazität bei der Produktion führt.

Bedeutung von Investitionen

Investitionen sind für Unternehmen *besonders wichtig*, weil

✔ sie oft mit einem hohen Kapitaleinsatz verbunden sind,

✔ durch sie das Kapital meist langfristig gebunden wird und

✔ sie somit das Risiko und die Existenz des Unternehmens maßgeblich beeinflussen.

Gleichzeitig sind Investitionsentscheidungen *besonders schwierig*, weil

✔ sie erhebliche Auswirkungen für alle Unternehmensbereiche (Einkauf, Produktion, Marketing, Personal) haben,

✔ langfristig wirken, die für eine Investitionsplanung erforderlichen Daten aber umso schwieriger zu prognostizieren sind, je länger der Planungshorizont ist,

✔ eine Vielzahl von Daten (zum Beispiel Marktentwicklung, Konkurrenzsituation, technische Daten) für die Investitionsentscheidung erforderlich sind,

✔ bei begrenzten finanziellen Mitteln unter Umständen nicht alle lohnend erscheinenden Investitionsprojekte realisiert werden können und eine Auswahl zu treffen ist.

Phasen des Investitionsentscheidungsprozesses

Den Entscheidungsprozess für ein Investitionsvorhaben können Sie wie in Abbildung 6.2 in vier Phasen einteilen.

Abbildung 6.2: Phasen des Investitionsentscheidungsprozesses

Die vier Phasen können Sie wie folgt beschreiben:

Investitionsplanung

Im Rahmen der Investitionsplanung

✔ suchen Sie nach Investitionsalternativen,

✔ analysieren Sie ihre Auswirkungen und

✔ bewerten Sie die Investitionsalternativen nach wirtschaftlichen Kriterien.

Die Investitionsplanung können Sie in zwei Teilphasen einteilen:

✔ **Investitionsanregung:** Dies kann zum Beispiel durch eine Stabsabteilung Unternehmensplanung oder durch ein betriebliches Vorschlagswesen erfolgen.

✔ **Machbarkeitsprüfung und Bewertung:** In der Machbarkeitsprüfung prüfen und bewerten Sie die technischen, wirtschaftlichen und sozialen Folgen des Investitionsvorhabens. Für die wirtschaftliche Bewertung können Sie die Methoden der Investitionsrechnung nutzen, die in den folgenden Abschnitten dieses Kapitels erklärt werden.

Investitionsentscheidung

Im nächsten Schritt entscheiden Sie, ob ein Investitionsvorhaben durchgeführt werden soll. Ein Investitionsvorhaben ist dann lohnend, wenn es die vorgegebenen Unternehmensziele (siehe dazu Kapitel 1) bestmöglich erfüllt. Stehen mehrere vorteilhafte Investitionsprojekte zur Auswahl und sind die finanziellen Mittel im Unternehmen begrenzt, muss das Unternehmen eine Auswahlentscheidung treffen, in welche(s) Projekt(e) investiert werden soll.

Durchführung der Investition

Bei der *Realisation einer Investition* sollten Sie berücksichtigen, dass größere Investitionsvorhaben Auswirkungen auf fast alle Unternehmensbereiche haben und die erforderlichen Maßnahmen daher besonders sorgfältig geplant werden müssen.

Investitionskontrolle

Bei der *Investitionskontrolle* führen Sie immer wieder einen Vergleich zwischen den Ist- und Sollwerten der durchgeführten Investitionsprojekte durch. Hier können Sie unterscheiden zwischen:

✔ **Ausführungskontrolle:** Sie kontrollieren die mit der Investition verbundenen Tätigkeiten (Funktionstüchtigkeit der Anlage, Verhalten der Mitarbeiter, Einhaltung des Zeitplans und Investitionsbudgets).

✔ **Ergebniskontrolle:** Sie überprüfen die sich aus der Investitionsdurchführung ergebenden Ergebnisse (wirtschaftlicher Erfolg, technischer Stand der Anlage, Produktqualität, Einhaltung rechtlicher Vorschriften).

Methoden der Investitionsrechnung im Überblick

Im Mittelpunkt der Investitionsplanung steht die Investitionsrechnung. Hier stehen Ihnen verschiedene Methoden zur Verfügung:

✔ **Statische Verfahren der Investitionsrechnung:** Sie können relativ einfach rechnen und benötigen nicht so viele Daten, weil Sie mit Durchschnittswerten arbeiten.

✔ **Dynamische Verfahren:** Die Berechnungen sind mathematisch etwas anspruchsvoller, berücksichtigen dafür aber ausdrücklich den unterschiedlichen zeitlichen Anfall der Erträge einer Investition.

✔ **Investitionsrechnung unter Unsicherheit:** Sie berücksichtigen das Investitionsrisiko und auch die Auswirkungen ungünstiger Entwicklungen.

Die Verfahren der statischen Investitionsrechnung

Die Verfahren der *statischen Investitionsrechnung* sind einfache Rechenverfahren, die in Bezug auf die Berechnung und die erforderlichen Daten relativ geringe Anforderungen stellen. Sie benötigen nur die Daten des Investitionsvorhabens für eine repräsentative Periode. Die Verfahren werden *statisch* genannt, da Sie mit den Durchschnittswerten der repräsentativen Periode rechnen und es keine Rolle spielt, wann genau die Zahlungen anfallen.

Bei der statischen Investitionsrechnung können Sie auf folgende Methoden zurückgreifen:

✔ Kostenvergleichsrechnung

✔ Gewinnvergleichsrechnung

✔ Rentabilitätsrechnung

✔ Amortisationsrechnung

Kostenvergleichsrechnung

Bei der *Kostenvergleichsrechnung* vergleichen Sie die Gesamtkosten (bei gleicher Leistung) oder Stückkosten (bei unterschiedlicher Leistungsfähigkeit) von zwei oder mehr Investitionsprojekten miteinander. Ihre Entscheidungsregel lautet: »Wählen Sie das Investitionsprojekt mit den geringsten Kosten.«

Bei der Kostenvergleichsrechnung werden folgende Kosten berücksichtigt:

✔ **Betriebskosten:** Lohnkosten, Materialkosten, Instandhaltungskosten einer Anlage, Energiekosten, sonstige Betriebskosten

✔ **Abschreibungen:** jährlicher Wertverlust einer Anlage. Eine einfache Formel zur Ermittlung der jährlichen Abschreibung ist:

$$\text{jährliche Abschreibung} = \frac{\text{Anschaffungskosten}}{\text{Nutzungsdauer}}$$

✔ **Kalkulatorische Zinsen:** Sie werden erfasst, weil durch die Anschaffung einer Investition Kapital gebunden wird und die Kapitalgeber eine Verzinsung des Kapitals erwarten. Die kalkulatorischen Zinsen auf das durchschnittlich gebundene Kapital können Sie am einfachsten nach der Durchschnittsmethode mit folgender Formel berechnen:

$$\text{kalkulatorische Zinsen} = \text{Zinssatz in \%} \times \frac{\text{Anschaffungskosten}}{2}$$

Bei der Anwendung der Kostenvergleichsrechnung setzen Sie voraus, dass die beim Betrieb der Anlage anfallenden Erlöse der Alternativen gleich hoch sind und die anfallenden Kosten übersteigen, da Sie sonst einen Verlust machen würden. Sind die Erlöse pro Stück oder die Absatzmengen der alternativen Investitionsobjekte allerdings unterschiedlich, müssen Sie eine Gewinnvergleichsrechnung durchführen.

Gewinnvergleichsrechnung

Bei der *Gewinnvergleichsrechnung* vergleichen Sie die durchschnittlich erwarteten Gewinne der Investitionsalternativen miteinander. Die Entscheidungsregel lautet: »Wählen Sie das Investitionsprojekt mit dem höchsten Gewinn.«

Den Gewinn für die repräsentative Periode berechnen Sie, indem Sie die Erlöse der Investitionsalternativen berechnen und davon die Gesamtkosten abziehen:

Gewinn = Erlöse – gesamte Kosten

Rentabilitätsrechnung

 Eine *Rentabilitätsrechnung* führen Sie durch, wenn die Gewinne der Investitionsalternativen mit unterschiedlichem Kapitaleinsatz erzielt werden. Die Entscheidungsregel lautet hier: »Wählen Sie das Investitionsprojekt mit der höchsten Rentabilität, sofern diese höher als eine vorgegebene Mindestrendite ist.« Als Mindestrendite können Sie den durchschnittlichen Kapitalkostensatz des Unternehmens oder eine von der Unternehmensführung vorgegebene Mindestrendite für Investitionen heranziehen.

Die Rentabilität einer Investition können Sie mit der folgenden Formel berechnen:

$$\text{Rentabilität} = \frac{\text{Gewinn vor Zinsen}}{\text{durchschnittlich gebundenes Kapital}} \times 100$$

 Bei der Zählergröße *Gewinn vor Zinsen* verzichten Sie anders als bei der Kosten- und Gewinnvergleichsrechnung auf die Berücksichtigung der kalkulatorischen Zinsen. Grund: Sie vergleichen die Rentabilität der Investition mit einer als Zielgröße vorgegebenen Mindestrendite (siehe Entscheidungsregel) und berücksichtigen hierdurch die Kapitalkosten bereits als Anspruchsgrundlage.

Amortisationsrechnung

Bei der *Amortisationsrechnung* (auch *Pay-off-Methode* genannt) ermitteln Sie die Zeitdauer, in der die Anschaffungsauszahlung des Investitionsprojekts erstmals durch die bis zu diesem Zeitpunkt insgesamt angefallenen Rückflüsse der Investition abgedeckt (»amortisiert«) wird. Die Entscheidungsregel lautet dabei: »Wählen Sie das Investitionsprojekt mit der geringsten Amortisationsdauer, sofern diese unter einem festgelegten Schwellenwert liegt.«

Für die Rückflüsse einer Investition wird in der Praxis häufig der Cashflow angesetzt, der ganz vereinfacht der Summe aus Gewinn und Abschreibungen entspricht. Die Amortisationsdauer kann dann wie folgt berechnet werden:

$$\text{Amortisationsdauer in Jahren} = \frac{\text{Anschaffungsauszahlung}}{\text{Gewinn} + \text{Abschreibungen}}$$

Durch die Amortisationsrechnung können Sie das Investitionsrisiko besser berücksichtigen. Denn je länger die Amortisationsdauer einer Investition ist, desto größer ist die Gefahr, dass die erwarteten Rückflüsse aufgrund heute noch nicht vorhersehbarer Ereignisse (zum Beispiel ein Erlöseinbruch durch die Einführung eines Konkurrenzprodukts) nicht erreicht werden. Die Amortisationsrechnung ist eher eine ergänzende Methode der Investitionsrechnung, die Ihnen keine Beurteilung der Ertragsstärke (Gewinn und Rentabilität) eines Investitionsvorhabens ermöglicht.

Bewertung der Verfahren der statischen Investitionsrechnung

Tabelle 6.1 zeigt die Vor- und Nachteile der statischen Verfahren.

Vorteile	Nachteile
leicht verständlich	grobe Vereinfachung, da nur Durchschnittswerte oder repräsentative Werte
gut interpretierbar	Zeitanfall der Zahlungen einer Investition wird nicht berücksichtigt
einfache Berechnung	Zurechnung von Kosten und Gewinnen auf einzelne Investitionsprojekte ist schwierig
Durchschnittswerte oder repräsentative Werte ausreichend	Kosten und Erlöse nicht immer zahlungsgleich

Tabelle 6.1: Vor- und Nachteile der statischen Investitionsrechnung

Finanzmathematische Grundlagen der dynamischen Verfahren

Im Unterschied zu den statischen Verfahren berücksichtigen die dynamischen Verfahren der Investitionsrechnung, wann genau die einer Investition zuzurechnenden Ein- und Auszahlungen anfallen. Um Zahlungen unterschiedlicher Zeitpunkte aber vergleichbar machen zu können, müssen Sie die verschiedenen Zahlungen auf einen festgelegten Bezugszeitpunkt auf- oder abzinsen. Dazu müssen Sie den Barwert einer Zahlung berechnen.

Berechnung eines Barwertes

Der abgezinste heutige Wert einer in der Zukunft anfallenden Zahlung wird *Barwert* genannt. Sie ermitteln den Barwert durch Multiplikation der Zahlung mit einem Abzinsungsfaktor.

Barwert einer Zahlung = Zahlung × Abzinsungsfaktor

$$= \text{Zahlung} \times (1 + i)^{-n} = \frac{\text{Zahlung}}{(1 + i)^n}$$

mit n = Anzahl der Perioden, i = Kalkulationszinssatz pro Periode

Bewertung eines Zahlungsstroms

Üblicherweise haben Investitionen eine mehrjährige Laufzeit. Sie verursachen daher nicht nur eine Zahlung, sondern mehrere Zahlungen z zu unterschiedlichen Zeitpunkten t. Dann spricht man von einem Zahlungsstrom.

Um einen *Zahlungsstrom* zu bewerten, müssen Sie die Barwerte für alle Zahlungen berechnen. Dazu diskontieren Sie jede einzelne Zahlung eines Zeitpunktes t, z_t genannt, auf heute ($t = 0$) ab.

Die Formel für die Berechnung des Barwertes eines Zahlungsstroms lautet:

Barwert eines Zahlungsstroms $= z_1 \times \dfrac{1}{(1 + i)^1}$

$$+ z_2 \times \frac{1}{(1 + i)^2} + z_3 \times \frac{1}{(1 + i)^3} + \dots + z_n \times \frac{1}{(1 + i)^n}$$

Anwendung des Rentenbarwertfaktors

Sie können sich die Rechnung vereinfachen, wenn der Zahlungsstrom der Investition eine gleichbleibende Zahlung z über mehrere Perioden hat. Diese konstante Zahlung wird $\bar{z}$ genannt. Wenn Sie den Barwert eines Zahlungsstroms mit einer konstanten Zahlung $\bar{z}$ berechnen möchten, können Sie den Barwert des Zahlungsstroms zunächst so berechnen:

Barwert einer konstanten Zahlung $\bar{z} = \bar{z} \times \dfrac{1}{(1 + i)^1}$

$$+ \bar{z} \times \frac{1}{(1 + i)^2} + \bar{z} \times \frac{1}{(1 + i)^3} + \dots + \bar{z} \times \frac{1}{(1 + i)^n}$$

Diese Rechnung können Sie vereinfachen, wenn Sie wie folgt rechnen:

Barwert einer konstanten Zahlung $\overline{z} = \overline{z} \times \dfrac{(1 + i)^n - 1}{(1 + i)^n \times i}$

 Der Faktor $\dfrac{(1 + i)^n - 1}{(1 + i)^n \times i}$ wird als *Rentenbarwertfaktor* bezeichnet. Er sagt Ihnen, wie hoch der Barwert einer konstanten Zahlung, die über *n* Jahre gezahlt wird, heute ist. Der Kehrwert (reziproker Wert) des Rentenbarwertfaktors wird *Annuitätenfaktor* oder *Wiedergewinnungsfaktor* genannt.

Dynamische Methoden der Investitionsrechnung

Die wichtigsten dynamischen Verfahren der Investitionsrechnung sind:

✔ Kapitalwertmethode

✔ Annuitätenmethode

✔ interne Zinsfußmethode

Der Unterschied zu den zuvor behandelten statischen Verfahren liegt darin, dass die *dynamische Investitionsrechnung*

✔ nicht wie die statischen Methoden mit Durchschnittswerten oder repräsentativen Werten rechnet, sondern die während der Laufzeit einer Investition anfallenden Zahlungen zeitgenau berücksichtigt werden. Die Verfahren werden *dynamisch* genannt, weil sie von einer mehrperiodigen Nutzungsdauer der Investitionsobjekte ausgehen.

✔ nicht auf Kosten und Erlösen basiert, sondern auf den Ein- und Auszahlungen eines Investitionsprojekts. Daher spricht man auch von einer zahlungsstromorientierten Sichtweise.

✔ durch die periodengenaue Erfassung der Zahlungsströme den unterschiedlichen zeitlichen Anfall der Ein- und Auszahlungen erfasst und damit den Zeitfaktor berücksichtigt. Durch die Abzinsung aller Zahlungen auf $t = 0$ werden die zu unterschiedlichen Zeitpunkten auftretenden Zahlungen vergleichbar gemacht.

Bei der dynamischen Investitionsrechnung geht man meist von der Annahme eines *vollkommenen Kapitalmarktes* aus, um die Rechnungen möglichst einfach zu halten. Das bedeutet insbesondere, dass

✔ es unabhängig von der Laufzeit der Investitionsprojekte nur einen einheitlichen Kalkulationszinssatz i gibt, mit dem die Zahlungen abgezinst werden, und

✔ steuerliche Einflüsse vernachlässigt werden können.

Kapitalwertmethode

Die Kapitalwertmethode ist die wichtigste Methode zur Bewertung von Investitionen und spielt auch in vielen anderen Bereichen der BWL (zum Beispiel bei der Unternehmensbewertung) eine wichtige Rolle.

Den *Kapitalwert* einer Investition können Sie wie folgt berechnen:

1. Sie erfassen die Anschaffungsauszahlung a_0 der Investition.

2. Dann bilden Sie die Summe der Barwerte aller Einzahlungsüberschüsse ($E_t - A_t$) der Investition. Dazu zinsen Sie zunächst alle einer Investition zurechenbaren Ein- und Auszahlungen auf $t = 0$ ab. Bei den Einzahlungsüberschüssen bleiben alle Zahlungen aus Finanzierungsvorgängen und aus Liquiditätsanlagen unberücksichtigt, da sie letztlich den Kapitalwert einer Investition nicht beeinflussen.

3. Zum Schluss addieren Sie den Barwert des Liquidationserlöses L_n, der am Ende der Laufzeit anfällt.

Sie können den Kapitalwert über die folgende Formel bestimmen:

$$K_0 = -a_0 + (E_1 - A_1) \times \frac{1}{(1+i)^1} + (E_2 - A_2) \times \frac{1}{(1+i)^2} + (E_3 - A_3)$$
$$\times \frac{1}{(1+i)^3} + \dots + (E_n - A_n) \times \frac{1}{(1+i)^n} + L_n \times \frac{1}{(1+i)^n}$$

Die Symbole in der Formel haben die folgende Bedeutung: K_0: Kapitalwert, bezogen auf $t = 0$ (in der Regel heute), a_0: Anschaffungsauszahlung zum Zeitpunkt $t = 0$, E_t: Einzahlung des Investitionsobjekts zum Zeitpunkt t, A_t: Auszahlung des Investitionsobjekts zum Zeitpunkt t, L_n: Anfall eines eventuellen Liquidationserlöses am Ende der Laufzeit bei Verkauf des Investitionsgegenstands zu einem Resterlös, t: Laufindex für die Zeit ($t = 1$: erste Periode), n: Zeitpunkt, an dem der letzte Einzahlungsüberschuss anfällt, i: Kalkulationszinssatz.

Der Kapitalwert ist kein Gewinn, sondern gibt den *Mehrwert gegenüber der Opportunität* an. Als Opportunität haben Sie zumindest die Möglichkeit, freie Gelder am Kapitalmarkt anzulegen. Ein positiver Kapitalwert zeigt Ihnen also an, um wie viel Euro Sie reicher werden, wenn Sie eine Investition durchführen, anstatt Ihr Kapital am Kapitalmarkt anzulegen.

Die Entscheidungsregel lautet: »Ein Investitionsobjekt ist lohnend, wenn der Kapitalwert positiv ist. Bei mehreren Investitionsalternativen ist das Investitionsobjekt mit dem höchsten Kapitalwert zu wählen, sofern dieser positiv ist.«

Für die Interpretation des Kapitalwertes gilt:

✔ **Der Kapitalwert ist positiv.** Ein positiver Kapitalwert spiegelt die absolute Höhe des finanziellen Vorteils gegenüber der Opportunitätsanlage in der Dimension Euro wider. Die Investition sollte durchgeführt werden.

✔ **Der Kapitalwert ist gleich 0.** Wenn der Kapitalwert eines Investitionsobjekts gleich 0 ist, ist es gleichgültig, ob Sie Ihr Geld am Kapitalmarkt zum Kalkulationszinsfuß oder in das Investitionsobjekt anlegen. Dies wird als *Entscheidungsindifferenz* bezeichnet.

✔ **Der Kapitalwert ist negativ.** Ein negativer Kapitalwert bedeutet, dass Sie Ihre freien Gelder besser zum Kalkulationszins (gegebenenfalls am Kapitalmarkt) anlegen sollten, als in das Investitionsobjekt zu investieren.

Der Kapitalwert ist auch von der Höhe des Kalkulationszinsfußes abhängig. Je höher Sie den Kalkulationszinssatz ansetzen, desto niedriger ist der Kapitalwert – und umgekehrt.

Annuitätenmethode

Die *Annuitätenmethode* ist eine Variante der Kapitalwertmethode. Während der Kapitalwert den Mehrwert einer Investition in einem Betrag für den Zeitpunkt $t = 0$ angibt, wird bei der Annuitätenmethode der Kapitalwert in wertgleiche, konstante Zahlungen (= Annuität) über die Laufzeit der Investition aufgeteilt.

Die Entscheidungsregel lautet analog zur Kapitalwertmethode: »Ein Investitionsobjekt ist lohnend, wenn die Annuität positiv ist. Bei mehreren Investitionsalternativen wählen Sie das Investitionsobjekt mit der höchsten Annuität, sofern diese positiv ist und die Annuitäten gleich oft anfallen.«

Zur Ermittlung der Annuität verteilen Sie den Kapitalwert einer Investition unter Beachtung der Zinseszinsrechnung in mehrere gleich große Beträge. Dazu dividieren Sie den Kapitalwert K_0 durch den Rentenbarwertfaktor (siehe finanzmathematische Grundlagen):

$$a = K_0 \div \frac{(1 + i)^n - 1}{(1 + i)^n \times i}$$

Dabei ist a die Annuität in Euro.

Die Ermittlung der Annuität ist für einen Unternehmer sinnvoll, wenn er den Kapitalwert einer Investition nicht heute (das heißt in $t = 0$) für private Konsumzwecke entnehmen möchte, sondern eine gleichmäßige Entnahme in festen Raten (= Annuität) zur Abdeckung seines Lebensunterhalts bevorzugt. Auch gibt die Annuität den Betrag an, um den die Einzahlungsüberschüsse pro Jahr maximal sinken können, ohne dass das Investitionsprojekt unvorteilhaft wird.

Interne Zinsfußmethode

Der *interne Zinsfuß* r gibt Ihnen an, mit welcher Rendite sich das in einem Investitionsprojekt gebundene Kapital verzinst. Statt interner Zinsfuß können Sie also auch *Rendite*, *Rentabilität* oder *Effektivzins* sagen. Eine Investition ist dann lohnend, wenn ihre Rendite höher ist als die »normale« Verzinsung (Opportunitätszins), die man ansonsten erzielen kann (beispielsweise bei einer Anlage am Kapitalmarkt).

Die Entscheidungsregel lautet: »Ein Investitionsobjekt ist lohnend, wenn der interne Zinsfuß größer als der Kalkulationszins ist.«

Zur Berechnung ersetzen Sie in der Kapitalwertformel den Kalkulationszinsfuß i durch den gesuchten Zinsfuß r und setzen den Kapitalwert gleich 0. Das z steht für die Einzahlungsüberschüsse der Perioden.

$$K_0 = 0 = a_0 + z_1 \times \frac{1}{(1 + r)^1} + z_2 \times \frac{1}{(1 + r)^2}$$
$$+ z_3 \times \frac{1}{(1 + r)^3} + \dots + z_n \times \frac{1}{(1 + r)^n}$$

Dann lösen Sie die Gleichung nach r auf und haben den internen Zinsfuß, den Sie anschließend mit dem Kalkulationszins i vergleichen können.

Bei der Berechnung des internen Zinsfußes r wird schon bei einer Laufzeit von mehr als zwei Perioden die Auflösung der Gleichung schwierig und Sie sind auf Näherungslösungen angewiesen (etwa mittels des sogenannten Newton-Verfahrens).

Die Anwendung der internen Zinsfußmethode kann zu Interpretationsproblemen führen, wenn Sie mehrere Investitionsprojekte miteinander vergleichen, die unterschiedliche Laufzeiten oder verschieden hohe Anschaffungsauszahlungen haben. Dann sind die Renditen nicht mehr vergleichbar, weil sie sich auf einen unterschiedlich hohen Kapitaleinsatz beziehen. Beim Vergleich mehrerer Investitionsalternativen sollten Sie daher nicht die interne Zinsfußmethode anwenden, sondern grundsätzlich auf die Kapitalwertmethode zurückgreifen.

Vollständiger Finanzplan (Vofi)

Die bisherigen dynamischen Verfahren der Investitionsrechnung basieren auf der Annahme des vollkommenen Marktes. Die vereinfachenden Annahmen eines einheitlichen Kalkulationszinses und der Steuerfreiheit sind allerdings nicht besonders realitätsnah. Der Vollständige Finanzplan (Vofi) gibt Ihnen hingegen die Möglichkeit, die tatsächlichen Finanzierungsmöglichkeiten und Steuerverhältnisse individuell und situationsgerecht zu berücksichtigen.

In Tabelle 6.2 sehen Sie den typischen Aufbau eines vollständigen Finanzplans.

In einem vollständigen Finanzplan erfassen Sie die folgenden Zahlungen:

✔ **Die Zahlungsfolge der Investition** entspricht den gleichen Ein- und Auszahlungen, die auch bei den anderen dynamischen Verfahren berücksichtigt werden.

✔ **Finanzierungszahlungen** entstehen

- beim Eigenkapital durch Entnahmen und Einlagen,

- durch die Aufnahme und Rückzahlung (inklusive Zinsen) eines Kredits,

- durch die Anlage und Verzinsung überschüssiger Liquidität.

Anstelle eines pauschalen Kalkulationszinsfußes können differenzierte Zinssätze für Kredite und Anlagen verwendet werden, die den tatsächlichen Finanzierungsbedingungen eines Unternehmens gerecht werden.

✔ **Steuerzahlungen** in Form von gewinnbedingten Steuerzahlungen und Steuererstattungen

Zeitpunkt	t_0	t_1	t_2	t_3
Zahlungsfolge der Investition				
Eigenkapital				
Anfangsbestand				
– Entnahme				
+ Einlagen				
Kontokorrentkredit				
+ Aufnahme				
– Tilgung				
– Sollzinsen				
Standardanlage				
– Anlage				
+ Auflösung				
+ Habenzinsen				
Gewinnsteuer				
– Steuerzahlung				
+ Steuererstattung				
Finanzierungssaldo				
Bestandsgrößen				
Kreditbestand				
Guthabenbestand				
Bestandssaldo				

Tabelle 6.2: Vollständiger Finanzplan (Vofi)

Zusätzlich werden noch der Finanzierungssaldo der laufenden Periode und für die Berechnungen der Zinszahlungen der nächsten Periode als Bestandsgröße der aktuelle Kredit- oder Guthabenbestand erfasst.

Was sagt Ihnen der Vofi über die Vorteilhaftigkeit eines Investitionsobjekts?

✔ Eine Investition ist vorteilhaft, wenn der Endwert bei Durchführung der Investition (entspricht dem letzten Bestandssaldo des Vofi) größer ist als der Endwert der Opportunität, der sich aus der alternativen Anlage des Eigenkapitals (falls dieses in t_0 zur Finanzierung eingesetzt wird) am Kapitalmarkt ergibt. Diese Differenz wird als *zusätzlicher Endwert* bezeichnet. Falls die Investition ausschließlich mit einem Kredit finanziert wird, entspricht der letzte Bestandssaldo dem zusätzlichen Endwert.

✔ Ein positiver zusätzlicher Endwert gibt die absolute Höhe der *zusätzlichen* Vermögensmehrung am Ende der Nutzungsdauer der Investition an, die ein Unternehmer erzielt, wenn er statt der Opportunität die Investition durchführt.

✔ Der zusätzliche Endwert entspricht in der Interpretation dem Kapitalwert, unterscheidet sich aber dadurch, dass er sich auf das Ende der Nutzungsdauer der Investition (letzte Periode des Vofi) bezieht, während der Kapitalwert immer auf t_0 bezogen ist.

Der Vofi ist eine relativ einfache und auch flexible Methode (der Vofi kann beliebig ausgebaut werden) zur Beurteilung von Investitionsvorhaben. Er arbeitet nicht mit Formeln, sondern jede Zahlung wird in der Vofi-Tabelle offengelegt. Der Vofi ermöglicht Ihnen, auch schwierigere Zusammenhänge (etwa hinsichtlich der Besteuerung oder der Zinsberechnung) auf nachvollziehbare Weise zu verdeutlichen. Mit seiner Hilfe können Sie beispielsweise auch Existenzgründungen, Immobilien oder komplexe Finanzanlagen bewerten.

Investitionsrechnung unter Unsicherheit

Bei den klassischen statischen und dynamischen Verfahren der Investitionsrechnung wird unterstellt, dass

✔ alle die durch die Investition verursachten Ein- und Auszahlungen bekannt und feststehend (deterministisch) sind,

✔ sodass auch das Ergebnis der Investitionsrechnung (zum Beispiel der Gewinn oder der Kapitalwert) als sicher angenommen werden kann.

Dabei wird nicht berücksichtigt, dass die der Investitionsrechnung zugrunde liegenden finanziellen Größen meist unsicher sind, da sie sich auf die Zukunft beziehen und zukünftige Entwicklungen sich meist nicht mit 100-prozentiger Sicherheit vorhersagen lassen.

Bei einer Investition in ein neues Produkt kann sich aus einer unerwartet schlechten Konjunkturentwicklung ergeben, dass Ihre Absatzmenge sinkt. Oder es gibt unerwartet ein Konkurrenzprodukt, was Sie zu einer Preissenkung zwingt. Auch kann es passieren, dass die Energiepreise und damit Ihre Kosten aufgrund überraschender Entwicklungen am Weltmarkt noch stärker als angenommen steigen.

Je länger die Laufzeit eines Investitionsprojekts ist, desto schwieriger wird es, insbesondere die zum Ende der Investition hin anfallenden Zahlungen abzuschätzen.

Daraus ergibt sich ein *Investitionsrisiko*, denn aufgrund einer ungünstigen Umweltentwicklung kann es dazu kommen, dass die Einzahlungen geringer und die Auszahlungen höher als erwartet ausfallen. Beides führt letztlich dazu, dass sich das Ergebnis der Investitionsrechnung verschlechtert.

 Die *Investitionsrechnung unter Unsicherheit* versucht, dem Investitionsrisiko gerecht zu werden, indem auch ungünstige Entwicklungen berücksichtigt werden.

Drei wichtige Verfahren zur Berücksichtigung der Unsicherheit sind:

✔ Korrekturverfahren

✔ Sensitivitätsanalyse

✔ Risikoanalyse

Korrekturverfahren

Das Korrekturverfahren ist – im Sinne einer Faustregel – besonders einfach. Nach dem Vorsichtsprinzip werden die geschätzten Daten mit einem *Zu- oder Abschlag* versehen, der dem Investitionsrisiko gerecht werden soll. Zu- und Abschläge können Sie bei den folgenden Größen der Investitionsrechnung vornehmen:

✔ **Erhöhung des Kalkulationszinses:** Um der Unsicherheit der Rückflüsse gerecht zu werden, erhöhen Sie den Kalkulationszinsfuß. Dadurch sinkt dann der Kapitalwert.

✔ **Kürzung der Nutzungsdauer:** Aufgrund der besonderen Unsicherheit der letzten Rückflüsse verkürzen Sie die Nutzungsdauer des Investitionsobjekts. Dies führt dazu, dass Sie die zuletzt erwarteten Rückflüsse erst gar nicht berücksichtigen.

✔ **Verringerung der Einzahlungen:** Um der Unsicherheit der Einzahlungen auf dem Absatzmarkt gerecht zu werden, korrigieren Sie die erwarteten Einzahlungen einfach nach unten (zum Beispiel mit einem Abschlag von 10 Prozent).

✔ **Erhöhung der Auszahlungen:** Da die Auszahlungen zur Beschaffung der Produktionsfaktoren (Einkaufspreise, Löhne, Mieten) unerwartet ansteigen könnten, korrigieren Sie die Auszahlungen je nach Unsicherheit mit einem Zuschlag nach oben.

Sensitivitätsanalyse

Die Sensitivitätsanalyse als Ergänzung zu den Methoden der Investitionsrechnung ermöglicht es Ihnen, Schwankungen der finanziellen Größen eines Investitionsobjekts innerhalb bestimmter Bandbreiten zu berücksichtigen. Dadurch können Sie dann besser beurteilen,

✔ welche Einflussgrößen besondere Bedeutung für den Erfolg des Investitionsobjekts haben und

✔ welche kritischen Werte diese Einflussgrößen haben dürfen, ohne dass das Investitionsvorhaben infrage gestellt werden muss.

Wegen Letzterem wird die Sensitivitätsanalyse auch *Methode der kritischen Werte* genannt. Ein kritischer Wert ist der Wert einer Einflussgröße, bei dem es egal ist, ob ein Investitionsvorhaben durchgeführt wird oder nicht. Typische kritische Werte sind:

✔ **Der Kalkulationszinsfuß**, bei dem der Kapitalwert gleich 0 ist. Sie wissen dadurch, wie hoch die Finanzierungskosten höchstens sein dürfen, damit sich das Investitionsprojekt noch lohnt.

✔ **Die Nutzungsdauer**, bei der sich das Investitionsvorhaben gerade noch rechnet (sich amortisiert).

✔ **Die Einzahlungen**, die erreicht werden müssen, damit eine positive Investitionsentscheidung getroffen werden kann. Sie können dies noch weiter differenzieren, indem Sie die kritische Absatzmenge oder den kritischen Preis bestimmen.

✔ **Die Auszahlungen**, die höchstens anfallen dürfen, damit das Investitionsvorhaben gerade noch durchgeführt werden sollte.

Risikoanalyse

 Ziel der *Risikoanalyse* ist es, eine Wahrscheinlichkeitsverteilung der Zielgröße der Investitionsrechnung (zum Beispiel des Kapitalwertes) zu erstellen.

Als Voraussetzung für die Anwendung der Risikoanalyse müssen die Wahrscheinlichkeitsverteilungen der folgenden unsicheren Eingangsgrößen der Investitionsrechnung bekannt sein:

✔ Einzahlungen

✔ Auszahlungen

✔ Nutzungsdauer

✔ Kalkulationszins

Die Wahrscheinlichkeitsverteilung der Zielgröße ergibt sich dann durch die auf den Wahrscheinlichkeitsverteilungen der Eingangsgrößen aufbauenden Kombinationen von ihnen.

Häufig wird die Risikoanalyse in Form einer EDV-unterstützten *Simulation* (zum Beispiel nach der *Monte-Carlo-Methode*) durchgeführt. Dabei werden unter Berücksichtigung der Wahrscheinlichkeitsverteilung Werte für die Eingangsgrößen zufällig ausgewählt und der sich daraus ergebende Zielwert errechnet. Dieser Vorgang wird so lange wiederholt, bis sich eine stabil bleibende Wahrscheinlichkeitsverteilung für die Zielgröße ergibt. Diese wird in Form eines *Risikoprofils* abgebildet. Ein Beispiel dazu sehen Sie in Abbildung 6.3.

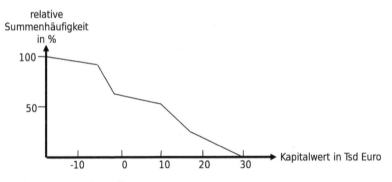

Abbildung 6.3: Risikoprofil

Aus einem Risikoprofil können Sie ableiten,

✔ wie hoch der Kapitalwert im schlechtesten Fall ist,

✔ mit welcher Wahrscheinlichkeit ein positiver Kapitalwert erreicht wird,

✔ mit welcher Wahrscheinlichkeit der Kapitalwert einen bestimmten Wert erzielt,

✔ wie hoch der maximal erreichbare Kapitalwert ist.

Auswahl der richtigen Investitionsrechnungsmethode

Die Methoden der Investitionsrechnung sind ein wichtiges Hilfsmittel für Investitionsentscheidungen. Sie ermöglichen die rechnerische Bewertung der finanziellen Größen einer Investition, die sich in Form von Aus- und Einzahlungen (beziehungsweise Kosten und Erlösen) erfassen und messen lassen. Sie werden sowohl bei kleineren als auch bei größeren Unternehmen angewendet, da sie zumindest die finanziellen Konsequenzen einer Investitionsentscheidung aufzeigen.

✔ **Statische Verfahren:** Da die *statischen Verfahren* besonders einfach sind und weniger Daten benötigt werden, eignen sie sich eher für die Beurteilung kleinerer Investitionen.

✔ **Dynamische Verfahren:** Größere Investitionsprojekte mit hoher Bedeutung für das Unternehmen sollten mit den Methoden der *dynamischen Investitionsrechnung* bewertet werden, die zwar aufwendiger, aber methodisch differenzierter sind.

✔ **Nutzwertanalyse:** Sollen sowohl quantitative als auch qualitative Kriterien (zum Beispiel Prestige, Benutzerfreundlichkeit, Umwelt- und Sozialverträglichkeit) bei der Investitionsentscheidung berücksichtigt werden, bietet es sich als Ausweg an, die sogenannte *Nutzwertanalyse* (auch *Scoring-Modell* genannt) anzuwenden.

Teil IV
Management des Unternehmens

Nachdem Sie sich im dritten Teil mit Finanzierung und Investitionen befasst haben, steht im vierten Teil das Management des eigenen Unternehmens im Vordergrund. Die Unternehmensführung, die Organisation und das Personal sind die tragenden Säulen innerhalb des Unternehmens. Im Mittelpunkt steht die Vorgabe von Zielen und Strategien sowie die Koordination, Organisation und Steuerung der betrieblichen Ressourcen auf diese Ziele hin. Welche Aufgaben und Funktionen typischerweise zur Unternehmensführung gehören und welche Methoden und Instrumente das Management zur Unternehmensführung nutzen kann, zeige ich Ihnen in Kapitel 7.

In Kapital 8 beschäftigen Sie sich dann mit der Unternehmensorganisation. Auch die Organisation dient dem Zweck der koordinierten arbeitsteiligen Zielerreichung. Im Mittelpunkt des Kapitels stehen die Elemente einer Organisation und die Gestaltungs- und Veränderungsmöglichkeiten der Aufbau- und Ablauforganisation.

Zum Erfolg eines Unternehmens tragen aber auch maßgeblich die Motivation, die Kompetenz und die Qualifikation seiner Mitarbeiter bei. Kapitel 9 steht daher im Zeichen der Personalwirtschaft. Hier geht es darum, wie das Personal geplant, beschafft, eingesetzt, fortgebildet, weiterentwickelt und für die Erreichung der Unternehmensziele motiviert werden kann.

Kapitel 7

Die Unternehmens-
führung

M it der Unternehmensführung sind zunächst die Personen gemeint, die das Unternehmen leiten (auch Management genannt). Unternehmensführung ist aber auch ein Prozess, der die Planung, Durchführung, Kontrolle und Steuerung von Maßnahmen umfasst, um die Unternehmensziele zu erreichen. Als Definition der Unternehmensführung können wir daher festhalten:

Die *Unternehmensführung* soll dafür sorgen, dass die Unternehmensstrategie und die Unternehmensprozesse so angelegt sind, dass die Unternehmensziele optimal erreicht werden.

Die Führungsfunktionen und -aufgaben

Um seiner Führungsrolle gerecht zu werden, muss das Management eine Vielzahl von Funktionen und Aufgaben erfüllen.

Der Managementprozess im Überblick

Die Führungsfunktionen und die daraus resultierenden Teilaufgaben der Unternehmensführung können Sie dem Ablauf des Managementprozesses entnehmen, der in Abbildung 7.1 dargestellt ist.

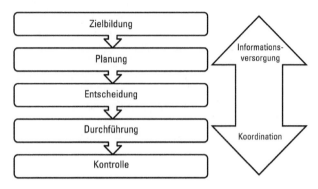

Abbildung 7.1: Der Managementprozess

Und nun die einzelnen Phasen und die damit verbundenen Führungsaufgaben im Detail:

Die Zielbildung

Die Festlegung und Konkretisierung der Unternehmensziele gehört zu den Kernaufgaben des Managements. In Kapitel 1 können Sie nachlesen, nach welchen Zielen sich Unternehmen ausrichten können, in welche Rangordnung man die Ziele bringen kann, welchen Zeithorizont Ziele haben können, welche Zielbeziehungen es gibt und dass Ziele »SMART« formuliert sein sollten.

Die Planung

Der nächste Schritt im Managementprozess ist die Planung der betrieblichen Prozesse, Strukturen und Leistungen. Die Unternehmensplanung legt den Weg, die Mittel und Instrumente fest, um die gesetzten Unternehmensziele zu erreichen.

Sie können Pläne nach verschiedenen Gesichtspunkten unterscheiden, wie Abbildung 7.2 zeigt.

Einige spezielle Arten von Unternehmensplänen und Planungsverfahren stelle ich Ihnen kurz genauer vor:

✔ **Strategische Pläne:** Sie haben einen langfristigen Planungshorizont, sind auf das Gesamtunternehmen ausgerichtet und daher wenig detailliert. Sie werden von der Unternehmensführung erstellt.

✔ **Operative Pläne:** Sie weisen einen kurzfristigen Planungshorizont auf, sind sehr genau und detailliert, sind auf einzelne Projekte und Prozesse konzentriert und werden auf unteren Führungsebenen erstellt.

✔ **Taktische Pläne:** Sie sind ein Mittelding zwischen der strategischen und der operativen Planung.

✔ **Top-down-Planungsverfahren:** Zuerst entwickelt die oberste Ebene im Unternehmen die Pläne aus der Perspektive des Gesamtunternehmens und gibt diese dann in detaillierter Form an die unteren operativen Ebenen zur Ausführung weiter.

✔ **Bottom-up-Planungsverfahren:** Hier gehen die Planvorgaben von den unteren operativen Ebenen aus und werden auf den höheren Ebenen zusammengefasst, abgestimmt und koordiniert.

✔ **Gegenstromverfahren:** Beim Gegenstromverfahren werden die beiden letztgenannten Planungsverfahren miteinander kombiniert. Zunächst gibt die Unternehmensleitung die Pläne vor, die dann auf den unteren operativen Ebenen auf ihre Umsetzbarkeit überprüft und gegebenenfalls verändert werden. Anschließend werden die abgeänderten Pläne wieder nach oben gemeldet und dort zusammengefasst.

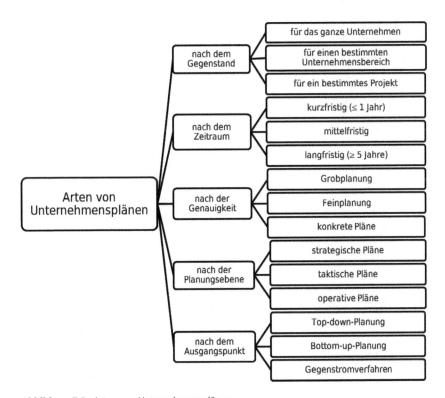

Abbildung 7.2: Arten von Unternehmensplänen

Die Unternehmensplanung besteht aus vielen Teilplänen in den Funktionsbereichen (Beschaffung, Produktion, Absatz, Personal und so weiter) des Unternehmens. Die Teilpläne können *alle gleichzeitig (simultan)* erstellt werden, was in der Praxis aber kaum umsetzbar ist, oder *schrittweise (sukzessiv)* verabschiedet werden, wobei die gesamte betriebliche Planung nach dem *Ausgleichsgesetz der Planung* von Erich Gutenberg im betrieblichen Engpassbereich (auch als Minimumsektor bezeichnet) beginnen sollte. Engpassbereiche können zum Beispiel der Vertrieb wegen beschränkter Absatzmöglichkeiten oder die Finanzierung wegen Kapitalengpässen sein.

Die Planung ist Ausgangspunkt für die Entscheidungen über die Maßnahmen zur Erreichung der Ziele.

Die Entscheidung

 Eine *Entscheidung* treffen bedeutet, aus mindestens zwei Alternativen eine Auswahl zu treffen.

Um eine Entscheidung möglichst strukturiert und rational zu treffen, können Sie auf viele verschiedene Methoden zurückgreifen. Wichtige Entscheidungstechniken, Verfahren und Entscheidungsregeln sind:

✔ **Mathematische Techniken zur Entscheidungsfindung**

Sie setzen voraus, dass die Daten als Zahlen vorliegen und die Wirkungszusammenhänge bekannt und vorhersagbar sind. Beispiele:

- *mathematische Optimierungs- und Simulationstechniken* wie die lineare Optimierung

- *mathematische Graphentheorie* zur Lösung von logistischen Entscheidungen

✔ **Verfahren für Risiko- und Ungewissheitssituationen**

- *Nutzwertverfahren/Scoring-Modelle*

- *Bernoulli-Prinzip*, bei dem als Entscheidungswerte die risikoadjustierten Nutzenwerte der Entscheidungsalternativen unter Berücksichtigung der Eintrittswahrscheinlichkeiten herangezogen werden

✔ **Entscheidungsregeln**

- *μ-Regel/Maximale Gesamterwartungswertregel*: Sie wählen die Alternative aus, die den höchsten Gesamterwartungswert der Alternativen aufweist.

Diese Regel setzt voraus, dass Sie risikoneutral (also weder risikofreudig noch risikoscheu) sind.

- *Minimax-Regel*: Sie entscheiden sich für die Alternative, deren kleinstes erwartetes Ergebnis im Vergleich zu den geringsten Ergebnissen der anderen Alternativen noch den größten Wert aufweist. Sie wählen also unter den kleinsten Ergebnissen das größte Ergebnis aus. Diese Regel wird gewählt, wenn Sie risikoscheu sind.

- *Maximax-Regel*: Sie nehmen die Alternative, deren größtes erwartetes Ergebnis größer als die der höchsten erwarteten Ergebnisse der anderen Alternativen ist. Diese Regel sollten Sie anwenden, wenn Sie risikofreudig sind.

Die Durchführung und Kontrolle

Nachdem Sie eine Entscheidung getroffen haben, muss diese durch geeignete Maßnahmen umgesetzt werden. Für eine effiziente Ausführung der Maßnahmen sorgen insbesondere die Unternehmensorganisation und das Personalmanagement, mit denen Sie sich genauer in den Kapiteln 8 und 9 beschäftigen.

Da die Unternehmensführung nicht alles selbst machen kann, ist es wichtig, Aufgaben zu übertragen und zu delegieren. Dabei sollte bei der Planung und Organisation das *AKV-Prinzip* beachtet werden. AKV bedeutet, dass die Aufgaben, Kompetenzen und Verantwortlichkeiten einer Person oder Stelle im Gleichgewicht stehen sollten, um die gestellten Aufgaben erfüllen zu können. Oder mit anderen Worten: Wer eine Aufgabe erfüllen soll, braucht auch die entsprechenden Kompetenzen und trägt die Verantwortung.

Nach der Durchführung erfolgt eine *Kontrolle* durch Soll-Ist-Vergleiche, um Abweichungen zwischen den beabsichtigten und geplanten Zielen und den tatsächlich erreichten Ergebnissen feststellen und frühzeitig gegensteuern zu können.

Die Informationsversorgung und Koordination

Während des gesamten Managementprozesses ist es notwendig,

✔ die Unternehmensführung und die Entscheidungsträger mit den notwendigen Informationen und Daten zu versorgen und

✔ die einzelnen Phasen des Managementprozesses gezielt zu koordinieren.

Hierfür ist das Controlling zuständig, um das es in Kapitel 12 geht. Die notwendigen Basisdaten liefert dafür das externe und interne Rechnungswesen des Unternehmens, das ich Ihnen in den Kapiteln 10 bis 12 im Überblick vorstelle.

Die Unternehmenskultur

 Die *Unternehmenskultur* ergibt sich aus den Normen, Werten, Sitten, Regeln, Haltungen und Glaubenssätzen, die für das Verhalten und Handeln der Menschen in den Organisationen maßgeblich sind.

Edgar Schein unterscheidet drei Ebenen der Unternehmenskultur (siehe Abbildung 7.3).

> ### Ebene der wahrnehmbaren Erscheinungen:
> Symbole (Logo), Verhaltensweisen (Rituale),
> Handlungen (Pünktlichkeit), Objekte (Leitbild)

> ### Ebene der bewussten Normen, Werte
> ### und Einstellungen:
> Umgang mit Kunden, Korruption oder
> Gleichstellungsfragen

> ### Ebene der verborgenen, unterbewussten
> ### Grundannahmen und Überzeugungen:
> Menschenbild, Traditionen, allg. Kultur

Abbildung 7.3: Ebenen der Unternehmenskultur

Die Unternehmenskultur

✔ kann sich begünstigend auf die Leistungsmotivation und die Identifikation der Mitarbeiter auswirken,

✔ erleichtert die Organisation und Kommunikation im Unternehmen,

✔ kann auch das Image und den Markterfolg des Unternehmens positiv beeinflussen.

Die Führungsstile

 Führung im engeren Sinne ist im Vergleich zum Management deutlich stärker auf die Steuerung menschlicher Verhaltensweisen und des menschlichen Handelns ausgerichtet. Der *Führungsstil* ist die Art und Weise, wie der Vorgesetzte seine weisungsgebundenen Mitarbeiter führt.

Eine Übersicht über die wichtigsten Typen von Führungsstilen, die allesamt ihre Vor- und Nachteile haben, finden Sie in Tabelle 7.1.

Führungsstil	Charakterisierung
Autoritär, autokratisch	Die Führungsperson übt unumschränkt ihre Macht aus und erwartet Gehorsam. Die Mitarbeiter werden dabei gar nicht erst nach ihrem Willen oder ihrer Meinung gefragt. Der Führende übt somit eine Selbstherrschaft im Unternehmen aus und besitzt die uneingeschränkte Macht dazu.
Patriarchalisch	Der Patriarch nimmt sich in wohlwollender Weise wie ein Familienvater seiner Mitarbeiter an. Er ist und bleibt der Herr im Hause, der für die anderen sorgen muss.
Charismatisch	Der Herrschaftsanspruch resultiert aus der Ausstrahlungskraft der Führungskraft auf andere Menschen. Die Persönlichkeit des Führenden – und nicht die Befugnisse und Ressourcen – bewirkt, dass die Mitarbeiter bereitwillig folgen.
Bürokratisch	Hier sind nicht die Eigenschaften und die Willkür des Führenden maßgeblich, sondern unpersönliche Regeln und Formalien bestimmen die Arbeitsprozesse. Formelle Stellenbeschreibungen, Vorschriften und Handbücher regeln die Handlungs- und Arbeitsabläufe.
Partizipativ, Kooperativ	Bei diesem Führungsstil ist die Meinung der Mitarbeiter ausdrücklich gefragt. Sie werden in die Entscheidungsprozesse einbezogen, indem sie beratend tätig werden.
Demokratisch	Hier werden die Mitarbeiter am Entscheidungsprozess beteiligt und ihnen wird ein Mitspracherecht bei betrieblichen Entscheidungen eingeräumt.
Laisser-faire	Die Grundannahme dieses Führungsstils ist, dass Mitarbeiter isolierte Individuen sind, die für die übertragenen Aufgaben und Probleme selbstständig die richtigen Lösungen finden werden. Die Mitarbeiter haben viele Freiheiten und bestimmen ihre Arbeit und Aufgaben selbst, da sich die Führungskraft nicht einmischt.

Tabelle 7.1: Führungsstile und ihre Charakteristika

Während die Mitarbeiter bei den drei oberen Führungsstilen in Tabelle 7.1 keine oder kaum Einflussmöglichkeiten auf die Führungsentscheidungen haben, nimmt bei den unteren Führungsstilen der Entscheidungsspielraum der Mitarbeiter immer mehr zu.

Die strategische Unternehmensführung

Der Ausdruck *Strategie* kommt aus dem militärischen Bereich und bedeutet die Kunst, ein Heer zu führen. Bei der *strategischen Unternehmensführung* geht es entsprechend um die Kunst, ein Unternehmen zum Ziel zu führen.

Das strategische Management und die aus ihm hervorgehenden Unternehmensstrategien bestehen aus den Entscheidungen und Plänen darüber, mit welchen Mitteln, Maßnahmen und Vorgehensweisen *langfristig* und *nachhaltig* der Unternehmenserfolg abgesichert werden soll.

Auch die strategische Unternehmensführung bedarf der typischen Schritte eines Managementprozesses, der im Folgenden als Prozess der strategischen Planung zunächst in der Übersicht beschrieben werden soll.

Der Prozess der strategischen Planung

Der Prozess der strategischen Planung verläuft in sechs Phasen, die miteinander verkoppelt sind (siehe Abbildung 7.4).

Abbildung 7.4: Prozess der strategischen Unternehmensplanung

Die zentralen Arbeitsgebiete und Handlungsbereiche der strategischen Unternehmensführung sind die strategischen Geschäftsfelder und die strategischen Geschäftseinheiten.

✔ **Strategische Geschäftsfelder** des Unternehmens sind die eigentlichen Objekte der Unternehmensplanung und -strategie. Ein Geschäftsfeld ist ein

(Teil-)Markt, auf dem ein Unternehmen tätig ist. Die eigentliche Segmentierung der Geschäftsfelder kann nach verschiedenen Kriterien erfolgen (zum Beispiel Kunden, Produkte, Technologie, Wettbewerber, Regionen) und kann in der Praxis sehr komplex sein.

✔ **Strategische Geschäftseinheiten** sind eigenständige organisatorische Einheiten mit eng verbundenen Produkt-Markt-Technologie-Kombinationen und einer eindeutig definierten Marktaufgabe. Sie tragen eigenständig zum Erfolg des Gesamtunternehmens bei. Eine strategische Geschäftseinheit kann für ein oder mehrere strategische Geschäftsfelder verantwortlich sein.

Die Ziele und Inhalte sowie Beispiele für die Methoden und Instrumente der einzelnen Phasen des Prozesses der strategischen Unternehmensplanung finden Sie in Tabelle 7.2 im Überblick.

Phasen der strategischen Unternehmensplanung	Ziele und Inhalte	Beispiele für Instrumente und Methoden
Strategische Zielbildung	– Definition der generellen Absichten, die mit der strategischen Planung verfolgt werden – Konkretisierung dieser Absichten bis zur Implementierung von konkreten Zielen in den nachfolgenden Planungsphasen	Zieloperationalisierung
Umweltanalyse	– Identifikation von strategisch relevanten Chancen und Risiken in der Umwelt des Unternehmens	– PEST(EL)-Analyse – Branchenstrukturanalyse von Porter
Unternehmensanalyse	– Bestimmung der strategisch relevanten Stärken und Schwächen des Unternehmens	– Wertkettenanalyse von Porter
Strategieentwicklung	– Grundlage der Strategieentwicklung ist die Verknüpfung der Ergebnisse der Umweltanalyse sowie der Unternehmensanalyse – Formulierung, Bewertung und Auswahl von Strategien	– SWOT-Analyse – GAP-Analyse – Produkt-Markt-Strategien nach Ansoff – Wettbewerbsstrategien nach Porter – Portfolio-Analysen

Tabelle 7.2: Ziele, Inhalte und Instrumente der Phasen der strategischen Unternehmensplanung

Phasen der strategischen Unternehmensplanung	Ziele und Inhalte	Beispiele für Instrumente und Methoden
Strategieimplementierung	– Zerlegung und Konkretisierung einer Strategie in Einzelmaßnahmen – Schaffung der aufbau- und ablauforganisatorischen sowie der personellen Voraussetzungen für die Strategieimplementierung	– Balanced Scorecard – Kennzahlen der wertorientierten Unternehmensführung
Strategische Kontrolle	– Ergebnis-, Ziel-, Planfortschritts-, Prognose- und Prämissenkontrolle der verschiedenen Phasen	– Abweichungsanalyse

Tabelle 7.2: *(fortgesetzt)*

In den nächsten Abschnitten werden einige der wichtigsten Instrumente der strategischen Unternehmensplanung kurz erläutert.

SWOT-Analyse

Im Rahmen des strategischen Managements gilt es, die Stärken und Schwächen des eigenen Unternehmens im Wettbewerb zu erkennen, die Stärken auszubauen und die Schwächen abzubauen oder ganz auszumerzen. Chancen müssen dabei weitgehend genutzt und unkalkulierbare Risiken vermieden werden. Ein Instrument des strategischen Managements hierfür ist die *SWOT-Analyse*.

SWOT steht für

✔ Strengths (Stärken),

✔ Weaknesses (Schwächen),

✔ Opportunities (Chancen) und

✔ Threats (Risiken).

Die SWOT-Analyse integriert die Erkenntnisse aus der

✔ **Umweltanalyse**, die die aus der externen Umwelt kommenden Chancen und Risiken beschreibt, und der

✔ **Unternehmensanalyse**, die die internen Stärken und Schwächen des Unternehmens herausstellt.

Die Ergebnisse der SWOT-Analyse werden meist in Form einer Matrix dargestellt, wie Abbildung 7.5 zeigt.

		Umweltanalyse	
		Opportunities	**Threats**
Unternehmensanalyse	**Strengths**	- Stärken einsetzen, um Chancen zu nutzen	- Stärken einsetzen, um Risiken zu vermeiden
	Weaknesses	- Schwächen durch Nutzung von Chancen überwinden	- Schwächen abbauen und Risiken vermeiden

Abbildung 7.5: SWOT-Analyse

Mithilfe der SWOT-Analyse kann ein Unternehmen seine eigene Position bestimmen und eigene Strategien ableiten, um ein bestimmtes Ziel zu erreichen. Sie kann auch für einzelne strategische Geschäftsfelder eingesetzt werden.

Produkt-Markt-Strategien nach Ansoff

Nach Ansoff hat ein Unternehmen vier Produkt-Markt-Strategien zur Auswahl, um Unternehmenswachstum zu erreichen (siehe Abbildung 7.6).

Produkt Markt	gegenwärtig	neu
gegenwärtig	• Marktdurchdringung	• Produktentwicklung
neu	• Marktentwicklung	• Diversifikation

Abbildung 7.6: Produkt-Markt-Strategien

Die vier Produkt-Markt-Strategien können Sie wie folgt charakterisieren:

✔ **Marktdurchdringung:** Sie erhöhen den Absatz eines sich bereits auf einem Markt befindlichen Produkts und steigern dessen Marktanteil. Dazu könnten Sie beispielsweise den Preis senken oder das Werbebudget erhöhen.

✔ **Marktentwicklung:** Sie setzen Ihr vorhandenes Produkt auf einem neuen Markt ab, den Sie erstmalig erschließen. Ein Beispiel hierfür ist ein neuer Markt in einem anderen Land (Internationalisierungsstrategie).

✔ **Produktentwicklung:** Sie bieten Ihren Kunden in einem bestehenden Markt ein neues Produkt an. Dafür erweitern Sie Ihr Produktsortiment oder ersetzen das bestehende Produkt durch ein neues (Produktsubstitution).

✔ **Diversifikation:** Sie setzen ein neues Produkt in einem neuen Markt ab. Mehr zu den Möglichkeiten der Diversifikation finden Sie in Kapitel 4 im Abschnitt »Die Produktpolitik«.

Wettbewerbsstrategien nach Porter

Je nach dem verfolgten strategischen Vorteil und nach dem strategischen Zielobjekt unterscheidet Porter drei idealisierte Strategieansätze, die auch als *generische Wettbewerbsstrategien* bezeichnet werden und in Abbildung 7.7 im Überblick dargestellt sind.

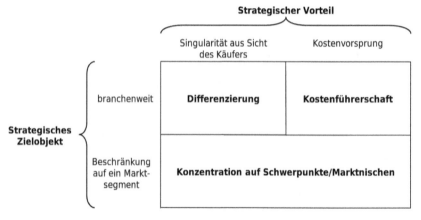

Abbildung 7.7: Wettbewerbsstrategien nach Porter

Sie können die drei Wettbewerbsstrategien wie folgt unterscheiden:

✔ **Differenzierungsstrategie:** Ihr Ziel besteht darin, ein Produkt oder eine Dienstleistung anzubieten, das beziehungsweise die vom Kunden als einzigartig angesehen wird. Die Einzigartigkeit kann zum Beispiel aus den technischen Eigenschaften des Produkts, einem ausgedehnten Händler- und Servicenetz oder aus dem Markenimage resultieren.

✔ **Kostenführerschaftsstrategie:** Sie zielt darauf ab, eine im Vergleich zu den Wettbewerbern überlegene Kostenposition zu erreichen, die es ermöglicht, die eigenen Produkte zu günstigen Preisen zu verkaufen.

✔ **Nischenstrategie:** Sie besteht darin, durch eine Konzentration auf bestimmte Marktsegmente Wettbewerbsvorteile zu erzielen. Die Nischenstrategie ist eigentlich keine eigene Strategiealternative, sondern eine Spezialisierung der Differenzierungs- oder Kostenführerschaftsstrategie. Eine Kombination von Kostenführerschafts- und Nischenstrategie liegt beispielsweise vor, wenn ein Unternehmen die Produkte zu einem günstigen Preis in ausgewählten Regionen oder an ausgewählte Kundengruppen verkauft.

Marktwachstum-Marktanteil-Portfolio

 Die *Portfolio-Analyse* ist ein zentrales Instrument der strategischen Planung auf Unternehmensebene. Sie baut auf den Erkenntnissen der Portfoliotheorie von Markowitz auf, nach der das Rendite-Risiko-Profil eines Portfolios durch eine gezielte Mischung von Kapitalanlagen optimiert werden kann. Die Portfolioplanung unterstützt die strategische Unternehmensplanung bei der Analyse und Ausrichtung von strategischen Geschäftsfeldern (oder strategischen Geschäftseinheiten).

Der Grundgedanke der Portfolio-Analyse liegt darin, einzelne Geschäftsfelder anhand von zwei unterschiedlichen Dimensionen zu beurteilen:

✔ **einer externen Dimension,** die die Attraktivität eines Geschäftsfeldes verdeutlicht, und

✔ **einer internen Dimension,** die die eigene Wettbewerbsstärke im Geschäftsfeld zum Ausdruck bringt.

Mithilfe der Portfolio-Analyse können für die Geschäftsfelder Normstrategien abgeleitet werden, die eine Entwicklung vom gegenwärtigen Istportfolio zu einem zukünftigen Zielportfolio auslösen, das die Erreichung der Unternehmensziele gewährleisten soll.

Das wohl bekannteste Portfoliomodell ist das *Marktwachstum-Marktanteil-Portfolio*, das Ende der 60er-Jahre von der Boston Consulting Group (BCG) entwickelt wurde. Die zentrale Zielgröße beziehungsweise abhängige Variable des Portfolios ist der Cashflow. Das Portfolio untersucht die Wirkung der beiden Variablen Marktwachstum (externe Dimension) und relativer Marktanteil (interne Dimension) auf das Cashflow-Gleichgewicht eines Unternehmens.

Der *relative Marktanteil* eines Unternehmens gilt als Indikator für die Marktstellung und die eigene Wettbewerbsstärke. Der Indikator setzt den eigenen Marktanteil des Unternehmens in Bezug zu dem Marktanteil des größten Konkurrenten (oder auch der drei größten Konkurrenten) der Branche.

Das Marktwachstum-Marktanteil-Portfolio geht von zwei grundlegenden Annahmen aus:

✔ **Erfahrungskurveneffekt:** Eine Erhöhung des Marktanteils führt aufgrund einer Erhöhung des Mengenabsatzes zu einer potenziellen Senkung der Produktionskosten pro Stück und zu einem positiven Cashflow-Effekt.

✔ **Produktlebenszyklus-Konzept:** Die Teilnahme eines Unternehmens am Marktwachstum erfordert Investitionen in neue Produkte und führt zu einem Cashflow-Verbrauch.

Die Aufteilung des Portfolios in die beiden Dimensionen »Marktwachstum« und »relativer Marktanteil« führt zu einer Matrix mit vier Feldern, wie Abbildung 7.8 zeigt.

Starprodukte (=stars)	Nachwuchsprodukte (=Fragezeichen=question marks)
Cash-Produkte (=Milchkühe=cash cows)	Auslaufprodukte (=arme Hunde=poor dogs)

Marktwachstum pro Jahr (vertikale Achse) — *relativer Marktanteil* (horizontale Achse)

Abbildung 7.8: Marktwachstum-Marktanteil-Portfolio

Die Produkte in den vier Feldern lassen sich wie folgt beschreiben:

1. **Cash-Produkte (Milchkühe, cash cows)**

   - relativ hoher Marktanteil bei geringen Marktwachstumsraten

   - erfolgreiche Produkte, die sich in der Reifephase ihres Lebenszyklus befinden

   - stabile Wettbewerbsposition

   - Der hohe Marktanteil führt zu günstigen Kostenpositionen und höheren Gewinnspannen.

   - Für die Cash-Produkte wird eine *Abschöpfungsstrategie* verfolgt, sodass keine Wachstumsinvestitionen, sondern allenfalls noch Ersatz- und Rationalisierungsinvestitionen getätigt werden.

   - deutliche Finanzmittelüberschüsse

2. **Auslaufprodukte (arme Hunde, poor dogs)**

   - relativ geringer Marktanteil

   - sind in unterdurchschnittlich wachsenden beziehungsweise stagnierenden Märkten zu finden

   - in der Sättigungs- oder Degenerationsphase, sodass keine Wachstumsinvestitionen mehr getätigt werden sollten

   - Die zunehmende Konkurrenzintensität führt aufgrund der schlechten Kostenposition und des geringen Marktanteils zu negativen, bestenfalls ausgeglichenen Cashflows. Da sie weder Wachstum noch positive Cashflows mit sich bringen, sollte für Auslaufprodukte eine *Desinvestitionsstrategie* (Verkauf, Stilllegung) geprüft werden.

3. **Nachwuchsprodukte (Fragezeichen, question marks)**

   - in Märkten mit hohen Wachstumsraten

   - niedriger relativer Marktanteil

   - in der Einführungs- oder frühen Wachstumsphase

   - Der Begriff »Fragezeichen« bringt zum Ausdruck, dass es zwei mögliche Strategien gibt:

     Investitionsstrategie, wenn es sich um hoffnungsvolle Produkte handelt, bei denen eine Erhöhung des relativen Marktanteils gelingen kann, sodass diese Produkte zu »Stars« werden könnten

Desinvestitionsstrategie, wenn auf den Märkten schon Wettbewerber mit größerem Marktanteil tätig sind und die Chancen eher weniger gut sind

- aufgrund der F&E-Kosten, der Markteintrittskosten und des relativ kleinen eigenen Marktanteils meist noch negativer Cashflow

4. **Starprodukte (stars)**

- hoher relativer Marktanteil

- hohe Marktwachstumsraten

- Ihr Produktzyklus befindet sich in der Wachstumsphase.

- *Investitionsstrategie* mit dem Ziel der Marktführerschaft sollte verfolgt werden.

- Ausbau der Kapazitäten mindestens entsprechend den Marktwachstumsraten, um wenigstens die eigenen Marktanteile zu halten

- Die für das Wachstum benötigten Investitionen führen meist zu einem ausgeglichenen Cashflow, sodass die Starprodukte ihr Wachstum größtenteils selbst finanzieren.

- Die Stars sichern heute das Wachstum des Unternehmens und sind die Cash-Lieferanten von morgen.

 Durch das strategische Produktportfoliomanagement soll ein Gleichgewicht zwischen positiven und negativen Cashflows gesichert werden. Die durch die Cash-Produkte sowie die liquidierten Auslauf- und Nachwuchsprodukte gewonnenen Finanzmittel sollen eingesetzt werden, um das Wachstum der Stars und der ausgewählten Nachwuchsprodukte zu finanzieren.

Erfolgsfaktoren

Welche Faktoren und Strategien sind für den Unternehmenserfolg entscheidend? Dieser Frage gehen die folgenden beiden Konzepte nach:

Das 7-S-Modell

Nach Peters und Waterman sind sieben eng miteinander zusammenhängende Faktoren für den Unternehmenserfolg verantwortlich. Da alle sieben Faktoren mit einem S beginnen, wird es auch *7-S-Modell* genannt. Abbildung 7.9 zeigt das 7-S-Modell, das aufgrund der vielen Wechselbeziehungen die Form eines Moleküls hat.

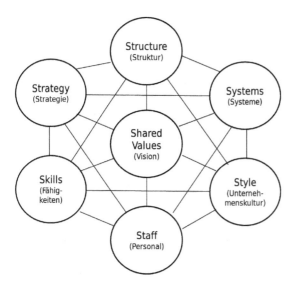

Abbildung 7.9: 7-S-Modell

Die Erfolgsfaktoren im 7-S-Modell sind:

✔ **weiche Faktoren** wie Führungsstil, Unternehmenskultur und Fähigkeiten der Mitarbeiter,

✔ **harte Faktoren** wie Strategie, Organisationsstruktur und Managementsysteme.

Jedes Unternehmen muss aber situativ einen eigenen Ansatz finden, um alle sieben Erfolgsfaktoren optimal auszugestalten und zu kombinieren, um die eigene Strategie umzusetzen und die Unternehmensziele bestmöglich zu erreichen.

Das PIMS-Konzept

Mithilfe des *PIMS-Modells* (Profit Impact of Market Strategies) sollen die wesentlichen Schlüsselfaktoren identifiziert werden, die den Return on Investment (ROI) und Cashflow beeinflussen. Die ersten Untersuchungen wurden 1960 bei General Electric durchgeführt. Heute melden weltweit rund 450 Unternehmen mit über 3.000 Geschäftseinheiten Daten an das Strategic Planning Institute in Cambridge (Massachusetts). Die Daten (300 Kennzahlen pro Geschäftseinheit) werden statistisch über eine multiple Regressionsanalyse ausgewertet. Die Datenbank steht den Mitgliedsunternehmen offen.

Zentrales Ergebnis der PIMS-Studie ist, dass die *Unternehmensstrategie* (= strategische Faktoren) und nicht die operative Effizienz von entscheidender Bedeutung für den Unternehmenserfolg ist. Die PIMS-Studie zeigt insbesondere die große Bedeutung des Marktanteils und des Marktwachstums für den Unternehmenserfolg und bestätigt damit diese beiden Faktoren als Leitgrößen für die strategische Planung. Wie sich die Ausprägungen der wichtigsten Erfolgsfaktoren auf den ROI und den Cashflow auswirken, zeigt Ihnen Tabelle 7.3.

Erfolgsfaktor	Ausprägung	Auswirkung auf den ROI	Auswirkung auf den Cashflow
Wettbewerbsposition	hoher Marktanteil	↑	↑
Marktattraktivität	hohes Marktwachstum	↑	↓
Investitionsintensität	Investitionsvolumen/ Umsatz ↑	↓	↓
Produktivität	Umsatz/Beschäftigter ↑	↑	↑
Innovation	starke Wettbewerbsposition	↑	↑
Produktqualität	hoch aus Sicht der Kunden	↑	↑
Vertikale Integration	Wertschöpfung/Umsatz sehr hoch	↑/↓	↑/↓

Tabelle 7.3: Erfolgsfaktoren im PIMS-Modell

Qualitätsmanagement und unternehmerische Gesellschaftsverantwortung

Zu den zentralen Aufgaben der modernen Unternehmensführung gehören das Qualitätsmanagement und eine auf Nachhaltigkeit ausgerichtete Unternehmenspolitik. Im Folgenden erfahren Sie mehr zu diesen beiden Themen.

Das Qualitätsmanagement

Das *Qualitätsmanagement* umfasst alle organisatorischen Maßnahmen zur Erzeugung, Sicherung, Weiterentwicklung und Verbesserung der Leistungen, Produkte und Ergebnisse. Es sorgt für die zur Qualität benötigten betrieblichen Strukturen und Prozesse.

Das Qualitätsmanagement im Sinne eines *Total Quality Managements* beschränkt sich nicht nur auf die Qualität der Produkte, sondern bezieht sich auf die gesamte Wertschöpfung von der Beschaffung über die Produktion bis zum Absatz und schließlich bis zur Verwendung der Produkte und soll auch zu einer Senkung der Herstellkosten beitragen.

Das Qualitätsmanagement (QM) besteht aus verschiedenen Konzepten, Methoden, Instrumenten und systematischen Maßnahmen. Beispiele für Normen- und Regelwerke des Qualitätsmanagements sind die bekannten sogenannten ISO-9001-Normen von der International Organization for Standardization (abgekürzt ISO) und das EFQM-Modell, das von der European Foundation for Quality Management entwickelt wurde. Auch das Qualitätsmanagement sollte als Regelkreis (Abbildung 7.10 zeigt ein einfaches Modell) aufgebaut sein, um kontinuierliche Verbesserungen und Innovationen abzusichern.

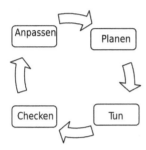

Abbildung 7.10: Regelkreis des Qualitätsmanagements

CSR: Nachhaltige Unternehmensführung

Ein Unternehmen nachhaltig zu führen verlangt nach einem verantwortungsvollen Umgang mit den Ressourcen. Das moderne Konzept einer nachhaltigen Unternehmensführung geht jedoch weit darüber hinaus und umfasst drei Dimensionen der Nachhaltigkeit (*Drei-Säulen-Modell*) und der unternehmerischen Gesellschaftsverantwortung (*Corporate Social Responsibility*, CSR abgekürzt):

✔ **Wirtschaftliche Verantwortung:** Der Unternehmer muss nützliche Produkte und Dienstleistungen bereitstellen, für Arbeitsplätze sorgen und Steuern zahlen.

✔ **Ökologische Verantwortung:** Dazu gehört der sorgfältige und sparsame Umgang mit den Ressourcen, die Vermeidung von Umweltverschmutzungen und die umweltfreundliche Entsorgung und Rücknahme der Produkte.

✔ **Soziale Verantwortung:** Das Unternehmen sollte nicht nur fair und gerecht mit seinen Mitarbeitern, Kunden und Zulieferern beziehungsweise mit seinen Stakeholdern umgehen, sondern sich darüber hinaus auch noch gesellschaftlich engagieren.

Das freiwillige politische, gesellschaftliche und kulturelle unternehmerische Engagement wird auch als *Corporate Citizenship* bezeichnet. Damit ist das über die eigentliche Geschäftstätigkeit hinausgehende Engagement von Unternehmen in Form von Sponsoring, Spenden und Stiftungen zur Lösung sozialer Probleme im lokalen Umfeld des Unternehmens gemeint.

 Zusammengefasst ist *CSR* ein ganzheitliches Unternehmenskonzept, das vom Unternehmen die freiwillige Übernahme von gesellschaftlicher Verantwortung verlangt, die über die Einhaltung gesetzlicher Bestimmungen (Compliance) hinausgeht und sich auf die Nachhaltigkeit im wirtschaftlichen, ökologischen und sozialen Handeln der Unternehmung erstreckt.

Kapitel 8

Die Unternehmens-organisation

U nternehmen sind in einer modernen Wirtschaft komplexe Gebilde mit einer Vielzahl von Aufgaben und Arbeitsabläufen, die von Menschen und Sachmitteln wie Maschinen arbeitsteilig erfüllt werden.

Damit die Ziele des Unternehmens optimal erreicht werden, müssen die betrieblichen Strukturen und Prozesse so gestaltet werden, dass Effizienzverluste minimiert werden. Daher gehört es zu den zentralen Aufgaben der Unternehmensführung, das Unternehmen zu organisieren und für eine Ordnung der Strukturen (Aufbauorganisation) und Prozesse (Ablauforganisation) zu sorgen.

Die Grundlagen der Unternehmensorganisation

Der Begriff der Organisation kann wie folgt definiert werden:

Organisation bedeutet Schaffung und Bestehen einer Ordnung, die die Arbeitsteilung im Unternehmen regelt. Betriebliche Abläufe und Prozesse werden so strukturiert und koordiniert, dass die Unternehmensziele optimal erreicht werden.

Aufgaben und Funktionen der Organisation

Die Organisation erfüllt verschiedene Aufgaben und Funktionen:

✔ Schaffung einer Ordnung zur Regelung arbeitsteiliger Prozesse gemäß der
»W-Fragen« (siehe Abbildung 8.1)

✔ Entlastung der Unternehmensführung durch Delegation von Routinearbeiten
an nachgeordnete Stellen sowie Übertragung von Entscheidungsbefugnissen
und Verantwortung auf nachgelagerte Führungsstellen

✔ Schaffung von Transparenz zur Information und besseren Orientierung der
Stakeholder (Mitarbeiter, Kunden, Lieferanten, Gesellschafter, Gläubiger) des
Unternehmens

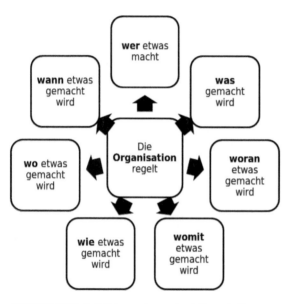

Abbildung 8.1: Aufgabenzuordnung durch Organisation

Das Organisationsgleichgewicht

Eine ausgewogene Organisationsstruktur vermeidet sowohl eine

✔ **Überorganisation**, das heißt eine Überreglementierung und mangelnde Flexibilität, als auch eine

✔ **Unterorganisation**, das heißt zu häufiges Improvisieren und unzureichende
Kontinuität.

Ein *Organisationsgleichgewicht* besteht dann, wenn ein ausgewogenes Verhältnis besteht zwischen

✔ **Organisation** (generellen Regelungen),

✔ **Improvisation** (vorübergehenden Regelungen) und

✔ **Disposition** (fallweisen Regelungen).

Elemente der Organisation

Zu den wichtigsten Elementen der Organisation zählen

✔ **Aufgaben,**

✔ **Organisationseinheiten** und

✔ **Verbindungen und Beziehungen zwischen den Organisationseinheiten.**

Aufgaben sind Ausgangspunkt und Inhalt der Organisation. Zu den Aufgaben gehören sämtliche Verrichtungen und Arbeiten, die im Rahmen der betrieblichen Leistungsprozesse anfallen, wie Sie am Beispiel einer Vermögensberatung in einem Kreditinstitut in Tabelle 8.1 sehen können.

Aufgabenmerkmale	Beispiel Vermögensberatung
Aufgabenträger (wer?)	Vermögensberater des Kreditinstituts
Verrichtung (was?, wie?)	Beratung eines Kunden bei der Vermögensanlage
Objekt, Bearbeitungsgegenstand (woran?)	verfügbares Geldvermögen des Kunden
Hilfsmittel, Materialien (womit?)	Prospekte, PC-gestützte Beratungsprogramme, Internet
Raum (wo?)	Filiale des Kreditinstituts
Zeit (wann?)	vereinbarter Termin

Tabelle 8.1: Aufgabenmerkmale am Beispiel einer Vermögensberatung

Weitere Aufgabenmerkmale können sein:

✔ **Hierarchieebene**, in der die Tätigkeit angesiedelt ist

✔ **Phase** (Planung, Entscheidung, Ausführung oder Kontrolle)

✔ **Betriebszweck** (zum Beispiel Produktion oder Verwaltung)

Die wichtigsten Organisationseinheiten im Unternehmen sind Stellen und Abteilungen.

Die *Stelle* ist die kleinste Organisationseinheit im Unternehmen. Ihr sind sämtliche Aufgaben und Teilaufgaben zugeordnet, die von einer einzigen, dafür geeigneten Person erledigt werden können. Die Stelle besteht unabhängig von der Besetzung mit einer bestimmten Person.

Sie können folgende Stellen unterscheiden:

✔ **Führungsstellen** (auch *leitende Stellen* oder *Instanzen* genannt) mit einer Weisungsbefugnis gegenüber anderen Stellen

✔ **ausführende nachrangige Stellen** auf der untersten Hierarchieebene ohne Weisungsbefugnis

✔ **Stabsstellen**, die Führungsstellen unterstützen, indem sie Führungsentscheidungen vorbereiten, ohne dabei ein Entscheidungs- und Weisungsrecht zu haben

 Eine *Abteilung* ist die Zusammenfassung mehrerer Stellen unter einer leitenden Stelle (Instanz). Das Ziel der Stellenzusammenfassung zu einer Abteilung ist die Schaffung eines abgegrenzten und in sich geschlossenen Aufgabenbereichs mit eng aufeinander bezogenen und miteinander zusammenhängenden Aufgaben.

Für das Funktionieren der arbeitsteiligen Leistungserstellung müssen die Organisationseinheiten über Verbindungen und Beziehungen miteinander vernetzt sein (siehe Abbildung 8.2).

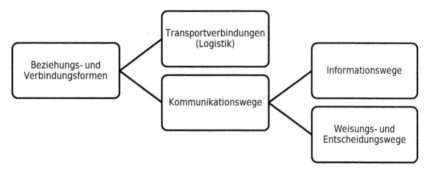

Abbildung 8.2: Beziehungs- und Verbindungsformen einer Organisation

Die Organisationsgestaltung

Die Ausgestaltung der Organisation ist eine Führungsaufgabe, da die

✔ **Aufbauorganisation** und ihre strukturellen Regelungen sowie die

✔ **Ablauforganisation**, das heißt die Gestaltung der Arbeitsabläufe und organisatorischen Prozesse,

wichtige Voraussetzungen für das Funktionieren des Unternehmens und den Unternehmenserfolg sind. Neben dieser

✔ **formalen Organisation**, die bewusst gestaltet ist, gibt es in jedem Unternehmen auch eine

✔ **informale Organisation**, die durch das spontane und ungeplante Verhalten der Mitarbeiter in jedem Unternehmen entsteht.

Zur konkreten Ausgestaltung der Organisation können Sie auf verschiedene *Organisationsformen* und *Managementtechniken* zurückgreifen, die ich Ihnen im Folgenden ebenfalls kurz vorstelle.

Aufbauorganisation

Die *Aufbauorganisation* bildet das hierarchische Gefüge eines Unternehmens in Form der Stellen und Abteilungen sowie deren Beziehungen untereinander ab. Sie regelt dauerhaft, welche Aufgaben, Zuständigkeiten und Entscheidungskompetenzen die einzelnen Organisationseinheiten haben.

Die Bildung der Aufbauorganisation vollzieht sich im Rahmen eines Prozesses, dessen Phasen Sie in Abbildung 8.3 sehen.

Wichtige Organisationsinstrumente der Aufbauorganisation sind

✔ das Organigramm und

✔ die Stellenbeschreibung.

Die Struktur der Aufbauorganisation können Sie schaubildartig in Form eines *Organigramms* darstellen. Ein Organigramm enthält die folgenden Elemente:

✔ Knoten in Form von Rechtecken, Kreisen oder Punkten: Symbole für die Stellen und Abteilungen

✔ Verbindungslinien: Symbol für die Dienst- und Kommunikationswege und die hierarchischen Unterstellungsverhältnisse

Abbildung 8.3: Bildung der Aufbauorganisation

Anhand eines Organigramms können Sie auch die Gliederungstiefe und Gliederungsbreite der Aufbauorganisation ersehen. Die *Gliederungstiefe* können Sie an der Anzahl der Leitungsebenen erkennen. Die *Gliederungsbreite* (auch *Leitungsspanne* oder *Kontrollspanne* genannt) zeigt Ihnen an, wie viele Mitarbeiter einer Leitungsstelle unterstellt sind.

 Zwischen der Gliederungstiefe und der Gliederungsbreite gilt bei gegebener Stellenanzahl folgender Zusammenhang: Je kleiner die Gliederungsbreite, desto größer ist die Leitungstiefe beziehungsweise Leitungsspanne.

Eine *Stellenbeschreibung* (englisch: *job description*) ist eine schriftliche Festlegung der Arbeitsziele, Aufgaben, Kompetenzen und Verantwortung einer Arbeitsstelle.

Organisationsformen

Zur Ausgestaltung der Aufbauorganisation gibt es verschiedene Organisationsformen. Die wichtigsten sind:

✔ funktionale Organisation versus divisionale Organisation (Spartenorganisation)

✔ Einlinien- versus Mehrlinien- und Stabliniensystem

✔ Managementholding

✔ Matrixorganisation

✔ Projektorganisation

Eine erste Unterscheidung der Organisationsformen richtet sich danach, ob eine verrichtungsorientierte funktionale oder eine objektorientierte divisionale Organisation vorliegt.

Funktionale Organisation

Bei einer funktionalen Organisationsgliederung wird die Organisationsstruktur nach den Verrichtungen oder Funktionen eines Unternehmens wie Forschung und Entwicklung, Materialwirtschaft, Produktion, Marketing, Finanz- und Rechnungswesen, Personal und Verwaltung ausgerichtet. Abbildung 8.4 zeigt ein Beispiel für eine funktionale Organisation.

Abbildung 8.4: Funktionale Organisation

Eine funktionale Organisation bietet sich für Unternehmen an, die nur ein Produkt herstellen oder Massen- und Sortenfertigung betreiben.

Divisionale Organisation

Ist die Organisationsstruktur hingegen objektorientiert an Sparten oder Divisionen wie

✔ Produktgruppen,

✔ Kundengruppen oder

✔ Absatzgebieten

ausgerichtet, liegt eine divisionale Organisationsstruktur vor (siehe Abbildung 8.5), die auch als *Spartenorganisation* oder *Geschäftsbereichsorganisation* bezeichnet wird.

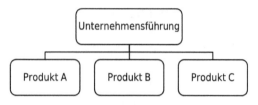

Abbildung 8.5: Divisionale Organisation

Die divisionale Organisation ist für Großunternehmen geeignet, die in komplexen und dynamischen Märkten tätig sind, in denen Produkt-, Markt- und Kundenorientierung von großer Bedeutung sind.

Nach dem Leitungsprinzip können Sie des Weiteren zwischen einem Einlinien- und einem Mehrliniensystem unterscheiden.

Einliniensystem

Im *Einliniensystem* ist jede Stelle und jede Abteilung nur einer einzigen Leitungsstelle unterstellt. Jeder Mitarbeiter hat daher auch nur einen bestimmten Vorgesetzten (siehe Abbildung 8.6).

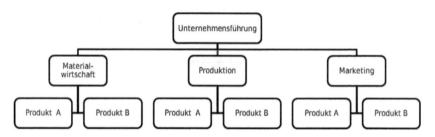

Abbildung 8.6: Einliniensystem

 Das *Einliniensystem* baut auf dem Prinzip der *Einheit der Auftragserteilung* auf, da jede Stelle nur einer einzigen Instanz unterstellt ist, und führt zu hierarchischen und langen Dienstwegen. Diese Organisationsform ist daher eher geeignet für leicht steuerbare Unternehmen (kleine und mittlere Unternehmen, Neugründungen) sowie für Organisationen, die wie das Militär oder die Feuerwehr großen Wert auf übersichtliche und eindeutige Befehlsstrukturen legen.

Mehrliniensystem

Beim *Mehrliniensystem* ist jede Stelle einer Mehrzahl von übergeordneten Leitungsstellen unterstellt. Das Prinzip der Einheit der Auftragserteilung wird durch das

Prinzip des kürzesten Weges ersetzt. Wie in Abbildung 8.7 zu sehen, führt dies zu kürzeren Informations- und Kommunikationswegen als im Einliniensystem, da die Produktverantwortlichen direkt den Kontakt zu allen übergeordneten Funktionsbereichsleitern aufnehmen können.

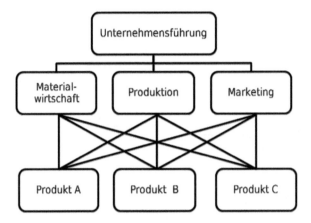

Abbildung 8.7: Mehrliniensystem

Nachteile der Mehrlinienorganisation sind die Gefahr von Kompetenz- und Weisungsüberschneidungen, die zu Unübersichtlichkeit und Verunsicherung führen können. In der Praxis werden Sie daher das Mehrliniensystem eher selten vorfinden, sondern weitere Organisationsformen, die auf den grundlegenden Organisationsformen aufbauen und diese erweitern oder vermischen.

Stabliniensystem

Im *Stabliniensystem* werden die Leitungsstellen durch Stabsstellen unterstützt. Sie entlasten die Instanzen und bereiten mit ihrem Expertenwissen die Entscheidungen der Leitungsstellen sorgfältig vor. Das Stabliniensystem kombiniert die Vorteile des Einlinien- und Mehrliniensystems. Das Problem von unklaren Zuständigkeiten wird dadurch vermieden, dass die Stabsstellen keine Entscheidungs- und Weisungskompetenzen haben. Abbildung 8.8 zeigt ein Beispiel für die Stablinienorganisation mit mehreren Stabsstellen.

Im Beispiel ist die zweite Hierarchieebene funktional gegliedert in die Bereiche Materialwirtschaft, Produktion und Marketing. Es bleibt das Problem, dass die Teilpläne dieser Funktionsbereiche über die Unternehmensführung abgestimmt werden müssen. Eine Lösung für dieses Problem bietet die Matrixorganisation.

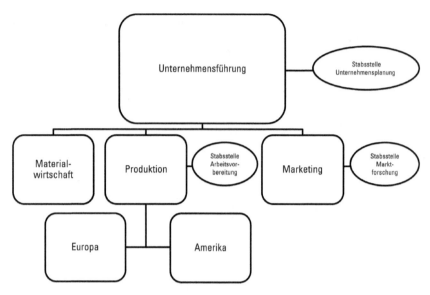

Abbildung 8.8: Stabliniensystem

Matrixorganisation

Die *Matrixorganisation* ist eine Form des Mehrliniensystems. Die Stellenbildung auf einer hierarchischen Ebene erfolgt gleichzeitig nach zwei Kriterien, sodass Sie diese Organisationsform grafisch in Form einer Matrix abbilden können. Zur Strukturierung der Matrix werden meist eine funktionale und eine divisionale Organisationsstruktur miteinander vermischt.

In Abbildung 8.9 sehen Sie

✔ eine funktionale Organisationsstruktur mit den Bereichen Materialwirtschaft, Produktion und Marketing und

✔ eine divisionale Organisationsstruktur mit den Produkten A, B und C.

Der Vorzug der Matrixorganisation liegt darin, dass durch die gleichzeitige Kommunikation und Kooperation einer Stelle mit zwei Instanzen sowohl die Vorteile der divisionalen Organisation (Kunden- und Produktorientierung) als auch die der funktionalen Organisation (Kostenvorteile durch die Nutzung von Synergieeffekten) genutzt werden. In Abbildung 8.9 ist die mit einem schwarzen Punkt markierte Stelle sowohl der Leitungsstelle Produktion als auch der für das Produkt B zuständigen Instanz unterstellt. Die doppelte Unterstellung kann allerdings auch

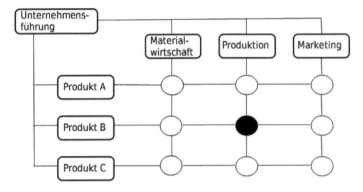

Abbildung 8.9: Matrixorganisation

zu Spannungen und Konflikten führen, die am Ende durch »faule Kompromisse« ausgeglichen werden müssen.

Managementholding

Eine *Managementholding* ist die Obergesellschaft eines Konzerns, welche die strategische Führung über rechtlich selbstständige Unternehmen (auch Holdinggesellschaften, Geschäftsbereiche, Profitcenter oder Sparten genannt) ausübt, an denen sie Beteiligungen unterhält.

Es handelt sich um eine divisionale Organisationsform, die diese Vorteile bietet:

✔ einheitliche Unternehmensstrategie

✔ Geschäftsbereiche sind autonom und haben eigene Geschäftsstrategien, aber auch entsprechende Ergebnisverantwortung.

✔ Die Managementholding kann das Portfolio aus den Tochtergesellschaften durch Kauf und Verkauf von Beteiligungen strategisch ausrichten.

In Abbildung 8.10 sehen Sie ein Beispiel für eine Managementholding.

Von einer *Finanzholding* spricht man, wenn die Obergesellschaft keine Führung ausübt, sondern sich auf die Finanzierung der Tochtergesellschaften und die Verwaltung der Beteiligungen beschränkt.

Projektorganisation

Während die bisherigen Organisationsformen eher auf Dauer angelegt sind, dient die *Projektorganisation* zur Bewältigung komplexer, einmaliger, neuartiger und

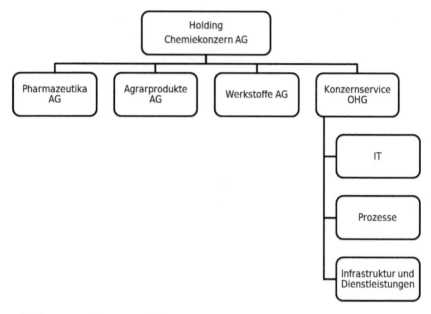

Abbildung 8.10: Managementholding

wichtiger Aufgaben. Die Komplexität der Projekte erfordert meist eine eigene Projektorganisation, die sich der Methoden des Projektmanagements bedient. Typische Beispiele für Projekte sind die Einführung neuer Produkte, die Veränderung von Vertriebsstrukturen, die Umstellung der EDV oder die Durchführung von Fusionen.

Ablauforganisation

Im Unterschied zur auf die Organisationseinheiten des Unternehmens (Stellen, Abteilungen) bezogenen Aufbauorganisation sorgen Sie durch die Ablauforganisation für die optimale Gestaltung der Arbeitsprozesse.

 Ziel der *Ablauforganisation* ist entsprechend die möglichst wirtschaftliche und abgestimmte Gestaltung der Arbeitsabläufe in personeller, räumlicher, zeitlicher und sachlicher Hinsicht.

Die Schritte bei der Bildung der Ablauforganisation sehen Sie in Abbildung 8.11.

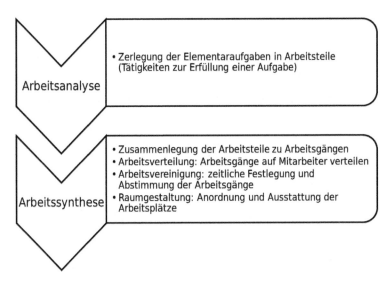

Arbeitsanalyse
- Zerlegung der Elementaraufgaben in Arbeitsteile (Tätigkeiten zur Erfüllung einer Aufgabe)

Arbeitssynthese
- Zusammenlegung der Arbeitsteile zu Arbeitsgängen
- Arbeitsverteilung: Arbeitsgänge auf Mitarbeiter verteilen
- Arbeitsvereinigung: zeitliche Festlegung und Abstimmung der Arbeitsgänge
- Raumgestaltung: Anordnung und Ausstattung der Arbeitsplätze

Abbildung 8.11: Bildung der Ablauforganisation

Wichtige *Organisationsinstrumente* der Ablauforganisation sind Ablaufpläne, Ablaufkarten, Balkendiagramme und Netzpläne.

Das *Dilemma der Ablauforganisation* liegt nach Gutenberg darin, dass sich die beiden Ziele

✔ Minimierung der Durchlaufzeiten des Materials und

✔ optimale Kapazitätsauslastung der Betriebsmittel und des Personals

nur selten gleichzeitig erreichen lassen.

 Aufbau- und Ablauforganisation sind eng miteinander verbunden. Während die Aufbauorganisation dauerhaft regelt, welche Aufgaben, Zuständigkeiten und Entscheidungskompetenzen die einzelnen Organisationseinheiten haben sollen, sorgt die Ablauforganisation für die Gestaltung der Arbeitsabläufe und organisatorischen Prozesse.

Formale und informale Organisation

Die Aufbau- und die Ablauforganisation bilden mit den bewusst gestalteten Strukturen und Abläufen die *formale Organisation* des Unternehmens. Jedes Unternehmen hat daneben aber auch eine nicht geplante, offiziell nicht festgelegte informale Organisation.

Die *informale Organisation* entsteht durch die Erwartungen, Bedürfnisse, Wünsche der Mitarbeiter und äußert sich in deren Verhaltensweisen und Beziehungen untereinander außerhalb der vorgegebenen Ordnung. Die informale Organisation in Form des »kleinen Dienstwegs« oder gemeinschaftlicher Aktivitäten (gemeinsames Mittagessen, Geburtstagsfeiern oder dergleichen) kann die formale Organisation beispielsweise durch Konfliktvermeidung und verbesserte Motivation und Kommunikation unterstützen, aber unter Umständen auch durch Neid, Misstrauen, Gruppenegoismus oder schlechte Stimmung behindern.

Managementtechniken

Zu den Aufgaben der Organisation gehört es, den Managementprozess des Unternehmens an den Zielen des Unternehmens auszurichten und die Arbeitsteilung so zu gestalten, dass einerseits die Führungsebene wirksam entlastet wird, andererseits aber auch die Mitarbeiter motiviert werden oder bleiben. Dazu stehen Ihnen verschiedene Managementtechniken oder »Management-by-Konzepte« zur Verfügung. Die vier bekanntesten Managementtechniken sind:

✔ **Management by Delegation (Führung durch Delegation von Aufgaben):** Übertragung bestimmter Aufgaben durch den Vorgesetzten an den Mitarbeiter zur Entlastung des Vorgesetzten von Routineaufgaben und zwecks Motivationsschub beim Mitarbeiter, wodurch Letzterer die Kompetenz, aber auch die Verantwortung für die ihm übertragenen Aufgaben hat; lediglich Erfolgskontrolle seitens der Führungskraft; allerdings keine Förderung von zielorientiertem Handeln der Mitarbeiter

✔ **Management by Objectives (Führung durch Zielvereinbarung):** Vereinbarung gemeinsamer konkreter Ziele durch Vorgesetzten und Mitarbeiter; selbstständige Bestimmung der Art und Weise der Zielerreichung durch Mitarbeiter; Soll-Ist-Vergleich zur Überprüfung der Zielerreichung; in der Praxis am weitesten verbreitete Führungstechnik

✔ **Management by Exception (Führung durch Abweichungskontrolle und Eingriff in Ausnahmefällen):** selbstständiges Entscheiden und Handeln in Normalsituationen und Routinefällen durch Mitarbeiter mit Eingreifen des Vorgesetzten nur in Ausnahmefällen; allerdings vergleichsweise geringer Motivationsschub bei dem ausführenden Mitarbeiter, da selbstständiges Arbeiten auf Normalfälle und auf Routinearbeiten reduziert

✔ **Management by System (Führung durch Systemsteuerung):** selbstregulierende Organisation der betrieblichen Abläufe durch computerunterstützte Informations-, Planungs- und Kontrollsysteme, dadurch: Kostensenkungen und Leistungssteigerungen; Probleme: zum Teil mangelnde Realisierbarkeit sowie hohe Kosten der Einführung und Gefahr einer Entfremdung

Die Organisationsentwicklung

Zur langfristigen Existenz- und Erfolgssicherung sind aufgrund immer neuer Herausforderungen durch die Globalisierung der Märkte und technologische Innovationen organisatorische Änderungen notwendig, die im Unternehmen ein bewusstes Veränderungsmanagement (auf Englisch *Change Management*) erfordern.

Phasen von organisatorischen Veränderungsprozessen

Die sechs aufeinanderfolgenden Phasen von organisatorischen Veränderungsprozessen sehen Sie in Abbildung 8.12.

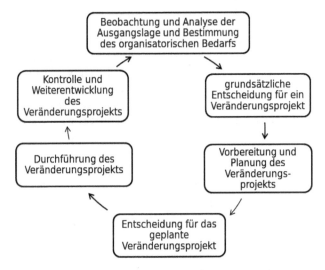

Abbildung 8.12: Organisatorischer Veränderungsprozess

Organisationsentwicklung

Die *Organisationsentwicklung* ist ein auf Dauer angelegter, schrittweiser (evolutionärer) und demokratisch angelegter Organisationsveränderungsprozess, bei dem die Betroffenen durch größtmögliche Selbstbeziehungsweise Mitbestimmung zu Beteiligten gemacht werden.

Der Organisationsentwicklungsprozess besteht nach einem Modell des Psychologen Kurt Lewin aus drei Phasen:

1. **Unfreezing (Auftauen):** Die Betroffenen sollen zunächst von der Notwendigkeit der geplanten Veränderung überzeugt werden, und es soll ihre Veränderungsbereitschaft gefördert werden.

2. **Moving (Bewegen):** Die Veränderungsprozesse werden geplant und durchgeführt.

3. **Refreezing (Wiedereinfrieren):** Die durchgeführte Veränderung wird abgesichert und stabilisiert, um einen Rückfall in den alten Zustand zu verhindern. Zugleich besteht aber auch Offenheit für weitere Veränderungen.

Business Reengineering

 Während die Organisationsentwicklung auf einen evolutionären Wandel ausgelegt ist, bezeichnet *Business Reengineering* ein Konzept für die radikale, fundamentale Neugestaltung und Optimierung von Unternehmen und Geschäftsprozessen. Das Gestaltungskonzept ist daher mehr ein revolutionärer Ansatz, bei dem sämtliche Aufgaben, Verhältnisse, Prozesse und Strukturen auf den Prüfstand gestellt werden.

Nach den beiden Urhebern des Konzepts (Hammer/Champy) zielt Business Reengineering auf dramatische Verbesserungen in wichtigen und messbaren Leistungsmaßen wie Schnelligkeit, Kosten, Qualität und Service ab. Im Mittelpunkt des organisatorischen Wandels stehen die Kernprozesse des Unternehmens, die im Rahmen der Wertschöpfungskette einen Mehrwert für den Kunden schaffen.

Die Merkmale des Business Reengineering sind:

✔ Ausrichtung auf die Kernprozesse des Unternehmens

✔ durchgängige Kundenorientierung in den betrieblichen Leistungsprozessen

✔ Konzentration auf die Kernkompetenzen

✔ Radikalität, Tiefe und Fundamentalität des angestrebten Wandels

✔ relative Kurzfristigkeit der Durchführung der angestrebten Veränderungen

✔ geringe Berücksichtigung der Bedürfnisse und Interessen aller Betroffenen bei der Planung und Durchführung

✔ von oben herab verordnete, undemokratische Verfahrensweise

Kapitel 9
Die Personalwirtschaft

N eben den Betriebsmitteln (Maschinen, Anlagen, Grundstücke, Gebäude) und den Werkstoffen (Roh-, Hilfs- und Betriebsstoffe) ist nach Gutenberg die Arbeit der dritte Produktionsfaktor, der zur Erstellung der betrieblichen Leistungen beiträgt. Menschen sind daher als Produktions- oder Inputfaktor entscheidend an der Wertschöpfung des Unternehmens beteiligt.

Die *Personalwirtschaft* (Personalmanagement (englisch Human Resource Management), Personalwesen) umfasst sämtliche personenbezogenen betrieblichen Maßnahmen. Die Personalwirtschaft hat die Funktion, den Betrieb mit dem Produktionsfaktor Arbeit in optimaler Weise im Hinblick auf die Erreichung der Unternehmensziele zu versorgen, und ist Teil des Führungssystems.

Die Aufgaben und Ziele der Personalwirtschaft

Eine effiziente Personalwirtschaft ist für jedes Unternehmen aus verschiedenen Gründen von herausragender Bedeutung, aber zugleich auch ein große Herausforderung:

✔ **Personal als Wettbewerbsfaktor**, um im globalen Wettbewerb durch gut qualifiziertes Personal bestehen zu können

✔ **Personal als Kostenfaktor**, da die Personalkosten immer noch einen hohen Anteil an den Gesamtaufwendungen der Unternehmen haben

✔ **Personalkosten sind meist Fixkosten** (wegen der Kündigungsschutzbestimmungen), weshalb Unternehmen zum Teil auf das Instrument der Zeitarbeit zurückgreifen

202 TEIL IV Management des Unternehmens

✔ **Personal als soziale Größe** zur Mitarbeitermotivation (zum Beispiel durch eine leistungsorientierte Vergütung, Weiterbildungsmöglichkeiten oder Selbstverwirklichungsmöglichkeiten am Arbeitsplatz)

✔ **Personalpolitik als Imagefaktor,** zum Beispiel Verschlechterung des Unternehmensimages durch kritische Aufnahme von Personalabbaumaßnahmen oder Kündigungsschicksalen einzelner Mitarbeiter in der Öffentlichkeit

Aufgaben der Personalwirtschaft

Die zentralen Aufgaben der Personalwirtschaft werden vom *Personalwesen* ausgeführt. Zu ihnen gehören

✔ die **Mitarbeiter der Personalabteilung,**

✔ die **Führungskräfte im Unternehmen,** die Personalverantwortung tragen und weisungsbefugt sind,

✔ der **Betriebsrat,** der an wichtigen personalwirtschaftlichen Entscheidungen beteiligt wird.

Das Personalwesen ist dafür zuständig, die folgenden personalwirtschaftlichen Aufgaben zu erfüllen:

✔ **Personalbedarfsplanung:** Vorhersage des quantitativen und qualitativen Bedarfs an Mitarbeitern

✔ **Personalbeschaffungsplanung:** Gewinnung, Einstellung oder innerbetriebliche Versetzung von (künftigen) Mitarbeitern zur Vermeidung von Kapazitätslücken

✔ **Personaleinsatzplanung:** bedarfsgerechte Verteilung der Mitarbeiter bezüglich ihrer Fähigkeiten, Qualifikationen, Neigungen und Interessen auf die Stellen

✔ **Personalfreistellung:** gegebenenfalls Abbau von Überkapazitäten bei den Mitarbeitern durch entsprechende Maßnahmen

✔ **Personalentwicklung:** Weiterqualifikation ausgesuchter Mitarbeiter mithilfe von gezielten Fortbildungsmaßnahmen zur Vorbereitung auf künftige Anforderungen und Aufgaben

✔ **Personalführung und -motivation:** Nutzung monetärer (Entlohnung, Sozialleistungen) und nicht monetärer Motivationsinstrumente (Arbeitsplatzgestaltung, Betriebsklima, Führungsstil)

✔ **Personalverwaltung:** Erledigung der administrativen Aufgaben der Personalwirtschaft (Personaldatenverarbeitung, Personalstatistik, Gehaltsabrechnung, Fehlzeitenverwaltung, Personalaktenverwaltung, Stellenausschreibungen und Bearbeitung von Bewerbungen)

Ziele der Personalwirtschaft

Die Personalwirtschaft verfolgt zwei Hauptziele:

✔ Durch die Personalplanung soll sichergestellt werden, dass die Mitarbeiter in der benötigten Menge und mit der erforderlichen Qualifikation zur rechten Zeit und am richtigen Ort im Betrieb zur Verfügung stehen.

✔ Die Personalführung und der Einsatz von Motivationsinstrumenten zielen darauf ab, durch monetäre und nicht monetäre Anreize die Leistung des Personals zu optimieren.

Die Personalplanung

Die *Personalplanung* soll die Personalkapazität an die betrieblichen Anforderungen anpassen.

Die Personalplanung besteht aus den folgenden Teilgebieten:

✔ Personalbedarfsplanung

✔ Personalbeschaffungsplanung

✔ Personaleinsatzplanung

✔ Personalfreistellung

Die Personalbedarfsplanung

Grundlage der Personalplanung ist die Feststellung des Personalbedarfs, wozu Sie wissen müssen,

✔ **wie viele Mitarbeiter** Ihr Unternehmen benötigt (quantitativer Personalbedarf),

✔ **welche Qualifikation** die einzelnen Mitarbeiter haben müssen (qualitativer Personalbedarf),

✔ **wann** die Mitarbeiter verfügbar seien sollten (zeitlicher Personalbedarf) und

✔ **wo** die Mitarbeiter benötigt werden (räumlicher Personalbedarf).

Einflussfaktoren des Personalbedarfs

Der Personalbedarf eines Unternehmens ist von einer Vielzahl von Einflussfaktoren abhängig, wie Abbildung 9.1 zeigt.

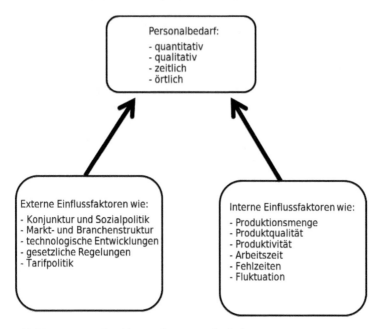

Personalbedarf:
- quantitativ
- qualitativ
- zeitlich
- örtlich

Externe Einflussfaktoren wie:
- Konjunktur und Sozialpolitik
- Markt- und Branchenstruktur
- technologische Entwicklungen
- gesetzliche Regelungen
- Tarifpolitik

Interne Einflussfaktoren wie:
- Produktionsmenge
- Produktqualität
- Produktivität
- Arbeitszeit
- Fehlzeiten
- Fluktuation

Abbildung 9.1: Einflussfaktoren des Personalbedarfs

Im Mittelpunkt der *Personalbedarfsplanung* steht der Vergleich zwischen dem gegenwärtigen Bestand an Mitarbeitern (Istbestand) und der zukünftig benötigten Personalkapazität (Sollbestand, Bruttopersonalbedarf) unter Berücksichtigung der voraussichtlichen Personalzugänge und Personalabgänge.

Als Ergebnis des Soll-Ist-Vergleichs können Sie ersehen,

✔ wie hoch der *Nettopersonalbedarf* ist und

✔ ob demnach eine weitere Personalbeschaffung oder ein Personalabbau notwendig ist.

Bestimmung des Sollpersonalbedarfs

Zur genaueren Bestimmung des *Sollpersonalbedarfs* stehen Ihnen verschiedene Verfahren zur Verfügung:

✔ **Stellenermittlungsverfahren:** Sie ermitteln den quantitativen Personalbedarf anhand der aktuellen Stellenpläne und den qualitativen Personalbedarf mithilfe der Stellenbeschreibungen.

✔ **Schätzverfahren:** Sie lassen den künftigen Mitarbeiterbedarf von Betriebsangehörigen oder von externen Experten schätzen.

✔ **Statistische Verfahren:** Sie leiten Prognosen und Trends zum künftigen Personalbedarf aus statistischen Analysen von Daten über Beschäftigtenzahlen, Auftragseingänge, Umsatzentwicklungen etc. ab.

✔ **Kennzahlenverfahren:** Sie ermitteln den Mitarbeiterbedarf mithilfe von Kennzahlen wie Arbeitsproduktivität der Mitarbeiter, Zahl der Kunden je Mitarbeiter oder Umsatz pro Mitarbeiter.

✔ **Personalbemessungsverfahren:** Sie multiplizieren zunächst für jeden Arbeitsvorgang die Arbeitsmenge (zum Beispiel Stückzahlen eines Produkts) mit dem Zeitaufwand je Arbeitsvorgang (zum Beispiel Arbeitsdauer in Minuten), um den Arbeitszeitbedarf eines Arbeitsvorgangs zu berechnen. Der gesamte Arbeitszeitbedarf ergibt sich dann aus dem Arbeitszeitbedarf aller Arbeitsvorgänge. Aus dem gesamten Arbeitszeitbedarf können Sie abschließend dann unter Berücksichtigung der Arbeitszeit je Mitarbeiter die Zahl der erforderlichen Arbeitskräfte ermitteln.

Die entsprechende Formel zur Personalbedarfsermittlung einer Periode lautet:

$$PB = \frac{\sum_{i}^{n} X_i \times T_i}{AZ} \times KF$$

mit PB: Personalbedarf für eine Periode (Monat, Jahr), X_i: Arbeitsmenge (in Stück; Anzahl der Geschäftsvorfälle), T_i: Zeitbedarf (pro Stück, pro Geschäftsvorfall), AZ: Arbeitszeit pro Mitarbeiter, KF: Korrekturfaktor beispielsweise für Ausfall- und Erholungszeiten

Konsequenzen des Nettopersonalbedarfs

Bei der Personalbedarfsermittlung ermitteln Sie am Ende den *Nettopersonalbedarf*, der Ihnen anzeigt, ob

✔ ein zusätzlicher Personalbedarf besteht, der durch die Personalbeschaffung abgedeckt werden muss (siehe nächsten Abschnitt), oder

✔ ein Personalüberhang besteht, der durch Maßnahmen der Personalabbauplanung (siehe den Abschnitt »Die Personalfreistellung« weiter hinten in diesem Kapitel) zumindest vermindert werden sollte.

Die Personalbeschaffungsplanung

 Zeigt die Personalbedarfsplanung beim Nettopersonalbedarf eine Unterdeckung auf, so ist es Aufgabe der Personalbeschaffungsplanung, die Kapazitätslücke durch geeignete Maßnahmen zu schließen.

Im Mittelpunkt der *Personalbeschaffungsplanung* stehen

✔ die Festlegung und Auswahl der Wege und Maßnahmen der Personalbeschaffung,

✔ die Organisation und Durchführung der Personalwerbung und

✔ die Personalauswahl.

Wege und Maßnahmen der Personalbeschaffung

Bei der Personalbeschaffung können die Unternehmen zwischen zwei verschiedenen Wegen wählen: *unternehmensinterne Beschaffung* versus *unternehmensexterne Beschaffung.*

Bei der unternehmensinternen und unternehmensexternen Personalbeschaffung kann das Unternehmen auf verschiedene Wege und Maßnahmen zurückgreifen, die in Abbildung 9.2 im Überblick dargestellt sind.

Personalwerbung

Aufgabe der Personalwerbung ist es, die als Mitarbeiter potenziell geeigneten Kandidaten für das Unternehmen zu interessieren und zu einer Bewerbung anzuregen. Dabei ist zu unterscheiden zwischen der *mittelbaren Personalwerbung* durch gezielte Öffentlichkeitsarbeit (Public Relations) und der *unmittelbaren Personalwerbung* durch Stellenausschreibungen und Inserate.

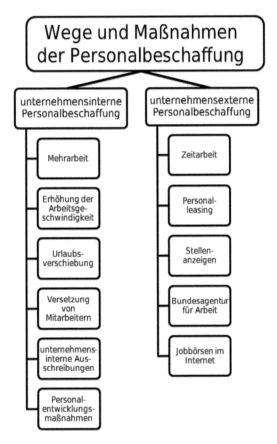

Abbildung 9.2: Wege und Maßnahmen der Personalbeschaffung

Personalauswahl

Ziel und Aufgabe der Personalauswahl ist es, das Eignungspotenzial der Bewerber zu prüfen und die ausgeschriebene Stelle mit dem Bewerber zu besetzen, der für die Anforderungen der Stelle am besten geeignet ist. Den typischen Verlauf einer Personalauswahl sehen Sie in Abbildung 9.3.

Ein *Assessment-Center* ist ein zeitintensives Personalauswahlverfahren, welches die Eignung der Bewerber und deren Entwicklungspotenzial feststellen soll. Bestandteile eines Assessment-Centers sind typischerweise Übungen wie die Postkorbübung, Gruppendiskussionen, Präsentationen, Rollenspiele und Interviews.

1.	• Auswertung der Bewerbungsunterlagen
2.	• Auswahl geeigneter Bewerber
3.	• Einladung zum Vorstellungsgespräch
4.	• Durchführung von Tests und Gutachten
5.	• gegebenenfalls Durchführung eines Assessment-Centers
6.	• Durchführung einer ärztlichen Eignungsuntersuchung
7.	• Entscheidung über die Einstellung

Abbildung 9.3: Ablaufschema Personalauswahl

Die Personaleinsatzplanung

Ziel der *Personaleinsatzplanung* ist die Zuordnung des Personals zu den zu erfüllenden Aufgaben in quantitativer, qualitativer, zeitlicher und örtlicher Hinsicht, damit die Unternehmensaufgaben effektiv erfüllt und die Unternehmensziele erreicht werden.

Neben der Zuordnung des Personals zu den Stellen gehört die

✔ Personaleinführung und -einarbeitung und die

✔ Gestaltung der Arbeitsorganisation und der Arbeitsbedingungen

zu den Hauptaufgaben der Personaleinsatzplanung.

Personaleinführung und -einarbeitung

Aufgabe der *Personaleinführung und -einarbeitung* ist es, neue Mitarbeiter in das Unternehmen zu integrieren und sie mit dem Unternehmen, ihrer Abteilung, ihren Aufgaben und Arbeitsinstrumenten vertraut zu machen. Maßnahmen und Instrumente dazu sind:

✔ persönliche Vorstellung und Einführung des neuen Mitarbeiter in seinem Umfeld,

✔ Bereitstellung von Dokumenten (Geschäftsberichte, Bedienungsanweisungen, Handbücher, Organigramme etc.),

✔ Unternehmensbesichtigungen,

✔ Einweisung und Betreuung durch einen Mentor beziehungsweise Paten oder

✔ Einführungsseminare und -vorträge.

Gestaltung der Arbeitsorganisation und Arbeitsbedingungen

Damit die Mitarbeiter effektiv arbeiten können und motiviert bei der Arbeit sind, muss jedes Unternehmen unter Beachtung der gesetzlichen Regelungen auf eine effiziente Arbeitsorganisation und gute Arbeitsbedingungen achten. Die Personaleinsatzplanung beschäftigt sich daher auch mit

✔ dem Grad der Arbeitsteilung,

✔ Konzepten zur Humanisierung der Arbeitsplatzgestaltung,

✔ der Arbeitsplatzgestaltung (Arbeitsablauf, -mittel, -umfeld, -sicherheit) und

✔ der Regelung der Arbeitszeit (Arbeitsbeginn und -ende, Schichtdienst, Ruhepausen).

Eine hohe *Arbeitsteilung und Spezialisierung* bewirkt zunächst Rationalisierungsvorteile wie eine hohe Effektivität und Wirtschaftlichkeit. Zugleich kann sie aber auch zu vermehrten Fehlern, geringerer Qualität der Leistungen, zu einer Entfremdung von den Arbeitsinhalten, mangelndem Engagement und Motivationsverlust sowie letztlich zu gesundheitlichen und psychischen Störungen der Mitarbeiter führen.

Um diesen Nachteilen entgegenzuwirken, können Sie die folgenden *Konzepte zur Humanisierung der Arbeitsplatzgestaltung* nutzen:

✔ **Job enlargement (Erweiterung der Aufgaben):** Zu den bisherigen Aufgaben und Tätigkeiten werden dem Mitarbeiter noch weitere gleichwertige Teilaufgaben und Tätigkeiten übertragen. Damit wird die Arbeitsteilung rückgängig gemacht.

✔ **Job enrichment (Bereicherung der Aufgaben):** An den Mitarbeiter werden anspruchs- und verantwortungsvollere Aufgaben delegiert, um Arbeitsmonotonie zu vermeiden und ihm eine Weiterentwicklung zu ermöglichen.

✔ **Job rotation (rotierender Wechsel von Arbeitsplätzen):** Die Mitarbeiter wechseln regelmäßig den Arbeitsplatz, um einseitige Belastungen, Monotonie und soziale Isolation zu verhindern. Da sich nur die Aufteilung der Aufgaben verändert, bleibt die Arbeitsteilung erhalten.

✔ **Arbeit in teilautonomen Arbeitsgruppen:** Einer Kleingruppe von Mitarbeitern wird eine in sich abgeschlossene, umfassendere Aufgabe übertragen. Der Arbeitsgruppe bleiben unter anderem die Aufgabenverteilung und die Arbeitsplatzgestaltung selbst überlassen, sodass auch die anderen Konzepte wie ein regelmäßiger Arbeitsplatzwechsel (job rotation) genutzt werden können.

Die Personalplanung wird durch folgende Faktoren erschwert:

✔ **Die Arbeitsleistung eines Mitarbeiters ist nur schwer messbar,** insbesondere bei qualifizierten geistigen Tätigkeiten im Gegensatz zu handwerklichen Tätigkeiten.

✔ **Die Arbeitsleistung eines Mitarbeiters ist nicht konstant** wegen Lerneffekten, Erfahrungen, Alterungsprozessen beziehungsweise veränderten Einstellungen im Zeitablauf.

✔ **Die Arbeit und Entlohnung der Mitarbeiter unterliegt gesetzlichen Bestimmungen und anderen Vereinbarungen** (Arbeitsschutz- und Jugendarbeitsschutzgesetz, Arbeitszeitgesetz, Kündigungsschutzgesetz, Betriebsverfassungs- und Mitbestimmungsgesetz, Tarifbestimmungen und so weiter).

Die Personalfreistellung

 Ziel der *Personalfreistellung* ist es, personelle Überhänge in quantitativer, qualitativer, zeitlicher und örtlicher Hinsicht abzubauen. Unter *Personalfreisetzung* wird der Abbau von Personal durch Entlassungen verstanden.

Die Freistellung von Mitarbeitern kann neben personenbedingten Gründen wie dem Diebstahl der berühmten silbernen Löffel verschiedene Gründe und Ursachen haben, wie Sie in Abbildung 9.4 sehen.

Zum Abbau von Personalüberhängen können Sie zwischen verschiedenen Maßnahmen der Personalfreistellung wählen, die in Abbildung 9.5 im Überblick dargestellt sind.

Nach dem ökonomischen Prinzip sollten Sie zuerst die Maßnahmen durchführen, welche die geringsten Kosten verursachen und dem Image des Unternehmens am wenigsten schaden. Daher sollten Sie im Fall der Fälle zunächst auf die vorgelagerten Maßnahmen zurückgreifen, bevor Sie dann eine Änderung von Arbeitsverhältnissen herbeiführen.

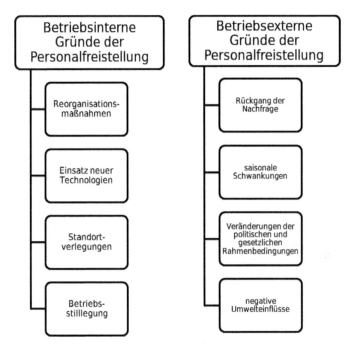

Abbildung 9.4: Gründe der Personalfreistellung

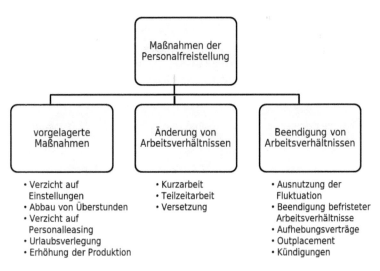

Abbildung 9.5: Maßnahmen der Personalfreistellung

Outplacement ist eine unterstützende Maßnahme, bei der ausscheidende Mitarbeiter systematische Hilfeleistungen (zum Beispiel durch eine Personalberatungsagentur) beim Finden einer neuen Stelle erhalten.

Die Personalentwicklung und -motivation

Um den Anforderungen einer sich immer dynamischer entwickelnden, global vernetzten Wirtschaft gerecht zu werden und im Wettbewerb bestehen zu können, braucht ein Unternehmen qualifizierte und motivierte Mitarbeiter.

✔ Die *Personalentwicklung* hat die Aufgabe, die fachlichen, methodischen, sozialen und persönlichen Fähigkeiten der Mitarbeiter zu erhalten und zu verbessern, damit die Mitarbeiter ihre gegenwärtigen und zukünftigen Aufgaben optimal erfüllen können und durch gute berufliche Perspektiven motiviert bleiben.

✔ *Instrumente zur Motivation* kann ein Unternehmen nutzen, damit die Mitarbeiter auch rundum zufrieden und motiviert sind.

Die Personalentwicklung

Die *Personalentwicklung* umfasst die Gesamtheit aller unternehmensinternen Maßnahmen, die zur Erhaltung und Verbesserung der beruflichen Qualifikation und Kompetenz des Personals beitragen. Das Personal soll dabei in die Lage versetzt werden, den aktuellen und zukünftigen Aufgaben und Anforderungen optimal im Interesse der unternehmerischen Zielsetzungen zu entsprechen.

Die einzelnen Ziele und Aufgaben der Personalentwicklung finden Sie zusammengefasst in Tabelle 9.1.

Ziele und Aufgaben der Personalentwicklung	Beispiele
Vermittlung von fachlichen und methodischen Kompetenzen	Fachwissen; handwerkliche, technische und geistige Fähigkeiten; unternehmerisches Denken, verkäuferisches Geschick; Projektmanagement; Softwarekenntnisse
Vermittlung von sozialen und persönlichen Kompetenzen	Selbstbewusstsein und Selbstmotivation; Einstellung zum Unternehmen; Team- und Kooperationsfähigkeiten; Präsentationsfähigkeiten; Führungskompetenz; Zeitmanagement; Fremdsprachen

Tabelle 9.1: Ziele und Aufgaben der Personalentwicklung

Die Maßnahmen der Personalentwicklung können Sie in verschiedene Bereiche einteilen, wie Abbildung 9.6 zeigt.

Abbildung 9.6: Maßnahmen der Personalentwicklung

In der *Aus- und Weiterbildung* können vielfältige Konzepte, Methoden und Instrumente zum Einsatz kommen. Beispiele dafür sind:

✔ Lernen am Arbeitsplatz (Training on the job)

✔ Lernen außerhalb des Arbeitsplatzes (Training off the job) zum Beispiel durch In-House-Seminare, externe Schulungen oder durch die Teilnahme an Messen und Kongressen

✔ Lernen in enger räumlicher, zeitlicher oder inhaltlicher Nähe des Arbeitsplatzes (Training near the job) in Form von Workshops oder Projektgruppen

✔ Lernen mit elektronischen Medien (E-Learning) als *Computer-based Training (CBT)* über spezielle Lernprogramme in elektronischen Medien oder als *Web-based Training (WBT)* durch Einbeziehung von Intra- oder Internet (zum Beispiel durch Kommunikation mit Tutoren und anderen Teilnehmern in Chatrooms)

Als Maßnahmen der individuellen *Personalförderung* zur beruflichen und persönlichen Entwicklung der Mitarbeiter stehen Ihnen zur Verfügung:

✔ **Mentoring:** Eine erfahrene Führungskraft betreut und unterstützt einen neuen Mitarbeiter, damit dieser sich möglichst schnell und gut in das Unternehmen integrieren kann.

✔ **Coaching:** Der Mitarbeiter wird individuell und professionell durch Vorgesetzte oder externe Coaches in seiner beruflichen und persönlichen Entwicklung angeleitet und beraten.

✔ **Karriereplanung:** Die Laufbahn der Führungsnachwuchskräfte wird systematisch vorbereitet und unterstützt.

Instrumente zur Motivation der Mitarbeiter

Damit das Personal gute Arbeitsleistungen erbringt, müssen die Mitarbeiter nicht nur ausreichend qualifiziert, sondern auch motiviert und zufrieden sein.

Zur Befriedigung der Bedürfnisse der Mitarbeiter können Sie auf verschiedene *Motivationsinstrumente* zurückgreifen, die in Abbildung 9.7 aufgezeigt sind.

Einige Motivationsinstrumente mit monetären Anreizen werden Ihnen im Folgenden kurz vorgestellt. Auf die nicht monetären Anreize wird nicht weiter eingegangen, da sie meist schon in Kapitel 7 und in vorherigen Abschnitten dieses Kapitels angesprochen wurden.

Lohnformen

Für die Mitarbeiter eines Unternehmens ist es ein wichtiger Leistungsanreiz, ob sie eine als gerecht und angemessen empfundene monetäre Vergütung für ihre Leistungen erhalten. Dazu muss die Vergütung

✔ den Anforderungen des Arbeitsplatzes,

✔ der Qualifikation des Mitarbeiters und

✔ der tatsächlichen Arbeitsleistung

entsprechen. Um die Mitarbeiter anforderungs- und leistungsgerecht entlohnen zu können, stehen Ihnen verschiedene Lohnformen zur Verfügung, die Sie in Tabelle 9.2 im Überblick sehen.

Beim *Zeitlohn* bezahlen Sie die Mitarbeiter nach der Dauer der Arbeitszeit (Stunden, Tag, Woche, Monat). Der reine Zeitlohn wird unabhängig von der erbrachten

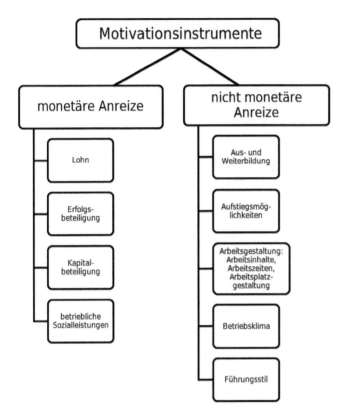

Abbildung 9.7: Motivationsinstrumente

Lohnformen	Unterarten	
Zeitlohn		
Leistungslohn	Akkordlohn	Zeitakkord
		Geldakkord
	Prämienlohn	

Tabelle 9.2: Lohnformen

Leistung des Mitarbeiters gezahlt, sodass pro Zeiteinheit ein gleichbleibender Lohn gezahlt wird. Die Berechnungsformel lautet:

Zeitlohn = Lohn pro Zeiteinheit × Zeiteinheiten

Beispiel zur Berechnung des Monatslohns:

15 €/h × 40 h/Woche × 4 Wochen/Monat = 2.400 €/Monat

Eine Vergütung nach dem *Zeitlohn* sollten Sie dann vornehmen, wenn die Arbeitsleistung kaum messbar ist (Führungsaufgaben), die Arbeitsleistung vom Mitarbeiter nicht zu beeinflussen ist (Fließbandarbeit), Leistungsanreize nicht möglich oder nicht zweckmäßig sind.

Den *Leistungslohn* gibt es als Akkordlohn oder als Prämienlohn.

Der *Akkordlohn* ist abhängig von der Arbeitsleistung eines einzelnen Arbeitnehmers (Einzelakkord) oder eines Teams (Gruppenakkord). Da hier der Lohn pro Leistungseinheit konstant bleibt, sind die Lohnstückkosten immer gleich hoch.

Den Akkordlohn können Sie als *Zeitakkord* oder als *Geldakkord* berechnen, wobei beide Berechnungsmethoden zum selben Verdienst führen:

$$\text{Zeitakkord} = \text{Leistungsmenge} \times \text{Vorgabezeit} \times \text{Minutenfaktor}$$

mit Leistungsmenge = Istleistung in Stück pro Stunde, Vorgabezeit = Sollarbeitszeit pro Stück bei normalem Arbeitstempo,

$$\text{Minutenfaktor} = \frac{\text{Akkordrichtsatz}}{60\,\text{min}},$$

Akkordrichtsatz = tariflicher Mindestlohn pro Stunde + Akkordzuschlag

$$\text{Geldakkord} = \text{Leistungsmenge} \times \text{Geldsatz pro Stück}$$

mit Geldsatz pro Stück = Vorgabezeit × Minutenfaktor

Einen *Prämienlohn* können Sie für eine quantitative (zum Beispiel Mengenleistungsprämien bei Steigerung der Produktionsmenge oder Ersparnisprämien für die Einsparung von Einsatzfaktoren) oder eine qualitative Mehrleistung (zum Beispiel Qualitätsprämien für die Erhöhung der Produktqualität) eines Arbeitnehmers zahlen. Der Prämienlohn wird häufig als Ergänzung zum Zeit- oder Akkordlohn gezahlt:

$$\text{Prämienlohn} = \text{Grundlohn} + \text{Prämie}$$

Erfolgsbeteiligung

Als weitere variable Vergütungskomponente können Sie die Mitarbeiter am Erfolg des Unternehmens beteiligen. Die Erfolgsbeteiligung kann erfolgen als

✔ *Leistungsbeteiligung*, zum Beispiel bei Produktivitätssteigerungen oder bei Kosteneinsparungen,

✔ *Ertragsbeteiligung*, beispielsweise als Umsatzbeteiligung, oder

✔ *Gewinnbeteiligung*, zum Beispiel als Beteiligung am Betriebsgewinn oder am ausgeschütteten Gewinn.

Kapitalbeteiligung

Die Kapitalbeteiligung ermöglicht es den Mitarbeitern, sich am Kapital der Gesellschaft finanziell zu beteiligen. Besonders beliebte Formen der Kapitalbeteiligung sind

✔ Belegschaftsaktien und

✔ Aktienoptionspläne für Führungskräfte.

Betriebliche Sozialleistungen

Ein weiteres Instrument zur Akquisition, Bindung und Motivation von Mitarbeitern sind freiwillige betriebliche Sozialleistungen in Form von Geld, Dienst- oder Sachleistungen. Beispiele für betriebliche Sozialleistungen sind

✔ freiwilliges Weihnachts- und Urlaubsgeld,

✔ betriebliche Altersversorgung,

✔ zweckgebundene Zuschüsse (Kantine, Wohnung),

✔ Sonderzahlungen (Jubiläumsgeschenke, Gratifikationen),

✔ Nutzungsgewährung betrieblicher Einrichtungen (Kindertagesstätte, Sportanlagen, Bibliothek, Ferienheime).

Teil V
Externes und internes Rechnungswesen

Teil V steht ganz im Zeichen des Rechnungswesens. Kapitel 10 gibt zunächst einen kurzen Überblick über die Aufgaben und Bereiche des externen und des internen Rechnungswesens und dessen wichtigste Grundbegriffe.

In Kapitel 11 werden die Bestandteile und Inhalte des externen Rechnungswesens erläutert, das den Außenstehenden als Informationsgrundlage über den Zustand des Unternehmens dient. Im Mittelpunkt steht der Geschäftsbericht mit der Bilanz und der Gewinn-und-Verlust-Rechnung, deren einzelne Positionen erklärt werden. Ausführlich erläutert werden auch die Kennzahlen zur Bilanzanalyse.

Kapitel 12 ist dem internen Rechnungswesen gewidmet, das die Daten für die Planung, Steuerung und Kontrolle des Unternehmens liefert. Es erklärt den Aufbau der Kostenrechnung und die weiteren Methoden und Instrumente des Controllings.

Kapitel 10
Grundlagen des Rechnungswesens

W enn Sie ein Unternehmen führen und steuern wollen, möchten Sie genau wissen, was im Unternehmen passiert und wie es um das Unternehmen steht. Die hierfür notwendigen Informationen und Daten liefert das Rechnungswesen des Unternehmens.

Das *betriebliche Rechnungswesen* liefert bedarfsgerechte Informationen über das Unternehmen und seine Lage. Diese Informationen werden sowohl für interne Adressaten (Geschäftsführung, Mitarbeiter) als auch für externe Adressaten (Kleinaktionäre, Banken, Lieferanten, Kunden, Staat) bereitgestellt.

Die Aufgaben und Bereiche des Rechnungswesens

Abbildung 10.1 zeigt Ihnen die Struktur und die Bereiche des betrieblichen Rechnungswesens im Überblick.

Aufgaben des Rechnungswesens

Das Rechnungswesen eines Unternehmens erfüllt verschiedene Aufgaben:

✔ **Dokumentation** der betrieblichen Leistungsprozesse

✔ **Rechenschaftslegung und Information** der Gesellschafter, Gläubiger, Finanzbehörden und Öffentlichkeit über die Vermögens-, Finanz- und Ertragslage des Unternehmens

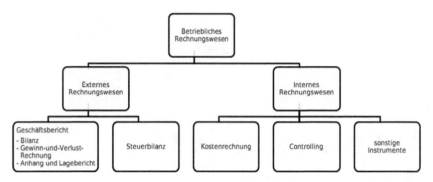

Abbildung 10.1: Bereiche des betrieblichen Rechnungswesens

✔ **Planung, Steuerung und Kontrolle** der unternehmensinternen Prozesse durch Bereitstellung entscheidungsrelevanter Informationen für die Führungskräfte des Unternehmens

Merkmale des externen Rechnungswesens

Das externe Rechnungswesen können Sie durch die folgenden Merkmale charakterisieren:

✔ **Adressaten** sind die nicht geschäftsführenden Anteilseigner des Unternehmens (bei einer Aktiengesellschaft also die Kleinaktionäre), die Gläubiger (Banken, Lieferanten), die Finanzbehörden und die interessierte Öffentlichkeit.

✔ **Dokumentationsgrundlage** ist die *Finanzbuchhaltung*, die alle Geschäftsvorfälle chronologisch aufzeichnet.

✔ **Rechtsgrundlagen** sind insbesondere die Vorschriften des *Handelsrechts* (HGB) und des *Steuerrechts*.

✔ **Aufgaben** sind neben der *Dokumentation* die *Rechenschaftslegung* und *Information* externer Adressaten (beispielsweise der Gesellschafter bezüglich der Erfolgslage des Unternehmens).

✔ **Informationsinstrumente** sind in erster Linie der Geschäftsbericht und die Steuerbilanz. Der *Geschäftsbericht* besteht aus folgenden Bestandteilen:

  • *Bilanz*: Gegenüberstellung von Vermögen und Kapital zu einem Stichtag zur Beurteilung der Vermögens- und Finanzlage

- *Gewinn-und-Verlust-Rechnung (GuV)*: Sie dient zur Ermittlung des Erfolgs und eventueller Gewinnausschüttungen in einem Geschäftsjahr. Ihre Ergebnisse wandern in die Bilanz.

- *Anhang*: Hier werden detaillierte Informationen zu einzelnen Positionen der Bilanz und der GuV bereitgestellt.

- *Lagebericht*: Hier wird die Geschäftsentwicklung des Unternehmens genauer erläutert (inklusive eines Ausblicks auf die erwartete weitere Entwicklung).

Die *Steuerbilanz* dient als Bemessungsgrundlage für den zu versteuernden Gewinn. Es gilt das *Maßgeblichkeitsprinzip* der Handelsbilanz für die Steuerbilanz, demzufolge die handelsrechtlichen Wertansätze und Bewertungen für die Steuerbilanz übernommen werden können, wenn das Steuerrecht nichts anderes vorschreibt. Viele kleinere und mittlere Unternehmen erstellen in der Praxis zur Vereinfachung aber nur eine als Handels- und Steuerbilanz verwendbare Bilanz.

✔ **Rechnungsgrößen** für die Erfolgsermittlung sind in der Gewinn-und-Verlust-Rechnung (GuV) *Aufwendungen und Erträge*, die gegenübergestellt werden. Sind die Erträge höher als die Aufwendungen, liegt ein Jahresüberschuss, im umgekehrten Fall ein Jahresfehlbetrag vor.

Merkmale des internen Rechnungswesens

Charakteristische Merkmale des internen Rechnungswesens sind:

✔ **Adressaten** sind die Entscheidungsträger des Unternehmens (insbesondere die *Unternehmensleitung*).

✔ **Dokumentationsgrundlage** ist die *Betriebsbuchhaltung*, die die Daten der Finanzbuchhaltung für betriebsinterne Zwecke weiterverarbeitet und ergänzt.

✔ **Verbindliche Rechtsgrundlagen** sind nur in Ausnahmefällen zu beachten, wie zum Beispiel bei der Preiskalkulation für öffentliche Aufträge.

✔ **Wichtigste Aufgabe** ist es, die erforderlichen Informationen und Instrumente für die *Planung, Steuerung und Kontrolle* des Unternehmens bereitzustellen.

✔ **Informationsinstrumente** sind die Kostenrechnung und Planungsrechnungen. Die *Kostenrechnung* hat dabei nicht nur die Aufgabe, den kurzfristigen Betriebserfolg zu ermitteln, sondern liefert auch Zahlenmaterial zur Bewertung von Lagerbeständen, zur Preiskalkulation, zur Fundierung unternehmenspolitischer Entscheidungen und zur Wirtschaftlichkeitskontrolle.

Zu den *Planungsrechnungen* zählen insbesondere Produktions-, Absatz-, Investitions- und Finanzpläne. Das *Controlling* nutzt insbesondere die Informationen aus der Kostenrechnung und den Planungsrechnungen, um die Unternehmensführung mit den relevanten Informationen für die Planung, Steuerung und Kontrolle zu versorgen.

✔ **Rechnungsgrößen** in der Kostenrechnung sind *Kosten und Erlöse*, die nicht immer deckungsgleich mit den Aufwendungen und Erträgen aus der GuV sind. In der Finanzplanung werden *Ein- und Auszahlungen* gegenübergestellt, um den Finanzbedarf des Unternehmens zu ermitteln.

Die Grundbegriffe des Rechnungswesens

In Abbildung 10.2 sehen Sie im Überblick, in welchen Teilgebieten des Rechnungswesens welche Grundbegriffe verwendet werden. Die einzelnen Grundbegriffe werden in den folgenden Abschnitten genauer erläutert.

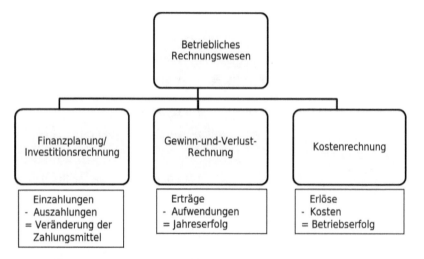

Abbildung 10.2: Teilgebiete des Rechnungswesens und ihre Grundbegriffe

Einzahlungen und Auszahlungen

Ein- und Auszahlungen bilden sowohl bei der Finanzplanung (siehe Kapitel 5) als auch bei den Methoden der dynamischen Investitionsrechnung (siehe Kapitel 6) die Basis für die weiteren Berechnungen:

✔ **Liquide Mittel** = Zahlungsmittel = Bargeld (Kassenbestand) + Sichtguthaben

✔ **Einzahlung** = Zufluss liquider Mittel (Beispiel: Kunde zahlt bar)

✔ **Auszahlung** = Abfluss liquider Mittel (Beispiel: Die Rechnung eines Lieferanten wird direkt nach Wareneingang per Überweisung vom Kontokorrentkonto bezahlt.)

Ein- und Auszahlungen erhöhen beziehungsweise vermindern den Bestand Ihrer Zahlungsmittel.

Einnahmen und Ausgaben

Einnahmen und Ausgaben sind etwas weiter gefasst als Ein- und Auszahlungen, weil sie sich auf die Veränderung des Geldvermögens beziehen:

✔ **Geldvermögen** = liquide Mittel + Forderungen – Verbindlichkeiten

✔ **Einnahme** = Erhöhung des Geldvermögens

✔ **Ausgabe** = Abnahme des Geldvermögens

Eine *Ausgabe* entsteht daher nicht nur durch eine Auszahlung, sondern auch bei einem Rückgang einer Forderung (ein Kunde bezahlt eine offene Forderung) oder einer Erhöhung der Verbindlichkeiten (das Unternehmen kauft beim Lieferanten Ware auf Ziel ein).

Umgekehrt entsteht eine *Einnahme* nicht nur durch eine Einzahlung, sondern auch durch die Zunahme der Forderungen (das Unternehmen verkauft auf Ziel) und einen Rückgang der Verbindlichkeiten (eine Verbindlichkeit gegenüber einem Lieferanten wird beglichen).

Aufwendungen und Erträge

Aufwendungen und Erträge werden in der Gewinn-und-Verlust-Rechnung gegenübergestellt und erfassen Veränderungen des Reinvermögens:

✔ **Reinvermögen** = Geldvermögen + Sachvermögen (Anlagevermögen und Vorräte)

✔ **Aufwand** = in Geld bewerteter Verbrauch (Wertverzehr) von Gütern und Dienstleistungen innerhalb einer Periode = Minderung des Reinvermögens (Beispiel: Werbeaufwand oder Abschreibung)

✔ **Ertrag** = Wertzugang = Erhöhung des Reinvermögens (Beispiel: Verkaufserlöse)

Sind die Erträge höher als die Aufwendungen, entsteht ein Jahresüberschuss, der die Erhöhung des Reinvermögens wiedergibt. Im umgekehrten Fall entsteht ein Jahresfehlbetrag, und das Reinvermögen sinkt.

Die Zusammenhänge zwischen den Bestandsgrößen liquide Mittel, Geld- und Reinvermögen sind in Tabelle 10.1 zusammengefasst.

Bestandsgrößen im Zusammenhang
Bargeld (Kasse)
+ Sichtguthaben
= liquide Mittel
+ Forderungen
− Verbindlichkeiten
= Geldvermögen
+ Sachvermögen (Anlagevermögen, Vorräte)
= Reinvermögen

Tabelle 10.1: Bestandsgrößen im Rechnungswesen

Kosten und Erlöse

Kosten und Erlöse werden in der Kostenrechnung gegenübergestellt. Der Saldo zwischen den Erlösen und den Kosten ergibt den Betriebserfolg.

 Kosten sind der in Geldeinheiten bewertete Verzehr von Gütern und Dienstleistungen, der durch die betriebliche Leistungserstellung und -verwertung verursacht wird. *Erlöse* sind der Wert aller im Rahmen der typischen betrieblichen Tätigkeit erbrachten Leistungen.

 Wie unterscheiden sich Kosten und Aufwendungen? Aufwendungen sind dann keine Kosten, wenn die Aufwendungen nicht betriebsbedingt sind. Beispiele dafür sind Spekulationsverluste oder Spenden an eine gemeinnützige Einrichtung. Auch Erträge müssen betriebsbedingt sein, damit sie auch als Erlöse angesehen werden können.

Abgrenzung der Grundbegriffe im Rechnungswesen

In Abbildung 10.3 sind die Grundbegriffe Auszahlung, Ausgabe, Aufwand und Kosten gegenübergestellt.

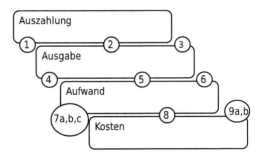

Abbildung 10.3: Gegenüberstellung von
Auszahlung, Ausgabe, Aufwand und Kosten

Die Abbildung zeigt, dass die Begriffe teilweise deckungsgleich sind (Fälle 2, 5 und 8), teilweise aber auch unterschiedlich sein können (alle anderen Fälle). Die Unterschiede zwischen den einzelnen Begriffen sind in Tabelle 10.2 anhand der neun Fälle mit Beispielen genauer erklärt.

Fall	Charakterisierung	Beispiel
1	Auszahlung, aber keine Ausgabe	Bezahlung bereits gelieferter Ware
2	Auszahlung gleich Ausgabe	Kauf von Ware mit sofortiger Zahlung
3	Ausgabe, aber keine Auszahlung	Kauf von Ware auf Ziel
4	Ausgabe, aber kein Aufwand	Kauf und Lagerung von Rohstoffen
5	Ausgabe gleich Aufwand	Kauf von Rohstoffen, die in der gleichen Periode verbraucht werden
6	Aufwand, aber keine Ausgabe	Lagerentnahme von in der Vorperiode gekauften Rohstoffen für die Fertigung
7	Aufwand, aber keine Kosten (neutraler Aufwand)	siehe Unterfälle 7a, 7b und 7c
7a	betriebsfremder Aufwand	Spende für karitative Zwecke
7b	periodenfremder Aufwand	Steuernachzahlung
7c	außerordentlicher Aufwand	Katastrophenschäden
8	Aufwand gleich Kosten (Zweckaufwand, Grundkosten)	Lohn- und Gehaltszahlungen
9	Kosten, aber kein Aufwand (kalkulatorische Kosten)	siehe Unterfälle 9a und 9b
9a	Anderskosten	kalkulatorische Abschreibung
9b	Zusatzkosten	kalkulatorische Miete

Tabelle 10.2: Abgrenzung von Auszahlung, Ausgabe, Aufwand und Kosten

Neutrale Aufwendungen sind Aufwendungen, die in der Kostenrechnung nicht als Kosten erfasst werden, da die Aufwendungen entweder nicht betriebsbedingt, nicht der Periode zurechenbar oder einmaliger Natur sind. Unterarten sind entsprechend:

✔ **Betriebsfremder Aufwand:** Der Aufwand ist nicht betriebsbezogen.

✔ **Periodenfremder Aufwand:** Der Aufwand ist zwar betriebsbezogen, entsteht aber nicht in der aktuellen Periode.

✔ **Außerordentlicher Aufwand:** Der betriebliche Aufwand ist nach Art und Höhe so außergewöhnlich, dass er nicht als Kosten verrechnet wird.

Kalkulatorische Kosten sind Kosten, die bei den Aufwendungen in der Gewinn-und-Verlust-Rechnung in anderer Höhe (Anderskosten) oder gar nicht (Zusatzkosten) erfasst werden.

✔ **Anderskosten:** Ihr Hintergrund besteht darin, dass man in der Kostenrechnung den tatsächlichen Wertverzehr erfassen will und daher von den handelsrechtlichen Bewertungsvorschriften betraglich abweicht (kalkulatorische Abschreibung) oder zufallsbedingte Wertverluste (Großschäden) durch Bildung von Durchschnittswerten glätten möchte.

✔ **Zusatzkosten:** Sie entstehen durch Wertverbräuche, die aufgrund der handelsrechtlichen Vorschriften nicht als Aufwand erfasst werden. Zweck ist die Herstellung einer Vergleichbarkeit mit dem Normalzustand oder mit anderen Unternehmen. Nach dem Opportunitätsgedanken werden hier entgangene Erträge erfasst, die bei einem anderen Einsatz dieser Produktionsfaktoren (Räume, Arbeitskraft des Unternehmers, Anlage des Eigenkapitals) außerhalb des Unternehmens erzielbar gewesen wären.

Analog zu den Auszahlungen, Ausgaben, Aufwendungen und Kosten können auch Einzahlungen, Einnahmen, Erträge und Erlöse voneinander abgegrenzt werden, wie Abbildung 10.4 zeigt.

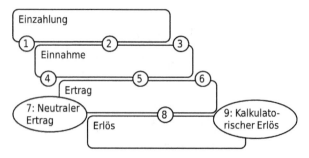

Abbildung 10.4: Gegenüberstellung von Einzahlung, Einnahme, Ertrag und Erlös

Viele Geschäftsvorgänge lassen sich nicht nur durch einen der in den Abbildungen 10.3 und 10.4 dargestellten Fälle beschreiben, sondern stellen Kombinationen verschiedener Fälle dar. Ein Beispiel für die häufig vorkommende Kombination der Fälle 2 (Auszahlung gleich Ausgabe), 5 (Ausgabe gleich Aufwand) und 8 (Aufwand gleich Kosten) ist der per Überweisung direkt bezahlte Kauf von Rohstoffen, die noch in der gleichen Periode für Zwecke der betrieblichen Leistungs-erstellung verbraucht werden. Dieser Geschäftsvorfall ist zugleich Auszahlung, Ausgabe, Aufwand und Kosten. Ein Beispiel für das gleichzeitige Vorliegen von Einzahlung, Einnahme, Ertrag und Erlös (Betriebsertrag) ist der Verkauf von Ware gegen Barzahlung.

Kapitel 11
Der Geschäftsbericht

n diesem Kapitel erfahren Sie, wie ein Geschäftsbericht aufgebaut ist und wo Sie Informationen zur Vermögens-, Finanz- und Ertragslage eines Unternehmens finden können. Sie lernen die einzelnen Positionen der Bilanz und Gewinn-und-Verlust-Rechnung kennen sowie die wichtigsten Regeln und Vorschriften, die Unternehmen bei der Aufstellung des Geschäftsberichts beachten müssen.

Der *Geschäftsbericht* eines Unternehmens besteht aus Bilanz, Gewinn-und-Verlust-Rechnung, Anhang und Lagebericht. Im Mittelpunkt des Geschäftsberichts steht der *Jahresabschluss*, der die finanzielle Lage und den Erfolg eines Unternehmens feststellt und den rechnerischen Abschluss eines kaufmännischen Geschäftsjahres bildet.

Gegenüber dem *einfachen Jahresabschluss* bei Einzelfirmen und Personengesellschaften in Form der Bilanz und der Gewinn-und-Verlust-Rechnung müssen Kapitalgesellschaften als *erweiterten Jahresabschluss* zusätzlich noch einen Anhang vorlegen. Mittelgroße und große Kapitalgesellschaften müssen zudem auch noch einen Lagebericht erstellen.

Grundlagen der Bilanzierung

Über die in Kapitel 10 dargestellten charakteristischen *Merkmale des externen Rechnungswesens* hinaus stelle ich Ihnen in diesem Abschnitt kurz weitere Grundlagen der Bilanzierung vor:

✔ Buchführungs-, Abschluss- und Publizitätsvorschriften

✔ Bilanzarten

✔ allgemeine Grundsätze ordnungsmäßiger Buchführung und Bilanzierung (GoB)

✔ Ansatzvorschriften der GoB

✔ Bewertungsvorschriften der GoB

Buchführungs-, Abschluss- und Publizitätsvorschriften

✔ **Jeder Kaufmann** ist nach § 238 Abs. 1 Handelsgesetzbuch (HGB) verpflichtet, »Bücher zu führen und in diesen seine Handelsgeschäfte und die Lage seines Vermögens nach den Grundsätzen ordnungsgemäßer Buchführung übersichtlich zu machen« (siehe drittes Buch des HGB, §§ 238 bis 342).

✔ **Einzelkaufleute** sind aufgrund des Bilanzmodernisierungsgesetzes (BilMoG) dann von der handelsrechtlichen Buchführungspflicht befreit, wenn sie nur einen kleinen Geschäftsbetrieb unterhalten (höchstens 500.000 Euro Umsatz pro Geschäftsjahr und höchstens 50.000 Euro Gewinn pro Geschäftsjahr).

✔ **Kapitalgesellschaften** unterliegen nach den §§ 264 bis 335 HGB detaillierteren und strengeren Vorschriften als Einzelkaufleute und Personengesellschaften, weil die Haftung der Gesellschafter beschränkt und der Gläubigerschutz daher besonders wichtig ist.

✔ Die strengen Vorschriften für große Kapitalgesellschaften gelten nach § 1 Publizitätsgesetz (PublG) auch für *Einzelkaufleute und Personengesellschaften*, wenn sie an drei aufeinanderfolgenden Stichtagen mindestens zwei der drei folgenden Kriterien erfüllen:

• Bilanzsumme: höher als 65 Millionen Euro

• Umsatzerlöse: mehr als 130 Millionen Euro

• Anzahl Arbeitnehmer: mehr als 5.000 Arbeitnehmer

✔ **Kapitalmarktorientierte (börsennotierte) Konzernunternehmen** sind seit 2005 nach § 315e HGB verpflichtet, ihren Konzernabschluss nach internationalen Rechnungslegungsvorschriften (IFRS) aufzustellen.

Bilanzarten

In der Handelsbilanz werden das Vermögen und das Kapital gegenübergestellt. Sie informiert über die Vermögens- und Finanzlage des Unternehmens. Daneben gibt es Sonderbilanzen, die zu bestimmten Zwecken erstellt werden. Tabelle 11.1 gibt einen Überblick über die Merkmale der wichtigsten Bilanzarten.

Laufende (sogenannte ordentliche) Bilanzen wie die Handels- und die Steuerbilanz werden in festen Zeitabständen (Jahres-, Quartalsbilanz) erstellt. *(Außerordentliche) Sonderbilanzen* werden zu bestimmten Anlässen wie der Gründung, Fusion oder Liquidation des Unternehmens gebildet.

Bilanzart	Zweck	Häufigkeit	Grundlage
Handelsbilanz	jährliche Gegenüberstellung von Vermögen und Kapital	laufende Bilanz	§§ 238 bis 289a HGB, rechtsformspezifische Vorschriften
Gründungsbilanz	Aufstellung des Vermögens und Kapitals bei Gründung des Unternehmens	Sonderbilanz	§ 242 Abs. 1 HGB
Steuerbilanz	Aufstellung über das Betriebsvermögen unter Beachtung steuerlicher Grundsätze und des Maßgeblichkeitsprinzips	laufende Bilanz	insbesondere §§ 4 ff. EStG
Konzernbilanz	konsolidierter Jahresabschluss aller Unternehmen, die unter der einheitlichen Leitung oder dem beherrschenden Einfluss des Mutterunternehmens eines Konzerns stehen	laufende Bilanz	§§ 290 bis 315 HGB
Liquidationsbilanz	Gegenüberstellung von Vermögen und Kapital zu Liquidationswerten; Ermittlung des Liquidationsüberschusses	Sonderbilanz	rechtsformspezifische Vorschriften
Sozialbilanz	Gegenüberstellung der gesellschaftlich positiven und negativen Auswirkungen von Unternehmensaktivitäten	Sonderbilanz	freiwillig, gesetzlich nicht geregelt

Tabelle 11.1: Bilanzarten

Grundsätze ordnungsmäßiger Buchführung und Bilanzierung (GoB)

Jeder Kaufmann muss nach § 243 Abs. 1 HGB den Jahresabschluss nach den Grundsätzen ordnungsgemäßer Buchführung aufstellen.

 Unter einer *Buchführung* versteht man eine in Zahlen ausgedrückte planmäßige, lückenlose, zeitliche und sachlich geordnete *Aufzeichnung aller Geschäftsvorfälle* in einer Unternehmung aufgrund von Belegen.

Die bei der Buchführung einzuhaltenden *Grundsätze ordnungsmäßiger Buchführung und Bilanzierung (GoB)* sind ein Regelwerk, das im Zweifel Gesetzeslücken schließen soll und größtenteils im HGB zu finden ist. Die Einhaltung der GoB soll gewährleisten, dass der Jahresabschluss ein den tatsächlichen Verhältnissen entsprechendes Bild der Vermögens-, Finanz- und Ertragslage der Kapitalgesellschaft vermittelt (Generalnorm des § 264 Abs. 2 HGB).

Sie können die GoB-Regeln unterscheiden in

✔ **allgemeine Grundsätze** ordnungsmäßiger Buchführung und Bilanzierung,

✔ **Ansatzvorschriften** der Grundsätze ordnungsmäßiger Buchführung und Bilanzierung sowie

✔ **Bewertungsvorschriften** der Grundsätze ordnungsmäßiger Buchführung und Bilanzierung.

Allgemeine Grundsätze ordnungsmäßiger Buchführung und Bilanzierung

Tabelle 11.2 zeigt Ihnen die allgemeinen Grundsätze ordnungsmäßiger Buchführung und Bilanzierung in einer Übersicht.

Ansatzvorschriften der GoB

Neben den allgemeinen Grundsätzen ordnungsmäßiger Buchführung und Bilanzierung gibt es besondere Ansatzvorschriften, die bei der Aufstellung des Jahresabschlusses zu beachten sind (siehe Tabelle 11.3).

Bewertungsvorschriften der GoB

Bewertungsfragen spielen bei der Ermittlung des Gewinns eines Unternehmens eine wichtige Rolle. In § 252 HGB werden wichtige Bewertungsprinzipien festgelegt, um Willkür und Unsicherheiten zu vermeiden. In Tabelle 11.4 sehen Sie die Bewertungsvorschriften der Grundsätze ordnungsmäßiger Buchführung und Bilanzierung im Überblick.

Grundsatz	Rechtsgrundlage	Inhalt
Klarheit und Übersichtlichkeit	§ 243 Abs. 2 HGB	Bücher und Jahresabschluss sind – klar und übersichtlich aufgebaut, – eindeutig bezeichnet und geordnet, – verständlich und nachprüfbar.
Vollständigkeit und Richtigkeit	nicht kodifiziert	In der Buchführung werden alle Geschäftsvorfälle – lückenlos erfasst, – zutreffend verbucht, – keine Buchungen erfunden.
Bilanzwahrheit	nicht kodifiziert	Die Bilanzansätze sind – rechnerisch richtig, – erfüllen den jeweiligen Bilanzzweck.
Einhaltung von Aufstellungsfristen	§ 243 Abs. 3 HGB § 264 Abs. 1 HGB	Aufstellung des Jahresabschlusses innerhalb der einem ordnungsgemäßen Geschäftsgang entsprechenden Zeit (innerhalb von drei Monaten bei mittelgroßen und großen Kapitalgesellschaften)

Tabelle 11.2: Allgemeine Grundsätze ordnungsmäßiger Buchführung und Bilanzierung im Überblick

Grundsatz	Rechtsgrundlage	Inhalt und Zweck
Vollständigkeit	§ 246 Abs. 1 HGB	Erfassung sämtlicher Vermögensgegenstände, Schulden, Rechnungsabgrenzungsposten, Aufwendungen und Erträge
	§§ 284, 285 und 289 HGB	bei Kapitalgesellschaften Ausweis sämtlicher Pflichtangaben im Anhang und Lagebericht
Verrechnungsverbot	§ 246 Abs. 2 HGB	Verbot der Verrechnung von Posten der Aktivseite mit Posten der Passivseite sowie von Aufwendungen mit Erträgen zur Sicherstellung eines unverkürzten Jahresabschlusses
Darstellungsstetigkeit	§ 265 Abs. 1 HGB	Beibehaltung der Form der Darstellung in Bezug auf Gliederung von Bilanz und Gewinn-und-Verlust-Rechnung, um eine Kontinuität und Vergleichbarkeit von aufeinanderfolgenden Jahresabschlüssen zu gewährleisten

Tabelle 11.3: Überblick über die Ansatzvorschriften der Grundsätze ordnungsmäßiger Buchführung und Bilanzierung

Grundsatz	Rechtsgrundlage	Inhalt und Zweck
Bilanzidentität	§ 252 Abs. 1 Nr. 1 HGB	Übereinstimmung der Wertansätze in der Eröffnungsbilanz mit denen der Schlussbilanz des vorhergehenden Geschäftsjahres, um Vergleichbarkeit herzustellen
Unternehmens-fortführung	§ 252 Abs. 1 Nr. 2 HGB	Bei der Bewertung ist von der Annahme der Fortführung der Unternehmenstätigkeit (Going-Concern-Prinzip) auszugehen, sodass Abschreibungen über die geplante Nutzungsdauer zu verteilen sind und vergleichbare Periodenergebnisse entstehen. Ausnahme: bevorstehende Veräußerung oder Liquidation des Unternehmens.
Einzelbewertung	§ 252 Abs. 1 Nr. 3 HGB	Vermögensgegenstände und Schulden sind einzeln zu bewerten, um Willkür zu vermeiden. Ausnahme möglich bei der Bewertung von Vorräten, da deren Bewertung nicht wesentlich für den Jahreserfolg ist.
Vorsichtsprinzip	§ 252 Abs. 1 Nr. 4 HGB	Prinzip vorsichtiger Wertansätze durch das – Realisationsprinzip – Imparitätsprinzip – Niederstwertprinzip – Höchstwertprinzip
Periodenabgren-zung	§ 252 Abs. 1 Nr. 5 HGB	Aufwendungen und Erträge des Geschäftsjahres sind unabhängig von den Zeitpunkten der entsprechenden Zahlungen im Jahresabschluss zu berücksichtigen, um eine periodengerechte Gewinnermittlung zu erreichen.
Bewertungs-stetigkeit	§ 252 Abs. 1 Nr. 6 HGB	Beibehaltung der im vorhergehenden Jahresabschluss angewandten Bewertungsmethoden, um Manipulation zu verhindern und Vergleichbarkeit herzustellen
Anschaffungskos-tenprinzip	§ 253 Abs. 1 HGB	Bewertung der Vermögensgegenstände höchstens mit den (nachprüfbaren) Anschaffungs- oder Herstellungskosten. Damit können gestiegene Wieder-beschaffungspreise nicht berücksichtigt werden.

Tabelle 11.4: Bewertungsvorschriften der Grundsätze ordnungsmäßiger Buchführung und Bilanzierung in der Übersicht

Das Vorsichtsprinzip

Oberster Bewertungsgrundsatz der deutschen Rechnungslegung ist das *Vorsichtsprinzip*, das dem Gläubigerschutzgedanken Rechnung trägt und dem Wesen eines vorsichtigen Kaufmanns entspricht. Ihm zufolge sollen

✔ Vermögensgegenstände eher zu niedrig und

✔ Schulden eher zu hoch bewertet werden.

Das Vorsichtsprinzip wird durch die folgenden vier Bewertungsprinzipien konkretisiert:

✔ **Realisationsprinzip:** Gewinne dürfen nur dann ergebniswirksam erfasst werden, wenn sie durch entsprechende Umsätze auch tatsächlich entstanden sind.

✔ **Imparitätsprinzip:** Unrealisierte Gewinne und Verluste werden ungleich behandelt. Während unrealisierte Gewinne nach dem Realisationsprinzip nicht ergebniswirksam erfasst werden dürfen, müssen alle vorhersehbaren Risiken und noch nicht eingetretenen Verluste berücksichtigt werden.

✔ **Niederstwertprinzip:** Nach dem Niederstwertprinzip sollen *Vermögensgegenstände* mit dem niedrigeren Wert aus dem Tageswert (Börsen- oder Marktpreis) und den Anschaffungs- oder Herstellungskosten bewertet werden, was bei niedrigem Tageswert am Abschlussstichtag im Vergleich zum letzten Buchwert eine Abschreibung in Höhe der Differenz hervorrufen kann.

✔ **Höchstwertprinzip:** *Verbindlichkeiten* müssen mit ihrem Rückzahlungsbetrag angesetzt werden. Übersteigt der Tageswert der Verbindlichkeiten am Abschlussstichtag deren letzten Bilanzwert, so müssen die Verbindlichkeiten nach dem Höchstwertprinzip mit dem Tageswert bewertet werden.

Die Bilanz

Die Bilanz ist eine Momentaufnahme eines Unternehmens an einem Stichtag und ist mit einem Foto vergleichbar. Sie wird grafisch in Kontenform dargestellt (siehe Abbildung 11.1).

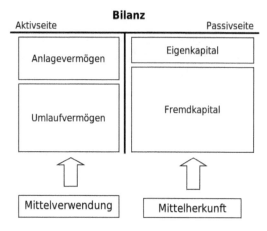

Abbildung 11.1: Aufbau einer Bilanz

 Die *Bilanz* ist eine Gegenüberstellung der Vermögensgegenstände und des Kapitals. Sie gibt *Auskunft über die Vermögens- und Finanzlage* des Unternehmens.

✔ Die **Aktivseite** (linke Seite der Bilanz) zeigt die Vermögensgegenstände, die dem Unternehmen gehören. Dazu zählen das Anlagevermögen (Gegenstände, die dem Betrieb auf Dauer dienen) und das Umlaufvermögen (kurzfristige Vermögensgegenstände).

✔ Die **Passivseite** (rechte Seite der Bilanz) zeigt die Herkunft der finanziellen Mittel. Man unterscheidet zwischen dem Eigenkapital der Gesellschafter und dem Fremdkapital der Gläubiger.

Die Aktivseite der Bilanz

Die Positionen der Aktivseite sind nach ihrer zunehmenden Liquidierbarkeit gegliedert. Ganz oben stehen die Vermögensgegenstände, die man am schlechtesten zu Geld machen kann. Ganz unten befinden sich dann die Positionen, die selbst liquide Mittel sind oder meist sehr schnell in Geld umgewandelt werden können:

✔ **Vermögensgegenstände des Anlagevermögens** benötigt das Unternehmen dauerhaft für den Geschäftsbetrieb (Beispiele: Grundstücke, Gebäude, Maschinen und Fahrzeuge).

✔ **Vermögensgegenstände des Umlaufvermögens** dienen dem Unternehmen nur für kurze Zeit und werden dann verkauft, verbraucht oder aus einem anderen Grund aufgelöst (Beispiele: Vorräte, Forderungen, Wertpapiere und liquide Mittel wie Kasse, Bankguthaben).

Abbildung 11.2 zeigt die einzelnen Positionen der Aktivseite zunächst im Überblick, bevor im Folgenden jede einzelne Aktivposition genauer erläutert wird.

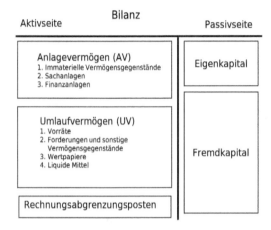

Abbildung 11.2: Positionen der Aktivseite

Bewertung der Aktivpositionen

Anschaffungs- und Herstellungskosten

Die Aktivpositionen werden zunächst mit den Anschaffungs- oder den Herstellungskosten bewertet, je nachdem, ob Sie den Gegenstand gekauft oder selbst hergestellt haben:

✔ **Anschaffungskosten:** Nettopreis der gekauften Vermögensgegenstände reduziert um Preisminderungen wie Rabatte oder Skonti. Ein Aufschlag erfolgt für Anschaffungsnebenkosten wie Transport- und Montagekosten, Versicherungen, Zölle und Gebühren und nachträgliche Anschaffungskosten.

✔ **Herstellungskosten:** Sie werden zur Bewertung herangezogen, wenn ein Unternehmen den Vermögensgegenstand nicht gekauft, sondern selbst hergestellt hat.

Bewertung in den Folgejahren

Viele Vermögensgegenstände werden von Jahr zu Jahr weniger wert und werden daher *planmäßig abgeschrieben*. Dabei geht man wie folgt vor:

✔ Am Bilanzstichtag (in der Regel der 31. Dezember) wird der letzte Buchwert des Vermögensgegenstands (die sogenannten fortgeführten Anschaffungs- und Herstellungskosten) mit dem aktuellen Wert verglichen.

✔ Zur Bestimmung des aktuellen Vergleichswertes gibt es drei Möglichkeiten:

- *Börsen- oder Marktpreis*: Der Börsenpreis ist der an einer amtlichen Börse oder im Freiverkehr ermittelte Preis (zum Beispiel Kurs einer Aktie). Der Marktpreis ist der an einem Handelsplatz für Waren gezahlte Preis (zum Beispiel für Lebensmittel).

- *Beizulegender Wert*: Gibt es keinen Börsen- oder Marktpreis, so ist der beizulegende Wert der Vergleichswert (§ 253 Abs. 4 HGB). Dieser entspricht den Wiederbeschaffungskosten oder dem erwarteten Verkaufspreis abzüglich noch anfallender Aufwendungen.

- *Steuerlicher Teilwert*: Unterer Wertansatz in der Steuerbilanz als Betrag, den ein Erwerber des gesamten Unternehmens im Rahmen des Gesamtkaufpreises des Unternehmens dem jeweiligen Wirtschaftsgut zubilligen würde, wenn er das Unternehmen fortführen würde. In der Praxis ist dieser Wertansatz wenig praktikabel, sodass auch in der Steuerbilanz meist marktabhängige Werte angesetzt werden.

✔ Ist der aktuelle Vergleichswert niedriger, muss (sogenanntes *strenges Niederstwertprinzip*) beim Umlaufvermögen nach § 253 Abs. 4 HGB eine Abschreibung auf den geringeren Wert vorgenommen werden. Beim Anlagevermögen muss nach § 253 Abs. 3 HGB eine außerplanmäßige Abschreibung nur bei einer voraussichtlich dauerhaften Wertminderung erfolgen (*gemildertes Niederstwertprinzip*). Bei nicht dauerhaften Wertminderungen dürfen nur Finanzanlagen abgeschrieben werden (Wertminderungswahlrecht).

✔ Die planmäßigen und außerplanmäßigen *Abschreibungen* vermindern als Aufwand den Jahreserfolg des Unternehmens.

✔ Kommt es nach einer außerplanmäßigen Abschreibung zu einer Wertsteigerung, so besteht nach § 253 Abs. 5 HGB ein *Wertaufholungsgebot*, um eine bewusste Bildung von stillen Reserven zu verhindern. Ausnahme: entgeltlich erworbener Geschäfts- oder Firmenwert. Die *Obergrenze* für die Zuschreibung bilden jedoch die *Anschaffungs- oder Herstellungskosten*. Für darüber hinausgehende Wertsteigerungen besteht nach § 253 Abs. 1 HGB ein *Zuschreibungsverbot*, um nach dem Gedanken des Vorsichtsprinzips den Ausweis unrealisierter Gewinne zu verhindern.

Positionen des Anlagevermögens

Das Anlagevermögen setzt sich zusammen aus

✔ immateriellen Vermögensgegenständen,

✔ Sachanlagen und

✔ Finanzanlagen,

die dem Geschäftsbetrieb des Unternehmens dauerhaft dienen (gemäß § 247 Abs. 2 HGB) und langfristig im Unternehmen verbleiben. Tabelle 11.5 zeigt die charakteristischen Merkmale der Vermögensgegenstände des Anlagevermögens.

Positionen des Umlaufvermögens

Die Positionen des Umlaufvermögens sind meist durchlaufende Posten, da sie nur für kurze Zeit gehalten werden; sie werden aber immer wieder neu ersetzt. Zu den Positionen des Umlaufvermögens gehören die in Tabelle 11.6 dargelegten Positionen Vorräte, Forderungen und sonstige Vermögensgegenstände, Wertpapiere sowie liquide Mittel.

Zur Bewertung der Vorräte muss das Unternehmen eine *Inventur* durchführen und alle vorhandenen Bestände (Vermögen und Schulden) in einem Bestandsverzeichnis (= *Inventar*) auflisten. Hierzu ist jeder Kaufmann nach § 240 HGB verpflichtet. Bei der Inventur werden alle körperlichen Vermögensgegenstände gezählt, gewogen oder geschätzt.

Rechnungsabgrenzungsposten

Rechnungsabgrenzungsposten entstehen dadurch, dass Aus- oder Einzahlungen zwar zu Aufwendungen und Erträgen führen, aber Zahlungen und die Erfolgswirksamkeit als Aufwendungen und Erträge in verschiedenen Rechnungsjahren anfallen. Sie sind daher eine Art »Korrekturposten«, die eine periodengerechte Erfolgsermittlung ermöglichen sollen.

Position	Unterpositionen	Ansatz und Bewertung	Beschreibung, Beispiele
Immaterielle Vermögensgegenstände (Rechte und Werte, die man nicht anfassen kann)	Selbst geschaffene immaterielle Vermögensgegenstände	Ansatzwahlrecht nach § 248 Abs. 2 HGB, Bewertung zu Herstellungskosten abzüglich Abschreibungen	Schutzrechte (Patente, Warenzeichen, Urheberrechte), Vertriebsrechte, EDV-Software und Entwicklungskosten (kein Forschungsaufwand!) für Produkte und Verfahren
	Entgeltlich erworbene immaterielle Vermögensgegenstände	Aktivierungspflicht, Bewertung zu Anschaffungskosten abzüglich Abschreibungen	von Dritten gegen Zahlung eines Kaufpreises erworbene immaterielle Vermögensgegenstände
	Entgeltlich erworbener Geschäfts- oder Firmenwert	Aktivierungspflicht, planmäßige Abschreibung über die erwartete Nutzungsdauer	Differenz zwischen dem für die Übernahme eines Unternehmens gezahlten Kaufpreis und dem Zeitwert der Aktiva abzüglich Schulden
Sachanlagen (Langfristig genutzte körperliche Vermögensgegenstände)	Grundstücke und Gebäude	Grundstücke: Bewertung zu Anschaffungskosten, keine Abschreibungen und keine Zuschreibungen; Gebäude: Abschreibung in gleichen Beträgen über die voraussichtliche Nutzungsdauer (oft über 33 Jahre)	Aufteilung der Immobilien in Grund und Boden sowie Gebäude
	Technische Anlagen und Maschinen	Bewertung zu Anschaffungs- oder Herstellungskosten, Abschreibung über die geplante Nutzungsdauer	dienen unmittelbar dem Produktionsprozess
	Andere Anlagen und Betriebs- und Geschäftsausstattung	Bewertung zu Anschaffungs- oder Herstellungskosten abzüglich Abschreibungen; Sammelposten für die geringwertigen Wirtschaftsgüter	Fuhrpark, die Einrichtung der Werkstatt, Werkzeuge und die Büroausstattung Geringwertige Wirtschaftsgüter bis zu 250 € werden direkt als Aufwand gebucht. Bei Anschaffungskosten zwischen 250 € und 1.000 € netto können sie in einen Sammelposten aufgenommen werden, der pro Jahr gleichmäßig mit einem Fünftel abgeschrieben wird.

Tabelle 11.5: Positionen des Anlagevermögens

Position	Unterpositionen	Ansatz und Bewertung	Beschreibung, Beispiele
Finanzanlagen (Wertpapiere und Forderungen, die langfristig angelegt sind und dem Geschäftsbetrieb dienen)	Beteiligungen	Bewertung zu Anschaffungskosten, gemildertes Niederstwertprinzip	Anteile an anderen Unternehmen (Aktien, Gesellschaftsanteile), die bestimmt sind, dem eigenen Geschäftsbetrieb durch Herstellung einer dauerhaften Verbindung zu dienen (§ 271 Abs. 1 HGB)
	Wertpapiere	Bewertung zu Anschaffungskosten, gemildertes Niederstwertprinzip	Wertpapiere des Kapitalmarktes (Aktien, Investmentanteile, festverzinsliche Wertpapiere), bei denen keine Beteiligungsabsicht besteht, die aber dauerhaft dem Geschäftsbetrieb dienen sollen
	Ausleihungen	Unterteilung in: – Ausleihungen an verbundene Unternehmen – Ausleihungen an Unternehmen, mit denen ein Beteiligungsverhältnis besteht – sonstige Ausleihungen	langfristige Finanzforderungen mit einer Laufzeit von mindestens einem Jahr

Tabelle 11.5: (*fortgesetzt*)

Man unterscheidet folgende Arten der Rechnungsabgrenzung:

✔ **Antizipative Rechnungsabgrenzung (§ 268 Abs. 4, 5 HGB)**

Charakterisierung: Erfolg vor dem Bilanzstichtag, Zahlung nach dem Bilanzstichtag; *Bilanzierung und Beispiel*: sonstige Vermögensgegenstände (ausstehende Mietzahlung aus Vermietung), sonstige Verbindlichkeiten (noch zu zahlende Miete für angemietete Räume)

✔ **Transitorische Rechnungsabgrenzung (§ 250 Abs. 1, 2 HGB)**

Charakterisierung: Zahlung vor dem Bilanzstichtag, Erfolg nach dem Bilanzstichtag; *Bilanzierung und Beispiel*: aktive Rechnungsabgrenzungsposten (geleistete Mietvorauszahlung), passive Rechnungsabgrenzungsposten (erhaltene Mietvorauszahlung)

Position	Unterpositionen	Beschreibung, Beispiele
Vorräte	Roh-, Hilfs- und Betriebsstoffe	
	Unfertige Erzeugnisse	
	Fertige Erzeugnisse	
	Geleistete Anzahlungen	
Forderungen und sonstige Vermögensgegenstände	Forderungen aus Lieferungen und Leistungen	Kunde hat auf Ziel gekauft
	Forderungen gegen verbundene Unternehmen	Verbundenes Unternehmen hat auf Ziel gekauft; ausstehende Gewinnausschüttung
	Forderungen gegen Unternehmen, mit denen ein Beteiligungsverhältnis besteht	Unternehmen, mit denen ein Beteiligungsverhältnis besteht, haben auf Ziel gekauft; ausstehende Gewinnausschüttung
	Sonstige Vermögensgegenstände	Sammelposten für sonst nicht zuordenbare Vermögensgegenstände (eigene Schadensersatzansprüche, Gehaltsvorschüsse, Kautionen)
Wertpapiere	Anteile an verbundenen Unternehmen	Anteile an verbundenen Unternehmen ohne dauerhafte Besitzabsicht
	Eigene Anteile	Rückkauf eigener Aktien, Korrekturposten zum Eigenkapital
	Sonstige Wertpapiere	Verzinsliche Wertpapiere zur kurzfristigen Anlage überschüssiger liquider Mittel
Liquide Mittel		Kassenbestände, Bundesbankguthaben, Guthaben bei Kreditinstituten und Schecks

Tabelle 11.6: Positionen des Umlaufvermögens

Bei den *Rechnungsabgrenzungsposten auf der Aktivseite* handelt es sich also um Auszahlungen vor dem Bilanzstichtag, die aber erst nach dem Bilanzstichtag zu Aufwendungen werden (transitorische Abgrenzung).

Die Passivseite der Bilanz

Die Passivseite zeigt die *Mittelherkunft* des Kapitals:

✔ **Eigenkapital** wurde dem Unternehmen von den Gesellschaftern in bar oder als Sacheinlage (zum Beispiel als Grundstück) zur Verfügung gestellt oder entsteht durch einbehaltene Gewinne früherer Jahre. Es steht dem

Unternehmen zeitlich unbefristet zur Verfügung. Saldo zwischen Vermögen und Schulden des Unternehmens.

✔ **Fremdkapital** entspricht den Schulden des Unternehmens gegenüber Dritten. Es steht dem Unternehmen meist nur zeitlich befristet zur Verfügung. Zum Fremdkapital zählen Rückstellungen für zu erwartende Zahlungsverpflichtungen, Verbindlichkeiten gegenüber Banken und Lieferanten und passive Rechnungsabgrenzungsposten.

Bewertung der Verbindlichkeiten

Verbindlichkeiten sollen nach dem Vorsichtsprinzip eher zu hoch als zu niedrig bewertet werden (*Höchstwertprinzip*).

✔ Verbindlichkeiten sind nach § 253 Abs. 1 HGB mit ihrem *Erfüllungsbetrag* zu bewerten. Bei Geldschulden ist dies in der Regel der Rückzahlungsbetrag.

✔ Bei ungewissen Verbindlichkeiten (Rückstellungen) und Sachleistungsverpflichtungen ist der Erfüllungsbetrag nach vernünftiger kaufmännischer Beurteilung zu schätzen.

Positionen der Passivseite

Die wichtigsten Positionen der Passivseite einer Kapitalgesellschaft sehen Sie in Abbildung 11.3.

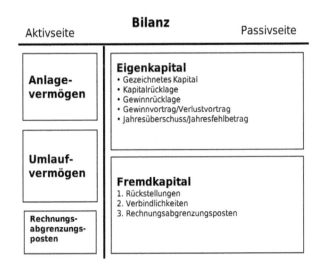

Abbildung 11.3: Positionen der Passivseite

Positionen des Eigenkapitals

Das Eigenkapital einer Kapitalgesellschaft besteht aus den fünf Positionen Gezeichnetes Kapital, Kapitalrücklage, Gewinnrücklage, Gewinn- oder Verlustvortrag und Jahresüberschuss/Jahresfehlbetrag (siehe Tabelle 11.7).

Position	Unterpositionen	Beschreibung, Beispiele
Gezeichnetes Kapital		Nennwert der Einlagen der Gesellschafter; heißt bei der Aktiengesellschaft *Grundkapital* (mindestens 50.000 Euro) und bei der GmbH *Stammkapital* (mindestens 25.000 Euro); muss nicht ganz eingezahlt sein
Kapitalrücklage		alle Einlagen, die nicht gezeichnetes Kapital sind; Beispiel: Agio (Differenz zwischen Ausgabepreis und Nennwert) aus der Erstausgabe von Gesellschaftsanteilen
Gewinnrücklage	Gesetzliche Rücklage (§ 150 Abs. 1 und 2 AktG)	wird durch Einbehaltung (Thesaurierung) von Gewinnen gebildet
	Rücklage für eigene Anteile (beim Kauf eigener Aktien)	
	Satzungsmäßige Rücklagen	
	Andere Gewinnrücklagen	
Gewinn- oder Verlustvortrag		Gewinnvortrag: Teil des Jahresüberschusses, der weder ausgeschüttet noch einbehalten wird. Verlustvortrag: nicht abgedeckte Verluste aus Vorjahren
Jahresüberschuss/ -fehlbetrag		Saldo der Gewinn-und-Verlust-Rechnung; Jahresüberschuss = Eigenkapitalmehrung, Jahresfehlbetrag = Eigenkapitalminderung

Tabelle 11.7: Positionen des Eigenkapitals

Bilanzgewinn/Bilanzverlust

Anstelle des Jahresüberschusses (oder Jahresfehlbetrags) wird in der Bilanz einer Aktiengesellschaft häufig ein Bilanzgewinn (oder Bilanzverlust) ausgewiesen. Er leitet sich aus dem Jahreserfolg, wie in Tabelle 11.8 gezeigt, ab.

Jahresüberschuss/Jahresfehlbetrag
+ Gewinnvortrag aus dem Vorjahr
- Verlustvortrag aus dem Vorjahr
+ Entnahmen aus Rücklagen
- Einstellungen in Rücklagen
= **Bilanzgewinn/Bilanzverlust**

Tabelle 11.8: Ableitung des Bilanzgewinns

Für den Bilanzgewinn gibt es drei Verwendungsmöglichkeiten, über die die Hauptversammlung entscheiden kann:

✔ Ausschüttung,

✔ Einstellung in die Gewinnrücklage und

✔ Gewinnvortrag.

 Bei Aktiengesellschaften können der Vorstand und der Aufsichtsrat nach § 58 Abs. 2 AktG schon bei der Feststellung des Jahresabschlusses unter bestimmten Bedingungen bis zur Hälfte des Jahresüberschusses in die Gewinnrücklage einstellen, um das Eigenkapital zu stärken. Der in die Gewinnrücklage eingestellte Betrag kann dann allerdings nicht mehr ausgeschüttet werden.

Positionen des Fremdkapitals

Das Fremdkapital zeigt Ihnen, welche Verpflichtungen ein Unternehmen gegenüber Dritten hat. Es unterscheidet sich vom Eigenkapital dadurch, dass

✔ es *zeitlich nur begrenzt* zur Verfügung steht und

✔ die Fremdkapitalgeber von der Rechtsstellung her *Gläubiger* sind, die im Gegensatz zu den Eigenkapitalgebern nicht für die Verluste und Verbindlichkeiten des Unternehmens haften.

Das Fremdkapital setzt sich aus den drei Hauptpositionen Rückstellungen (ungewisse Verbindlichkeiten gegenüber Dritten), Verbindlichkeiten (feststehende Schulden gegenüber Dritten) und passive Rechnungsabgrenzungsposten zusammen (siehe Tabelle 11.9).

Position	Unterpositionen/ Beschreibung	Beispiele
Rückstellungen	Verbindlichkeiten gegenüber Dritten, bei denen – der Verpflichtungsgrund unsicher und/oder – die Höhe der Zahlungsverpflichtung und/oder – der Fälligkeitstermin unbekannt sind	– Pensionsrückstellungen – Steuerrückstellungen – Prozesskostenrückstellungen – Rückstellung für drohende Verluste aus schwebenden Geschäften – Garantieverpflichtungen – Gewährleistungen ohne rechtliche Verpflichtungen (aus Kulanz) – Unterlassene Instandhaltung bei Nachholung innerhalb von drei Monaten – Unterlassene Abraumbeseitigung, die im folgenden Geschäftsjahr nachgeholt wird
Verbindlichkeiten	Verbindlichkeiten gegenüber Dritten, bei denen – der Verpflichtungsgrund sicher und – die Höhe der Zahlungsverpflichtung und – der Fälligkeitstermin bekannt sind	– Anleihen – Verbindlichkeiten gegenüber Kreditinstituten – erhaltene Anzahlungen auf Bestellungen – Verbindlichkeiten aus Lieferungen und Leistungen – Verbindlichkeiten aus Wechseln – Verbindlichkeiten gegenüber verbundenen Unternehmen – Verbindlichkeiten gegenüber Unternehmen, mit denen ein Beteiligungsverhältnis besteht – sonstige Verbindlichkeiten
Passive Rechnungsabgrenzungsposten	Transitorische Rechnungsabgrenzung: Einzahlung vor dem Bilanzstichtag, Ertrag nach dem Bilanzstichtag	im Voraus erhaltene Mietzahlungen

Tabelle 11.9: Positionen des Fremdkapitals

Weitere Bilanzpositionen

Neben den bisher aufgeführten Bilanzpositionen gibt es noch weitere spezielle Bilanzposten, die aber nicht in jeder Bilanz vorkommen:

✔ **Latente Steuern:** Latente (= verborgene) Steuern sind ein Abgrenzungsposten. Sie entstehen, wenn eine Differenz zwischen der Steuerschuld aufgrund des steuerlichen Gewinns und einer fiktiven Steuerschuld, die sich aus dem handelsrechtlichen Gewinn ergeben würde, vorliegt. Eine solche Differenz kann durch die unterschiedlichen Bilanzierungs- und Bewertungsvorschriften in der Handelsbilanz und der Steuerbilanz entstehen. Wenn die Differenzen zeitlich nicht unbegrenzt sind und sich daher im Zeitablauf wahrscheinlich wieder aufheben oder aufgehoben werden könnten, können latente Steuern als Abgrenzungsposten sowohl auf der Aktiv- als auch auf der Passivseite der Bilanz gebildet werden.

✔ **Ausgleichsposten für Anteile anderer Gesellschafter:** In die Konzernbilanz werden oft Tochterunternehmen einbezogen, die dem Mutterunternehmen zwar mehrheitlich, aber nicht zu 100 Prozent gehören. Für die Anteile am Tochterunternehmen, die anderen Gesellschaftern gehören, ist im Konzernabschluss innerhalb des Eigenkapitals ein entsprechender Ausgleichsposten gesondert auszuweisen, um zu verdeutlichen, dass dem Mutterunternehmen nicht 100 Prozent des Eigenkapitals des Tochterunternehmens zugerechnet werden können.

Die Gewinn-und-Verlust-Rechnung

In der *Gewinn-und-Verlust-Rechnung* (im Folgenden *GuV* abgekürzt) wird festgestellt, ob das Unternehmen einen Gewinn oder einen Verlust erzielt hat. Dazu werden in übersichtlicher Form Aufwendungen und Erträge gegenübergestellt, die während des gesamten abgelaufenen Geschäftsjahres angefallen sind. Während die Bilanz für einen Stichtag erstellt wird und daher wie ein Foto eine Momentaufnahme ist, kann man die GuV eher mit einem Film vergleichen, der alle Ereignisse der Betrachtungsperiode (meist die zwölf Monate des Geschäftsjahres) festhält. Die GuV gibt *Auskunft über die Ertragslage* des Unternehmens. Sind die in der GuV ausgewiesenen Erträge höher als die Aufwendungen, hat das Unternehmen einen *Jahresüberschuss* erzielt, andernfalls einen *Jahresfehlbetrag*.

Bei der Aufstellung der GuV gibt es zwei Möglichkeiten:

✔ **Kontoform:** Ähnlich wie in einer Bilanz werden Aufwendungen und Erträge gegenübergestellt.

✔ **Staffelform:** Erträge und Aufwendungen werden untereinander aufgelistet. Das hat den Vorteil, dass Zwischenergebnisse gebildet werden können. Kapitalgesellschaften müssen nach § 275 Abs. 1 die GuV in der Staffelform aufstellen.

Umsatz- und Gesamtkostenverfahren

Bei der Erstellung der GuV können Kapitalgesellschaften nach § 275 HGB zwischen zwei Verfahren wählen:

✔ **Umsatzkostenverfahren:** Von den Umsatzerlösen werden nur die Kosten für die abgesetzten Produkte und Leistungen abgezogen. Die Kosten werden nach den Funktionsbereichen eines Unternehmens untergliedert in Herstellungskosten, Vertriebskosten und allgemeine Verwaltungskosten. Das Umsatzkostenverfahren hat den Vorteil, dass der Erfolgsbeitrag einzelner Produkte ermittelt werden kann.

✔ **Gesamtkostenverfahren:** Von den Erträgen werden sämtliche Kosten abgezogen. Entsprechend werden alle folgenden erbrachten Leistungen als Erträge erfasst: Umsatzerlöse, Bestandserhöhungen (= Lageraufbau bei Halb- und Fertigfabrikaten) und aktivierte Eigenleistungen (zum Beispiel selbst erstellte Maschinen, die im Unternehmen eingesetzt werden).

Bestandsminderungen (= Lagerabbau) aus dem Vergleich der Lagerendbestände am Ende des Geschäftsjahres mit denen des Vorjahres werden als Aufwendungen verrechnet.

Die Aufwendungen werden beim Gesamtkostenverfahren nach Kostenarten untergliedert in Materialaufwand, Personalaufwand und Abschreibungen.

Die unterschiedlichen Ansätze der beiden Verfahren führen dazu, dass Umsatzkosten- und Gesamtkostenverfahren zunächst verschieden, dann aber im unteren Teil identisch aufgebaut sind, und sie führen zum gleichen Jahresergebnis, wie Tabelle 11.10 zeigt.

In Deutschland haben sich die meisten klein- und mittelständischen Unternehmen für das *Gesamtkostenverfahren* entschieden. Auf internationaler Ebene dagegen ist das *Umsatzkostenverfahren* üblich, sodass die großen deutschen Unternehmen ihre GuV meist nach dem Umsatzkostenverfahren aufstellen und sich dieses Verfahren immer stärker durchsetzt. Ein Wechsel zwischen beiden Verfahren ist nicht ohne Weiteres möglich.

Gewinn-und-Verlust-Rechnung nach § 275 HGB	
Gesamtkostenverfahren	**Umsatzkostenverfahren**
Umsatzerlöse	Umsatzerlöse
+/- Bestandsveränderungen	- Herstellungskosten der zur Erzielung der Umsatzerlöse erbrachten Leistungen
+ aktivierte Eigenleistungen	= **Bruttoergebnis vom Umsatz**
+ sonstige betriebliche Erträge	- Vertriebskosten
- Materialaufwand	- allgemeine Verwaltungskosten
- Personalaufwand	+ sonstige betriebliche Erträge
- Abschreibungen	
- sonstige betriebliche Aufwendungen	
+/- Finanzergebnis	
- Steuern vom Einkommen und Ertrag (= Ertragsteuern)	
= **Ergebnis nach Steuern**	
- sonstige Steuern	
= **Jahresüberschuss/Jahresfehlbetrag**	

Tabelle 11.10: Vergleich Umsatzkostenverfahren und Gesamtkostenverfahren

Internationale Gewinngrößen: EBIT, EBITDA und NOPAT

Auf internationaler Ebene sind statt des Jahresüberschusses oft die drei Erfolgsgrößen EBIT, EBITDA und NOPAT von Bedeutung.

EBIT

EBIT ist das Akronym von Earnings Before Interest and Taxes. Hierbei handelt es sich um das operative Unternehmensergebnis vor Abzug von Zinsen und Steuern.

Das EBIT können Sie ausgehend vom Jahresüberschuss wie folgt berechnen:

EBIT = Jahresüberschuss/Jahresfehlbetrag

+ Ertragsteuern

+ Zinsaufwand

Das *EBIT* zeigt Ihnen das Betriebsergebnis unabhängig von regionalen Besteuerungen, unterschiedlichen Finanzierungsformen und außerordentlichen Faktoren an. Dadurch können Sie diese Kennzahl zum internationalen Vergleich von Unternehmen heranziehen, da Ergebnisverzerrungen durch unterschiedliche Steuersätze und Finanzierungsstrukturen oder durch Sondereinflüsse vermieden werden.

EBITDA

Die Kennzahl *EBITDA* baut auf dem EBIT auf. EBITDA steht für Earnings Before Interest, Taxes, Depreciation and Amortization. Durch die Kennzahl EBITDA wird die internationale Vergleichbarkeit mit anderen Unternehmen noch einmal dadurch erleichtert, dass zum Jahresüberschuss nicht nur Zins- und Steueraufwand addiert werden, sondern auch die

✔ Abschreibungen auf Sachanlagen (*Depreciation*) und die

✔ Abschreibungen auf immaterielle Anlagen (*Amortization*) wie Patente, Lizenzen und den Firmen- und Geschäftswert erworbener Unternehmen.

Dadurch wird der Einfluss der Abschreibungspolitik beim Anlagevermögen auf das Ergebnis eliminiert.

Das EBITDA können Sie nach der folgenden Formel ermitteln:

EBITDA = Jahresüberschuss/Jahresfehlbetrag

    + Ertragsteuern

    + Zinsaufwand

    + Abschreibungen auf das materielle und immaterielle Anlagevermögen

Das *EBITDA* kann allerdings von unprofitablen Unternehmen auch dazu genutzt werden, eine Verlustsituation mit einem Jahresfehlbetrag zu beschönigen, indem ein positiver EBITDA-Wert in den Vordergrund der Berichterstattung gestellt wird.

NOPAT

NOPAT ist das Akronym von Net Operating Profit After Taxes, das operative Geschäftsergebnis nach Steuern. Diese Kennzahl können Sie vereinfacht wie folgt ermitteln:

NOPAT = EBIT − Ertragsteuern

Der *NOPAT* gibt den Nettogewinn aus dem operativen Geschäft an, der an die Kapitalgeber als Gewinnbeteiligung (für die Eigenkapitalgeber) und als Zinszahlung (für die Fremdkapitalgeber wie Banken) ausgeschüttet werden kann.

Die weiteren Bestandteile des Geschäftsberichts

Bei *großen Kapitalgesellschaften* sind nach § 264 Abs. 1 HGB neben der Bilanz und der Gewinn-und-Verlust-Rechnung der **Anhang** und der **Lagebericht** fester Bestandteil des Geschäftsberichts.

Um ein »den tatsächlichen Verhältnissen entsprechendes Bild der Vermögens-, Finanz- und Ertragslage« nach § 264 Abs. 2 HGB zu vermitteln, sollen daher Anhang und Lagebericht im Sinne der Informationsfunktion des Jahresabschlusses weitere Informationen enthalten.

Neben den gesetzlich vorgeschriebenen Pflichtangaben können die Unternehmen auch noch freiwillige Zusatzangaben (erweiterte Segmentberichterstattung, Sozial- und Umweltbericht) machen, um den zunehmenden Informationsbedürfnissen der Bilanzadressaten im Sinne einer aktiven Informationspolitik Rechnung zu tragen.

Kapitalmarktorientierte Kapitalgesellschaften müssen zudem auch eine *Kapitalflussrechnung* und einen *Eigenkapitalspiegel* zur Veränderung der einzelnen Eigenkapitalposten erstellen.

Der Anhang

Im *Anhang* werden die häufig stark verdichteten Informationen aus Bilanz und GuV erläutert, aufgeschlüsselt und ergänzt.

Tabelle 11.11 enthält die wichtigsten gesetzlich vorgeschriebenen Pflichtangaben, die eine Kapitalgesellschaft im Anhang nach den §§ 284 und 285 HGB zu leisten hat.

Die Pflichtangaben im Anhang ermöglichen insbesondere einen besseren Einblick in die *Ertragslage* des Unternehmens im Sinne von Anhaltspunkten,

✔ ob das Unternehmen eher vorsichtig bewertet hat oder aber

✔ stille Reserven aufgelöst hat, um das eigentlich nicht gute Ergebnis zu beschönigen.

Pflichtangabe zu	Inhalt	HGB
Bilanzierungs- und Bewertungsmethoden	– Umfang der Herstellungskosten – Abschreibungsmethoden – Bewertung der Vorräte – Bewertung von Forderungen und Pensionsrückstellungen	§ 284 Abs. 2 Nr. 1
Abweichungen von Bilanzierungs- und Bewertungsmethoden (im Vergleich zum Vorjahr)	– Angabe und Begründung von Abweichungen – Einfluss auf die Vermögens-, Finanz- und Ertragslage	§ 284 Abs. 2 Nr. 3
Verbindlichkeiten	– Gesamtbetrag der Verbindlichkeiten mit einer Restlaufzeit von mehr als fünf Jahren – Gesamtbetrag der gesicherten Verbindlichkeiten	§ 285 Nr. 1
Umsatzerlösen = Segmentberichterstattung	Aufgliederung der Umsatzerlöse nach – Tätigkeitsbereichen – geografisch bestimmten Märkten	§ 285 Nr. 4
Arbeitnehmern	– durchschnittliche Zahl der beschäftigten Arbeitnehmer – nach Gruppen getrennt	§ 285 Nr. 7
Gesamtbezügen	– Angabe der Gesamtbezüge der Mitglieder des Geschäftsführungsorgans, des Aufsichtsrats und des Beirats – Angabe der gewährten Vorschüsse und Kredite an diese Personen unter Benennung der Zinssätze	§ 285 Nr. 9
Mitgliedern der Organe	Angabe aller Mitglieder des Geschäftsführungsorgans und eines Aufsichtsrats, auch wenn sie im Geschäftsjahr oder später ausgeschieden sind, mit dem Familiennamen und mindestens einem ausgeschriebenen Vornamen, einschließlich des ausgeübten Berufs	§ 285 Nr. 10
Beteiligungen	bei Anteilen von mindestens 20 Prozent: – Name und Sitz des Unternehmens – Höhe des Anteils – Ergebnis bei börsennotierten Kapitalgesellschaften zusätzlich: Angabe aller Beteiligungen an anderen großen Kapitalgesellschaften mit einem Stimmrechtsanteil von mindestens 5 Prozent	§ 285 Nr. 11

Tabelle 11.11: Pflichtangaben im Anhang

Pflichtangabe zu	Inhalt	HGB
Außergewöhnliche Erträge und Aufwendungen	Erläuterung der einzelnen Erträge und Aufwendungen hinsichtlich ihres Betrags und ihrer Art, wenn sie von außergewöhnlicher Größenordnung oder außergewöhnlicher Bedeutung sind und die Beträge nicht von untergeordneter Bedeutung sind	§ 285 Nr. 31
Periodenfremde Erträge und Aufwendungen	Erläuterung der einzelnen Erträge und Aufwendungen hinsichtlich ihres Betrags und ihrer Art, wenn sie einem anderen Geschäftsjahr zuzurechnen und die Beträge nicht von untergeordneter Bedeutung sind.	§ 285 Nr. 32

Tabelle 11.11: (fortgesetzt)

Aufschlussreich kann auch die Segmentberichterstattung sein, da sie Auskunft über den Erfolg in einzelnen Geschäftsbereichen und Märkten geben soll.

Der Lagebericht

Der *Lagebericht* soll eine genauere Analyse des Geschäftsverlaufs und der Unternehmenssituation ermöglichen und die Angaben aus dem Jahresabschluss ergänzen. Besondere Bedeutung für Investoren haben der Prognose- und der Risikobericht, die eine zukunftsorientierte Beurteilung der Chancen und Risiken des Unternehmens erleichtern. In Tabelle 11.12 finden Sie die wichtigsten Pflichtangaben, die im Lagebericht einer Kapitalgesellschaft aufgeführt werden müssen.

Pflichtangabe zu	Inhalt	HGB
Geschäftsverlauf und Lage der Kapitalgesellschaft	– Analyse von Geschäftsverlauf und Lage – Erläuterung finanzieller Leistungsindikatoren – Entwicklungsprognose (in der Regel für die nächsten zwei Jahre) mit Beurteilung und Erläuterung wesentlicher Chancen und Risiken und der zugrunde liegenden Annahmen	§ 289 Abs. 1
Risiken	– Risikomanagementziele und -methoden – Eingesetzte Sicherungsmethoden für Finanzinstrumente – Preisänderungs-, Ausfall- und Liquiditätsrisiken sowie die Risiken aus Zahlungsstromschwankungen	§ 289 Abs. 2 Nr. 1

Tabelle 11.12: Pflichtangaben im Lagebericht

Pflichtangabe zu	Inhalt	HGB
Forschung und Entwicklung (F&E)	– Strategie und Stand der Forschung – Aufwendungen für F&E – Aufteilung auf Forschungsbereiche und -projekte	§ 289 Abs. 2 Nr. 2
Zweigniederlassungen	Ortsangabe/Firma der in- und ausländischen Zweigniederlassungen	§ 289 Abs. 2 Nr. 3
nicht finanziellen Leistungsindikatoren	– Informationen über bedeutsame Umweltbelange – Arbeitnehmerbelange	§ 289 Abs. 3

Tabelle 11.12: *(fortgesetzt)*

Die Kapitalflussrechnung

Eine genauere Analyse der Finanzströme eines Unternehmens ermöglicht die Kapitalflussrechnung, die für alle börsennotierten Kapitalgesellschaften Pflichtbestandteil des erweiterten Jahresabschlusses ist. Die Kapitalflussrechnung – im Englischen *Cash Flow Statement* genannt – soll die Transparenz über die Zahlungsströme eines Unternehmens erhöhen bezüglich der Zahlungsmittelzuflüsse und -abflüsse einer Periode, der Veränderung der liquiden Mittel sowie ihrer Ursachen.

Wie Sie in Tabelle 11.13 sehen, ist die Kapitalflussrechnung aus drei Bausteinen aufgebaut, deren Saldo gleich der Veränderung der liquiden Mittel in der Bilanz ist.

Kapitalflussrechnung einer Periode
1. Cashflow aus der operativen Geschäftstätigkeit
2. Cashflow aus der Investitionstätigkeit
3. Cashflow aus der Finanzierungstätigkeit
Saldo aus 1. + 2. + 3. = Veränderung der liquiden Mittel in der Bilanz

Tabelle 11.13: Aufbau der Kapitalflussrechnung

Internationale Rechnungslegung

Die Globalisierung der Handelsströme und die Internationalisierung der Kapitalmärkte haben dazu geführt, dass viele große deutsche Unternehmen ihre Jahresabschlüsse nach den Normen der internationalen Rechnungslegung aufstellen.

IFRS und US-GAAP als Normen internationaler Rechnungslegung

In der internationalen Rechnungslegung gibt es zwei bedeutende Systeme von Rechnungslegungsnormen:

✔ IFRS:

- Akronym von International Financial Reporting Standards

- seit 2001 international anerkannte und verbreitete einheitliche Rechnungslegungsgrundsätze für Unternehmen, die die Vergleichbarkeit der Jahresabschlüsse verschiedener Unternehmen erhöhen sollen

- Die Rechnungslegung nach IFRS ist Pflicht, um zu einer Börse zugelassen zu werden.

- Herausgeber: International Accounting Standards Board (IASB) in London

- Vorgängernorm: IAS (International Accounting Standards), die zum Teil aber noch gültig sind

✔ US-GAAP:

- Akronym von United States Generally Accepted Accounting Principles

- Regelwerk aus Rechnungslegungsstandards und Interpretationen, die von den Wirtschaftsprüfern bei der Aufstellung der Jahresabschlüsse der Unternehmen in den USA zu beachten sind

- Die Regelungen sind häufig speziell auf Einzelfälle (case law) bezogen.

- Herausgeber: FASB (Financial Accounting Standard Board)

- Sie werden zum Schutz des Wertpapierhandels in den USA erlassen und sind erst dann verbindlich, wenn sie von der Securities and Exchange Commission (SEC) genehmigt wurden.

 Beide Systeme verfolgen eine einheitliche, vom deutschen HGB abweichende Philosophie. Während in der deutschen Rechnungslegung der Gläubigerschutzgedanke – repräsentiert durch das Vorsichtsprinzip – im Mittelpunkt steht, ist die angelsächsische Rechnungslegung eher auf die Informationsbedürfnisse der Investoren nach dem *Grundsatz des »true and fair view«* ausgerichtet.

Unterschiede zwischen HGB, IFRS und US-GAAP

Die wichtigsten allgemeinen Unterschiede zwischen der deutschen Rechnungslegung nach HGB und der angelsächsischen Rechnungslegung nach IFRS/IAS und US-GAAP finden Sie in Tabelle 11.14.

Unterscheidungs-merkmal	Deutsche Rechnungslegung (HGB)	Internationale Rechnungslegung (IFRS, IAS)	US-amerikanische Rechnungslegung (US-GAAP)
Ziele	Information, Gläubigerschutz, Kapitalerhaltung, Zahlungsbemessung (Ausschüttung, Steuern)	Vermittlung entscheidungsrelevanter Informationen; Investorenschutz; weltweite Harmonisierung von Rechnungslegungsnormen	Vermittlung entscheidungsrelevanter Informationen; Schutz der Investoren und des Wertpapierhandels
Hauptadressaten	Anteilseigner, aktuelle und potenzielle Gläubiger, Fiskus (mittelbar)	Kapitalanleger und interessierte Kreise wie Arbeitnehmer, Kreditgeber oder Lieferanten (nicht der Fiskus)	Investoren, insbesondere Aktionäre
Normgeber	Gesetzgeber	International Accounting Standards Board (IASB)	Financial Accounting Standards Board (FASB)
dominierender Grundsatz	Vorsichtsprinzip, Gläubigerschutz	periodengerechte Erfolgsermittlung	periodengerechte Erfolgsermittlung
Verbindung zur Steuerbilanz	enge Verknüpfung zwischen Handels- und Steuerbilanz (Maßgeblichkeit)	keine Verbindung	keine Verbindung
Bilanzierungs- und Bewertungswahlrechte	zahlreiche Wahlrechte ermöglichen die Bildung und Auflösung stiller Reserven	im Zuge der Fortentwicklung wurde die Möglichkeit, stille Reserven zu bilden, erheblich eingeschränkt	die Möglichkeit, stille Reserven zu bilden, ist stark eingeschränkt
Bestandteile des Jahresabschlusses	– Bilanz – GuV-Rechnung – Anhang – Lagebericht	– Bilanz – GuV-Rechnung – Kapitalflussrechnung – Darstellung von Kapitalveränderungen – Anhang (notes) – Segmentberichte	– Bilanz – GuV-Rechnung – Kapitalflussrechnung – Darstellung von Kapitalveränderungen – Anhang (notes) – Lagebericht – Segmentberichte
Angabepflichten	begrenzt	sehr umfangreich	sehr umfangreich
Gliederung der GuV	Umsatzkosten- oder Gesamtkostenverfahren	Umsatzkosten- oder Gesamtkostenverfahren	Umsatzkostenverfahren

Tabelle 11.14: Unterschiede zwischen HGB, IFRS und US-GAAP im Überblick

Die wichtigsten Kennzahlen der Bilanzanalyse

Die Kennzahlen der Bilanzanalyse ermöglichen Ihnen, die Lage des Unternehmens im Hinblick auf die Liquidität, Kapitalstruktur und Rentabilität genauer zu beurteilen.

Die Abbildung 11.4 zeigt die Kennzahlen der Bilanzanalyse im Überblick.

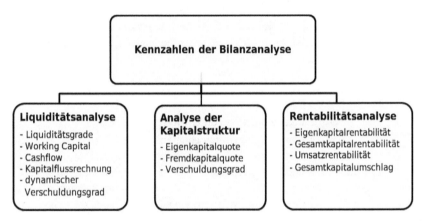

Abbildung 11.4: Kennzahlen der Bilanzanalyse

Kennzahlen zur Liquiditätsanalyse

Die Liquiditätskennziffern sollen Ihnen helfen, die kurzfristige Liquiditätslage eines Unternehmens besser einschätzen zu können.

Liquiditätsgrade

Die (allerdings vergangenheitsbezogenen und daher nur begrenzt aussagekräftigen) *Liquiditätsgrade* geben an, wie viel Prozent der kurzfristigen Verbindlichkeiten durch vorhandene liquide Mittel beziehungsweise durch kurzfristig in liquide Mittel verwandelbare Vermögenswerte abgedeckt werden. Damit können Sie besser beurteilen, ob das Liquiditätspotenzial des Unternehmens ausreicht, die kurzfristig (innerhalb eines Jahres) anstehenden Auszahlungsverpflichtungen abdecken zu können.

Die Liquiditätsgrade sind aus der Praxis stammende Faustformeln. Sie können zwischen drei Liquiditätsgraden unterscheiden:

Liquidität 1. Grades

$$\text{Liquidität 1. Grades} = \frac{\text{liquide Mittel}}{\text{kurzfristige Verbindlichkeiten}} \times 100$$

Zu den *liquiden Mitteln* zählen die Wertpapiere und die flüssigen Mittel des Umlaufvermögens. Als kurzfristige Verbindlichkeiten gelten die Verbindlichkeiten, die innerhalb eines Jahres fällig werden, und die Gewinnausschüttung (das ist häufig der Bilanzgewinn). Eine Faustregel besagt, dass die Liquidität 1. Grades bei 10 bis 30 Prozent liegen sollte.

Liquidität 2. Grades

$$\text{Liquidität 2. Grades} = \frac{\text{liquide Mittel} + \text{Forderungen}}{\text{kurzfristige Verbindlichkeiten}} \times 100$$

Bei der Liquidität 2. Grades werden im Zähler zusätzlich die Forderungen aus Lieferungen und Leistungen angesetzt, da in der Regel davon auszugehen ist, dass sie innerhalb eines Jahres fällig werden. Die Liquidität 2. Grades sollte mehr als 100 Prozent betragen.

Liquidität 3. Grades

$$\text{Liquidität 3. Grades} = \frac{\text{kurzfristiges Umlaufvermögen}}{\text{kurzfristige Verbindlichkeiten}} \times 100$$

Bei der Liquidität 3. Grades werden sämtliche kurzfristigen Vermögensgegenstände im Zähler erfasst. Damit wird unterstellt, dass auch die Vorräte innerhalb eines Jahres in liquide Mittel verwandelt werden können. Die Liquidität 3. Grades sollte bei über 200 Prozent liegen.

Working Capital

Im Gegensatz zu den traditionellen Liquiditätsgraden ist das *Working Capital* keine Prozentgröße, sondern eine absolute Kennzahl in der Dimension »Euro«:

Working Capital = Umlaufvermögen − kurzfristige Verbindlichkeiten

✔ Ein *positives Working Capital* bedeutet, dass das gesamte Anlagevermögen und Teile des Umlaufvermögens langfristig finanziert sind. Das Unternehmen könnte also in Höhe des Working Capital bei Konstanz der langfristigen Finanzierungsmittel langfristige Investitionen tätigen, ohne gegen die goldene Bilanzregel zu verstoßen.

✔ Ein *negatives Working Capital* stellt einen Verstoß gegen die goldene Bilanzregel dar, da dann langfristige Vermögensteile kurzfristig finanziert werden.

Das Working Capital kann Ihnen außerdem helfen, auf *Optimierungsmöglichkeiten* im Unternehmen aufmerksam zu machen. Ein hohes Working Capital kann darauf hindeuten, dass das Unternehmen

✔ zu hohe Lagerbestände hat,

✔ ein schlechtes Forderungsmanagement besteht oder

✔ die Lieferantenverbindlichkeiten nicht optimiert sind.

Cashflow

Der *Cashflow* gibt Ihnen Hinweise auf die *innere Finanzkraft* eines Unternehmens. Sie können den Cashflow auf direkte und auf indirekte Weise ermitteln.

Direkte Ermittlung des Cashflows

Einzahlungen aus der laufenden Geschäftstätigkeit – Auszahlungen aus der laufenden Geschäftstätigkeit

 Ein positiver Cashflow bedeutet, dass das Unternehmen in der laufenden Periode aus dem operativen Geschäft einen *Umsatzüberschuss* erzielen konnte. Er gibt Ihnen die Höhe des Innenfinanzierungsvolumens an. Diesen Liquiditätsüberschuss kann das Unternehmen dann zur Finanzierung von Investitionen, zur Schuldentilgung oder zur Gewinnausschüttung nutzen.

Indirekte Ermittlung des Cashflows

Sie können den Cashflow in seiner einfachsten Variante auch indirekt aus einigen Daten der Bilanz und der Gewinn-und-Verlust-Rechnung ermitteln. Dazu können Sie das in Tabelle 11.15 aufgezeigte Schema nutzen.

Vereinfachter Cashflow
Jahreserfolg
+ Abschreibungen
– Zuschreibungen
+ Erhöhung der langfristigen Rückstellungen
– Verminderung der langfristigen Rückstellungen
= Cashflow

Tabelle 11.15: Indirekte, vereinfachte Cashflow-Berechnung

Free Cash Flow

Der *Free Cash Flow* gibt Ihnen an, welche freien Geldmittel dem Unternehmen in einer Periode aus dem operativen Geschäft heraus nach Abzug der Investitionen zur *Auszahlung an die Kapitalgeber* zur Verfügung stehen. Letztere finden statt als Gewinnausschüttungen an die Eigenkapitalgeber (zum Beispiel Dividenden an die Aktionäre einer Aktiengesellschaft) und in Form von Zins- und Tilgungszahlungen an die Fremdkapitalgeber.

Eine einfache Variante zur Berechnung des Free Cash Flow sehen Sie in Tabelle 11.16. Der Zinsaufwand wird als Korrekturposten addiert, da die Zinsaufwendungen vorher als Aufwand das Jahresergebnis geschmälert haben und Sie beim Free Cash Flow ja gerade wissen möchten, welche Zahlungen an die Kapitalgeber möglich sind. Abgezogen werden die Finanzmittel, die das Unternehmen bereits investiert hat.

Vereinfachte Berechnung des Free Cash Flow
Cashflow aus operativer Geschäftstätigkeit
+ Zinsaufwendungen
– Cashflow aus der Investitionstätigkeit
= Free Cash Flow

Tabelle 11.16: Vereinfachte Berechnung des Free Cash Flow

Da der Free Cash Flow den entziehbaren Geldstrom für die Kapitalgeber angibt, wird er häufig zur Unternehmensbewertung herangezogen.

Dynamischer Verschuldungsgrad

Der Cashflow bildet auch die Grundlage für die Berechnung weiterer Kennzahlen, zum Beispiel des *dynamischen Verschuldungsgrades*. Er gibt an, in wie vielen

Jahren es einem Unternehmen unter sonst gleichen Bedingungen möglich wäre, seine gesamten Nettoschulden (Finanzverbindlichkeiten – Wertpapiere – flüssige Mittel) aus dem operativen Perioden-Cashflow vollständig zu tilgen.

Sie können den dynamischen Verschuldungsgrad wie folgt bestimmen:

$$\text{Dynamischer Verschuldungsgrad} = \frac{\text{Nettoverschuldung}}{\text{Cashflow}}$$

Je kleiner der Wert dieser Kennzahl ist, desto schneller kann ein Unternehmen seine Schulden aus den Zahlungsmittelüberschüssen tilgen. Je schneller ein Unternehmen seine Schulden abbezahlen kann, desto sicherer können die Kreditgeber sein, dass sie ihr Geld auch zurückbekommen, da mit zunehmender Zeit die Unsicherheit über die Unternehmensentwicklung zunimmt. Daher nimmt der dynamische Verschuldungsgrad eine wichtige Rolle bei der Bonitätsprüfung durch Kreditgeber ein.

Analyse der Kapitalstruktur

Die Passivseite der Bilanz gibt Ihnen Auskunft über die Mittelherkunft und die Finanzierungsstruktur eines Unternehmens. Dabei ist es für ein Unternehmen wichtig, auf eine gesunde Kapitalstruktur zu achten im Sinne eines richtigen Mix zwischen Eigen- und Fremdkapital.

Eigenkapitalquote

Die *Eigenkapitalquote* zeigt Ihnen den Anteil des Eigenkapitals am Gesamtkapital. Je höher die Eigenkapitalquote ist, desto unabhängiger ist das Unternehmen von den Fremdkapitalgebern und desto größer ist die finanzielle Stabilität des Unternehmens:

$$\text{Eigenkapitalquote} = \frac{\text{Eigenkapital}}{\text{Gesamtkapital}} \times 100$$

Unternehmen sollten eine möglichst hohe Eigenkapitalquote anstreben. Gründe dafür sind:

✔ Je mehr Eigenkapital ein Unternehmen hat, desto leichter ist es, zukünftige Verluste aufzufangen. Hat das Unternehmen nur wenig Eigenkapital und muss es einen größeren Verlust hinnehmen, kann es schnell insolvent werden.

✔ Eigenkapital ist eine langfristige Finanzierungsquelle und hilft so, die Finanzierungsregeln einzuhalten.

✔ Ein ausreichendes Eigenkapital ist wichtig für die Kreditwürdigkeit. Je höher die Eigenkapitalquote, desto besser bewerten die Banken die Bonität und die Ratingagenturen das Rating eines Unternehmens im Zusammenhang mit der leichten und kostengünstigen Erlangung von Fremdkapital.

✔ Wenn ein Unternehmen sich verstärkt mit Eigenkapital finanziert, braucht es entsprechend weniger Fremdkapital und reduziert so seine finanziellen Belastungen aus Zinszahlungen und Kredittilgungen.

Fremdkapitalquote

Die *Fremdkapitalquote* (auch *Anspannungsgrad* genannt) gibt an, wie hoch der Anteil des Fremdkapitals am Gesamtkapital ist. Sie hilft Ihnen, das Finanzierungsrisiko eines Unternehmens zu beurteilen:

$$\text{Fremdkapitalquote} = \frac{\text{Fremdkapital}}{\text{Gesamtkapital}} \times 100$$

Je höher die Fremdkapitalquote ist, desto niedriger ist umgekehrt die Eigenkapitalquote. Ist die Fremdkapitalquote zu hoch, könnte die Neuaufnahme von Krediten schwierig werden und es besteht die Gefahr, dass Kredite gekündigt oder nicht verlängert werden.

Verschuldungsgrad

Der *Verschuldungsgrad* zeigt Ihnen die Relation von Fremdkapital zu Eigenkapital und gibt somit Auskunft über den Mix aus Eigen- und Fremdkapital:

$$\text{Verschuldungsgrad} = \frac{\text{Fremdkapital}}{\text{Eigenkapital}}$$

Eine Daumenregel aus der Praxis besagt, dass der Verschuldungsgrad nicht höher als 2 sein sollte. Das Fremdkapital sollte also nicht mehr als doppelt so hoch wie das Eigenkapital sein, was bei einer Eigenkapitalquote von mindestens $33\frac{1}{3}$ Prozent der Fall ist.

Rentabilitätsanalyse

Mithilfe der *Rentabilitätskennzahlen* können Sie ermitteln, mit welcher Rendite sich das eingesetzte Kapital in einem bestimmten Zeitraum verzinst. Im Rahmen der Jahresabschlussanalyse dienen die Rentabilitätskennzahlen dazu, die Gewinnsituation und die Profitabilität eines Unternehmens besser einschätzen zu können.

Die verschiedenen Rentabilitätskennzahlen unterscheiden sich dadurch,

✔ welche Erfolgsgröße im Zähler (Betriebsergebnis, Jahreserfolg, Cashflow, Gewinn vor Steuern und vor Zinsen (EBIT)) und

✔ welche Bezugsgröße im Nenner (Eigenkapital, Gesamtkapital, Umsatz) verwendet werden.

Eigenkapitalrentabilität

Die *Eigenkapitalrentabilität* gibt an, mit welchem Zinssatz sich das eingesetzte Kapital der Eigenkapitalgeber verzinst. Je höher die Eigenkapitalrentabilität ist, desto positiver ist die Erfolgslage des Unternehmens aus Sicht der Gesellschafter. Als Gewinngröße sollten Sie aus Gründen der Vergleichbarkeit den Jahresüberschuss vor Steuern nehmen.

$$\text{Eigenkapitalrentabilität} = \frac{\text{Jahresüberschuss vor Steuern}}{\text{Eigenkapital}} \times 100$$

Anstelle des Jahresüberschusses vor Steuern können Sie im Zähler als Gewinngröße auch den Jahresüberschuss nach Steuern (traditionelle Definition), das Betriebsergebnis, den Cashflow oder den Steuerbilanzgewinn ansetzen.

Als Eigenkapital wird häufig anstelle des Jahresendwertes auch das *durchschnittliche Eigenkapital* als

$$\text{Eigenkapital} = \left(\frac{\text{Eigenkapital am Jahresanfang} + \text{Eigenkapital am Jahresende}}{2} \right)$$

verwendet.

 Von Großkonzernen erwarten internationale Investoren in guten Jahren häufig eine Eigenkapitalrendite von mindestens 25 Prozent. Beim Umgang mit der Eigenkapitalrentabilität sollten Sie vorsichtig sein, da sie durch ein relativ niedriges in der Bilanz ausgewiesenes Eigenkapital gerade bei Personengesellschaften verzerrt wird, im Zeitablauf häufig hohen Schwankungen unterliegt und im Branchenvergleich starke Abweichungen vom rechnerischen Durchschnittswert zu verzeichnen sind.

Eine Möglichkeit zur Erhöhung der Eigenkapitalrendite bietet Ihnen der Leverage-Effekt.

Der Leverage-Effekt

Der *Leverage-Effekt* führt zu einer Erhöhung der Eigenkapitalrentabilität durch den vermehrten Einsatz von Fremdkapital, ohne dass das eigentliche (operative) Geschäft des Unternehmens verändert wird. Dieser Hebeleffekt des Fremdkapitals durch eine zunehmende Verschuldung ist insbesondere für Unternehmen mit einer niedrigen Eigenkapitalrendite interessant.

Die Formel für den Leverage-Effekt lautet:

$$r_{EK} = r + \frac{\text{Fremdkapital}}{\text{Eigenkapital}} \times (r - r_{FK})$$

mit r_{EK} = Eigenkapitalrendite, r = Gesamtrendite, r_{FK} = Fremdkapitalzinssatz

Der Leverage-Effekt führt nur dann zu einer Verbesserung der Eigenkapitalrendite r_{EK}, wenn

✔ der Verschuldungsgrad $\frac{\text{Fremdkapital}}{\text{Eigenkapital}}$ erhöht wird *und*

✔ der Klammerausdruck $(r - r_{FK})$ einen positiven Wert hat, die Gesamtrendite also höher als der Fremdkapitalzinssatz ist.

Ist der Klammerausdruck negativ, entsteht das *Leverage-Risiko* mit einer sinkenden Eigenkapitalrendite bei steigendem Verschuldungsgrad. Ob es für ein Unternehmen tragfähig ist, kann nur anhand des Gesamtrisikos des Unternehmens beurteilt werden. Unternehmen mit einem hohen Absatzrisiko (verursacht zum Beispiel durch eine starke Konjunkturabhängigkeit) sollten daher tendenziell einen niedrigen Verschuldungsgrad beziehungsweise eine hohe Eigenkapitalquote anstreben, um das Gesamtrisiko des Unternehmens nicht zu groß werden zu lassen.

Gesamtkapitalrentabilität

Mit der *Gesamtkapitalrentabilität* können Sie die *Verzinsung des gesamten Kapitals* berechnen, das dem Unternehmen zur Verfügung stand. Daher wird im Nenner das Gesamtkapital als Summe aus Eigen- und Fremdkapital eingesetzt. Im Zähler wird der Jahresüberschuss vor Steuern um den Zinsaufwand erweitert, da die Fremdkapitalzinsen die Verzinsung für die Fremdkapitalgeber darstellen.

Gesamtkapitalrentabilität =

$$\frac{\text{Jahresüberschuss vor Steuern} + \text{Fremdkapitalzinsen}}{\text{Gesamtkapital}} \times 100$$

Die Gesamtkapitalrentabilität ist unabhängig von der Finanzierungsstruktur und dem Verschuldungsgrad eines Unternehmens und ermöglicht so eine bessere Vergleichbarkeit unterschiedlich finanzierter Unternehmen. Sie ist daher ein besserer Indikator für die Ertragskraft eines Unternehmens als die Eigenkapitalrentabilität.

Umsatzrentabilität

Die *Umsatzrentabilität* gibt an, wie viel Gewinn ein Unternehmen an jedem Euro Umsatz verdient. Eine Umsatzrendite von zum Beispiel 5 Prozent bedeutet, dass mit jedem umgesetzten Euro ein Gewinn von 5 Cent erwirtschaftet wird. Damit können Sie das Verhältnis zwischen Gewinn und Geschäftsvolumen abschätzen. Bei der Berechnung der Umsatzrentabilität wird als Gewinngröße aus Gründen der Vergleichbarkeit meist der *Bruttogewinn* verwendet, da dieser unabhängig von der Finanzierung und von Steuervorschriften ist. Sie ermitteln den Bruttogewinn, indem Sie zum Jahresüberschuss die Zinsaufwendungen und die Ertragsteuern addieren. Der Bruttogewinn wird international als EBIT (= Earnings before Interest and Taxes) bezeichnet. Daher wird die Umsatzrentabilität bei Verwendung des EBIT im Zähler auch als *EBIT-Marge* bezeichnet.

$$\text{Umsatzrentabilität} = \frac{\text{Bruttogewinn}}{\text{Umsatzerlöse}} \times 100$$

Gesamtkapitalumschlag

Der *Gesamtkapitalumschlag* sagt Ihnen, wie effektiv ein Unternehmen sein Kapital nutzt. Je höher der Kapitalumschlag ist, desto intensiver verwendet das Unternehmen das vorhandene Kapital. Ein hoher Kapitalumschlag wirkt sich positiv auf die Rentabilität aus.

$$\text{Gesamtkapitalumschlag} = \frac{\text{Umsatzerlöse}}{\text{Gesamtkapital}}$$

Zur besseren Interpretation der Kennzahlen zur Bilanzanalyse sollten Sie Vergleichskennzahlen aus einem Zeitvergleich, Betriebs- oder Branchenvergleich oder einem Soll-Ist-Vergleich heranziehen und Kennzahlensysteme (beispielsweise das ROI-Schema) benutzen. Bei der Interpretation der Kennzahlen der Bilanzanalyse sollten Sie aber immer vorsichtig sein:

Der Jahresabschluss ist eine *Vergangenheitsrechnung*, die nur eingeschränkt Aussagen über die *zukünftige* Entwicklung der Liquiditäts- und Ertragslage zulässt. Insofern kann man sich auf Basis des Jahresabschlusses nie ein vollständiges Bild über ein Unternehmen machen, sondern ist auf ergänzende und aktuelle Informationen angewiesen.

Kapitel 12
Kostenrechnung und Controlling

Zielsetzung des internen Rechnungswesens ist es, den internen Führungskräften im Unternehmen systematisch die erforderlichen Informationen und Instrumente für die Planung, Steuerung und Kontrolle des Unternehmens bereitzustellen, um die Unternehmensziele optimal zu erreichen.

Im Mittelpunkt des internen Rechnungswesens eines Unternehmens stehen die Kostenrechnung und das Controlling.

✔ In der *Kostenrechnung* (auch als Betriebsbuchhaltung bezeichnet) werden Informationen über das Betriebsgeschehen aufbereitet und bereitgestellt.

✔ Das *Controlling* koordiniert alle Informationen aus Buchhaltung, Kostenrechnung und Datenbanken des Unternehmens.

Die klassische Kostenrechnung

Aufgaben der *Kosten- und Leistungsrechnung* sind:

✔ systematische Erfassung der Kosten der betrieblichen Leistung

✔ Ermittlung des Gesamtbetriebserfolgs und des Erfolgs der Produkte nach kostenrechnerischen Grundsätzen

✔ Bereitstellung von Informationen für Kontrollzwecke sowie für die Kalkulation und Planung

Kostenbegriffe

 Kosten sind *betriebsbedingte Wertverbräuche von Produktionsfaktoren* in einer Periode.

Neben diesem allgemeinen Kostenbegriff gibt es weitere spezielle Kostenbegriffe, die in Tabelle 12.1 mit Beispielen erklärt werden.

Unterscheidungs-kriterium	Kostenbegriff	Erklärung	Beispiel
Abhängigkeit von der Produktionsmenge	variable Kosten	Kosten, die von der Beschäftigung abhängig sind	Kosten für Roh-, Hilfs- und Betriebsstoffe
	fixe Kosten	Kosten, die von der Beschäftigung *un*abhängig sind	Abschreibungen auf Gebäude, Mieten
	sprungfixe Kosten	Kosten, die nur für bestimmte Beschäftigungsintervalle fix sind	Abschreibungen auf Maschinen, da abhängig von der Anzahl der Maschinen
Zurechenbarkeit auf Kostenträger	Einzelkosten	Kosten, die einem Kostenträger (zum Beispiel Produkt) direkt (ohne Schlüsselung) zugerechnet werden können	Fertigungslohnkosten, Materialkosten
	echte Gemeinkosten	Kosten, die einem Kostenträger *nicht* direkt zugerechnet werden können	Abschreibungen, Stromverbrauch, Versicherungen
	unechte Gemeinkosten	Kosten, die einem Kostenträger nicht direkt zugerechnet werden *sollen* (aus Gründen der Wirtschaftlichkeit)	Hilfsstoffe (Leim, Nägel)
Bezugsgröße	Gesamtkosten	Kosten aller in einer Periode produzierten Stücke	Gesamtkosten für die Produktionsmenge von 100.000 Stück
	Stückkosten	Kosten pro Stück	Durchschnittskosten für eines der 100.000 Stücke
	Grenzkosten	Kosten für ein zusätzlich produziertes Stück	Kostenanstieg, wenn statt 100.000 Stück 100.001 Stücke produziert werden

Tabelle 12.1: Übersicht Kostenbegriffe

Unterscheidungs-kriterium	Kostenbegriff	Erklärung	Beispiel
Zeitbezug	Istkosten	Vergangenheitskosten	Kosten des vergangenen Jahres
	Normal-kosten	Durchschnittliche Kosten der Vergangenheit	Durchschnittskosten der letzten drei Jahre
	Plankosten	Zukunftsbezogene Kosten	Kosten auf Basis von Kostenschätzungen für das nächste Jahr
Kostenrech-nungssystem	Vollkosten-rechnung	Den Kostenträgern werden sämtliche Kosten zugerechnet.	klassische Kostenrechnung
	Teilkosten-rechnung	Den Kostenträgern werden nur verursachungsgerechte Kosten zugerechnet.	Deckungsbeitrags-rechnung
Entscheidungs-relevanz	relevante Kosten	Kosten, die durch eine Entscheidung (Investieren?) beeinflusst werden	Kosten fallen nur an, wenn die Investition durchgeführt wird.
	irrelevante Kosten	Kosten, die durch eine Entscheidung (Investieren?) *nicht* beeinflusst werden	Kosten fallen auch dann an, wenn die Investition nicht durchgeführt wird. Sonderfall *Sunk Costs*: Kosten, die durch eine Entscheidung in der Vergangenheit ausgelöst wurden.
Abhängigkeit vom Aufwandsbegriff	Grundkosten	Zweckaufwand	handelsrechtliche Abschreibung = kostenrechnerische Abschreibung
	kalkulatori-sche Kosten	Anderskosten	Abschreibungen in der Kostenrechnung in anderer Höhe
		Zusatzkosten im Sinne von Opportunitätskosten (Kosten einer verpassten Gelegenheit)	kalkulatorischer Unternehmerlohn
Zahlungs-wirksamkeit	pagatorische Kosten	zahlungsgleiche Kosten	Mietzahlungen für angemietete Gebäude
	kalkulatori-sche Kosten	Kosten, die nicht zu einer Auszahlung führen	kalkulatorische Mieten für eigene Gebäude

Tabelle 12.1: (*fortgesetzt*)

Berechnung der Kosten

Kostenbegriffe lassen sich grundsätzlich auch in Formeln ausdrücken. Die wichtigsten Formeln finden Sie in Tabelle 12.2.

Kostenbegriff	Erklärung	Formel
Gesamtkosten	Summe aus fixen und variablen Kosten	$K = K_V + K_F$
Variable Kosten	von der Beschäftigungsmenge x abhängige Kosten	K_V
Fixe Kosten	von der Beschäftigungsmenge x unabhängige Kosten	K_F
Stückkosten	Gesamtkosten pro produziertem Stück	$k = \dfrac{K}{x}$
Variable Stückkosten	von der Beschäftigungsmenge x abhängige Stückkosten	$k_v = \dfrac{K_V}{x}$
Fixe Stückkosten	von der Beschäftigungsmenge x unabhängige Stückkosten	$k_F = \dfrac{K_F}{x}$
Grenzkosten	zusätzliche Kosten einer weiteren Produkteinheit	$K' = \dfrac{dK}{dx}$

Tabelle 12.2: Formeln der wichtigsten Kostenbegriffe, mit K: Gesamtkosten, k: Stückkosten, x: Produktionsmenge, K': Grenzkosten, die mathematisch durch die erste Ableitung der Gesamtkostenfunktion nach x ermittelt werden

Kostenverlaufsformen

 Eine Kostenfunktion $K = f(x)$ zeigt Ihnen den Zusammenhang zwischen den Gesamtkosten K und der Produktionsmenge x.

Die Kostenfunktionen können unterschiedliche Verlaufsformen haben:

✔ proportional steigende Kosten

✔ degressiv steigende Kosten

✔ progressiv steigende Kosten

✔ fixe Kosten

✔ sprungfixe Kosten

Proportional steigende Kosten

Für jedes mehr produzierte Stück erhöhen sich die Gesamtkosten um den gleichen Betrag. Die Gesamtkosten steigen daher linear an, wie Sie in Abbildung 12.1 sehen (Beispiel: konstante Materialkosten pro Stück).

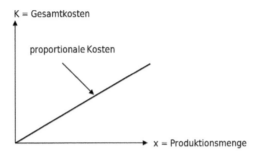

Abbildung 12.1: Proportionale Kosten

Degressive steigende Kosten

Bei jedem mehr produzierten Stück erhöhen sich die Gesamtkosten um einen immer kleiner werdenden Betrag. Die Gesamtkosten steigen daher unterproportional an, wie Abbildung 12.2 zeigt (Beispiel: sinkende Materialkosten pro Stück durch die Nutzung von Mengenrabatten).

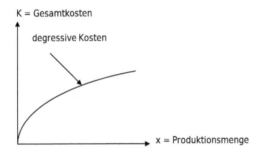

Abbildung 12.2: Degressive Kosten

Progressiv steigende Kosten

Bei jedem mehr produzierten Stück erhöhen sich die Gesamtkosten um einen immer größer werdenden Betrag. Die Gesamtkosten steigen daher überproportional an, wie Sie in Abbildung 12.3 sehen (Beispiel: überproportionaler Anstieg der Reparatur- und Energiekosten einer Maschine bei einer Überbeanspruchung der Maschine).

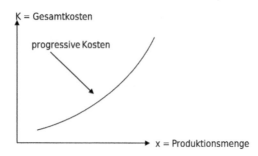

Abbildung 12.3: Progressive Kosten

Fixe Kosten

Auch bei zunehmender Produktionsmenge verändern sich die Gesamtkosten nicht. Die Gesamtkosten bleiben daher unabhängig von der Produktionsmenge konstant. Abbildung 12.4 zeigt daher eine waagerechte Kostenlinie, die parallel zur waagerechten Achse verläuft (Beispiel: Abschreibung einer Maschine).

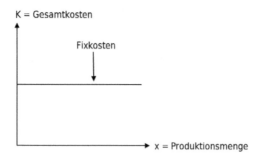

Abbildung 12.4: Fixkosten

Sprungfixe Kosten

Die Gesamtkosten sind nur in bestimmten Produktionsintervallen fix. Die Gesamtkosten steigen nur dann *sprunghaft* auf ein höheres Fixkostenniveau, wenn die Produktionsmenge ein bestimmtes Beschäftigungsniveau überschreitet. Die Fixkosten haben daher einen treppenförmigen Verlauf, wie Abbildung 12.5 zeigt.

Beispiel: Abschreibungen auf Maschinen, wenn die bisherige Maschinenkapazität für eine höhere Produktionsmenge nicht mehr ausreicht und eine neue Maschine beschafft wird und diese zusätzlich abgeschrieben werden muss. Die Kosten bleiben dann in einem Intervall wieder so lange fix, bis eine weitere Maschine beschafft und abgeschrieben werden muss.

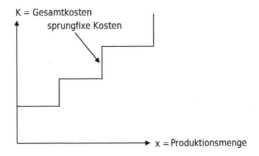

K = Gesamtkosten
sprungfixe Kosten

x = Produktionsmenge

Abbildung 12.5: Sprungfixe Kosten

Sinkende Stückkosten durch den Fixkostendegressionseffekt

Niedrige Stückkosten sind in umkämpften Märkten häufig entscheidend für die Wettbewerbsfähigkeit eines Unternehmens. Eine automatische Senkung der Stückkosten bewirkt der *Fixkostendegressionseffekt*. Er entsteht dann, wenn ein Unternehmen eine höhere Stückzahl produziert und die bestehenden Fixkosten auf eine höhere Produktionsmenge umgelegt werden können. Dadurch sinken nämlich die fixen Stückkosten und dadurch auch die (gesamten) Stückkosten. Abbildung 12.6 veranschaulicht den Fixkostendegressionseffekt.

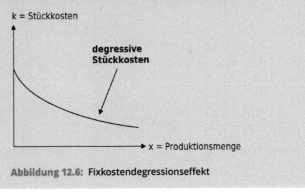

k = Stückkosten

degressive Stückkosten

x = Produktionsmenge

Abbildung 12.6: Fixkostendegressionseffekt

Aufbau der Kostenrechnung

Um die Kosten zu erfassen und Stückkosten für die Produkte kalkulieren zu können, muss ein Unternehmen alle anfallenden Kosten vollständig und systematisch in drei Stufen in einer Kostenrechnung erfassen:

1. **Kostenartenrechnung:** Welche Kosten sind angefallen?

2. **Kostenstellenrechnung:** Wo sind Kosten angefallen?

3. **Kostenträgerrechnung:** Wofür (Produkte, Aufträge) sind Kosten angefallen?

Die Kostenartenrechnung

Die Hauptaufgabe der *Kostenartenrechnung* besteht darin, alle in einer Periode angefallenen Kosten vollständig und systematisch zu erfassen.

Zur systematischen Erfassung der Kosten werden diese häufig in Kontenplänen nach der Art der verbrauchten Produktionsfaktoren unterteilt. Eine mögliche Aufteilung zeigt Abbildung 12.7.

Abbildung 12.7: Kostenarten

Folgende Kostenarten werden genauer erklärt:

✔ Materialkosten

✔ Abschreibungen

✔ kalkulatorische Kosten

Materialkosten

Materialkosten sind der mit Preisen bewertete Verbrauch von Roh-, Hilfs- und Betriebsstoffen im Rahmen des Produktionsprozesses. Es wird zunächst der Materialverbrauch ermittelt, ehe er bewertet wird.

Ermittlung des Materialverbrauchs

Zur Ermittlung der Verbrauchsmengen der eingesetzten Materialien können Sie zwischen drei Verfahren wählen:

✔ **Inventurmethode:** körperliche Bestandsaufnahme

✔ **Skontrationsmethode (Fortschreibungsmethode):** Ermittlung des Materialverbrauchs anhand von Materialentnahmescheinen

✔ **Retrograde Methode (Rückrechnung):** Der Materialverbrauch wird anhand sogenannter Stücklisten oder Prozessbeschreibungen aus den Produktionsmengen der Endprodukte errechnet.

Bewertung des Materialverbrauchs

Die Bewertung der verbrauchten Materialmengen kann anknüpfend an die Vorratsbewertung in der Bilanz mithilfe der folgenden Verfahren erfolgen:

✔ **Durchschnittsverfahren:** Der Materialverbrauch wird auf Basis der tatsächlich gezahlten Istpreise der Vergangenheit (Anschaffungskosten) mit einem gewogenen oder gleitenden Durchschnittspreis bewertet.

✔ **Festpreisverfahren:** Es wird ein konstanter Materialpreis angesetzt, um schwankende Preise für die eingesetzten Materialien zu vermeiden und so die Kalkulation zu erleichtern. Die Bestimmung des Festpreises kann sich an Durchschnittspreisen der Vergangenheit, Wiederbeschaffungspreisen (Tageswerten) oder Planpreisen orientieren.

✔ **Verbrauchsfolgeverfahren:** Sie unterstellen, dass die Materialien in einer bestimmten Reihenfolge (Verbrauchsfolgefiktion) verbraucht werden. Für die Bewertung des Materialverbrauchs setzen Sie dann die Preise an, die Sie für die annahmegemäß entnommenen Materialien bezahlt haben. Tabelle 12.3 zeigt Ihnen die vier bekannten Verfahren.

Verbrauchsfolgeverfahren	Verbrauchsfolgefiktion
FIFO = First In, First Out	Die *zuerst* eingekauften Materialien werden auch als erste verbraucht. Beispiel: Materialien, die in einem Silo gelagert werden
LIFO = Last In, First Out	Die *zuletzt* eingekauften Materialien werden auch als erste verbraucht. Beispiel: Kies- und Sandberge
HIFO = Highest In, First Out	Die Materialien mit dem *höchsten* Einkaufspreis pro Stück werden zuerst entnommen.
LOFO = Lowest In, First Out	Die Materialien mit dem *niedrigsten* Einkaufspreis pro Stück werden zuerst entnommen.

Tabelle 12.3: Verbrauchsfolgeverfahren

Für die handelsrechtliche Bewertung von Vorräten sind nur noch das LIFO- und das FIFO-Verfahren erlaubt.

Abschreibungen

Abschreibungen erfassen den Wertverlust von betrieblichen Vermögensgegenständen des Anlage- oder Umlaufvermögens in einer Abrechnungsperiode. Sie bewirken, dass Vermögensgegenstände in der Buchhaltung mit ihrem aktuellen Wert geführt werden. Sie tauchen als Aufwendungen in der Gewinn-und-Verlust-Rechnung beziehungsweise als Kosten in der Kostenrechnung auf. Abschreibungen führen dazu, dass die Anschaffungs- oder Herstellungskosten eines Vermögensgegenstands auf mehrere Perioden verteilt werden. Im Steuerrecht heißt die Abschreibung »Absetzung für Abnutzung« (AfA).

Der Wertverlust von betrieblichen Vermögensgegenständen kann verschiedene *Ursachen* haben:

✔ **Verbrauchsbedingte Ursachen:** Abnutzung durch Gebrauch (Maschinen), Zeitverschleiß (Verrostung), Substanzverringerung (Tongruben) oder Katastrophen (Feuerschaden)

✔ **Wirtschaftlich bedingte Ursachen:** Wertminderungen aufgrund von technischem Fortschritt, Nachfrageverschiebungen, sinkenden Wiederbeschaffungspreisen oder sinkenden Absatzpreisen

✔ **Zeitlich bedingte Ursachen:** Ablauf von Schutzrechten (Patente) und Konzessionen

Zur Berechnung der Abschreibung gibt es verschiedene *Abschreibungsverfahren*, die in Tabelle 12.4 beschrieben sind.

Symbole der Abschreibungsformeln in Tabelle 12.4: a = jährlicher Abschreibungsbetrag, A = Ausgangswert (Anschaffungskosten, Herstellungskosten, Wiederbeschaffungskosten), RW = Restwert am Ende der Nutzungsdauer, n = Nutzungsdauer, D = Degressionsbetrag, T = Restnutzungsdauer zu Beginn des Jahres, N = Summe der einzelnen Perioden der Nutzung = $1 + 2 + 3 + \dots + n$, RBW_{t-1} = Restbuchwert des Anlagegegenstands am Ende der Vorperiode, p = Abschreibungsprozentsatz, a_t = Abschreibung im Jahr t, LE_G = Summe aller Leistungseinheiten, die ein Anlagegut während der Nutzungsdauer (voraussichtlich) leisten kann, LE_t = die im abgelaufenen Jahr t erbrachten Leistungseinheiten

Abschreibungsverfahren	Kennzeichnung	Berechnungsformel	Handels- und steuerrechtliche Zulässigkeit
Lineare Abschreibung	gleichbleibende Abschreibungsbeträge	$a = \dfrac{A - RW}{n}$	handels- und steuerrechtlich zulässig
Degressive Abschreibung	arithmetisch-degressive Abschreibung (digitale Abschreibung): jährlich konstant sinkende Abschreibungsbeträge	$A = D \times T$ $D = \dfrac{A - RW}{N}$	handelsrechtlich zulässig, steuerrechtlich unzulässig
	geometrisch-degressive Abschreibung: jährliche Abschreibungsbeträge als fester Prozentsatz vom jeweiligen Restbuchwert	$a = RBW_{t-1} \times p$ $p = 100 \times \left(1 - \sqrt[n]{\dfrac{RW}{A}}\right)$	handelsrechtlich zulässig, steuerrechtlich unerwünscht
Progressive Abschreibung	steigende Abschreibungsbeträge		handelsrechtlich nur in Ausnahmefällen (Obstplantage) zulässig, steuerrechtlich unzulässig
Leistungsbezogene Abschreibung	leistungsabhängige Abschreibungsbeträge	$a_t = \dfrac{A - RW}{LE_G} \times LE_t$	handelsrechtlich zulässig, steuerrechtlich für bewegliche Anlagegüter zulässig
Außerordentliche Abschreibung	Erfassung unerwarteter Wertminderungen	Abschreibung des bisherigen Buchwertes auf den (niedrigeren) beizulegenden Wert	nur zulässig bei dauerhaften Wertminderungen (Ausnahme: Finanzanlagen)

Tabelle 12.4: Abschreibungsverfahren

Kalkulatorische Kosten

Kalkulatorische Kosten sind betriebsbedingte Wertverbräuche, denen handelsrechtliche Aufwendungen in anderer Höhe (*Anderskosten*) gegenüberstehen oder die aufgrund der handelsrechtlichen Vorschriften nicht als Aufwand (*Zusatzkosten*) erfasst werden.

Die wichtigsten kalkulatorischen Kosten sind:

✔ **Kalkulatorische Abschreibungen** als Abschreibungen für einen Vermögens- gegenstand nicht nach handels- oder steuerrechtlichen Vorschriften, son- dern verursachungsgerecht nach dem tatsächlichen Wertverlust.

✔ **Kalkulatorische Wagnisse** als die durchschnittlichen Kostensätze für Einzel- wagnisse wie Forderungsausfälle, Währungsverluste, Schwund, Gewährleis- tungen, Diebstahl, fehlgeschlagene Forschungs- und Entwicklungsarbeiten oder Unfallschäden (sofern diese nicht fremdversichert sind) im Sinne einer Selbstversicherung, in der sich langfristig tatsächliche Verluste und kalkula- torische Wagniskosten ausgleichen sollen. Nicht einbezogen in die kalkulato- rischen Wagnisse wird das allgemeine Unternehmerrisiko, weil es durch den Betriebsgewinn abgegolten wird.

✔ **Kalkulatorische Zinsen** als Berücksichtigung der Verzinsung des Eigen- und des Fremdkapitals, weil beide Kapitalarten zur Finanzierung des betriebs- notwendigen Anlage- und Umlaufvermögens beitragen und Kapitalkosten verursachen:

kalkulatorische Zinsen = betriebsnotwendiges Vermögen × Kapitalkostensatz

✔ **Kalkulatorischer Unternehmerlohn**, wenn der Geschäftsführer kein oder nur ein sehr geringes Gehalt bezieht und aus dem Unternehmensgewinn für sei- ne Arbeit entlohnt wird (Beispiel: Einzelkaufmann). Damit auch ein Gewinn entsteht, muss der Unternehmerlohn wie alle anderen Personalkosten in den Preisen einkalkuliert sein. Als kalkulatorischer Unternehmerlohn kann das Gehalt angesetzt werden, das der Geschäftsführer in einem vergleichbaren Unternehmen erhalten würde.

✔ **Kalkulatorische Miete:** Auch hier spielt der Opportunitätsgedanke eine wichtige Rolle, wenn ein Unternehmen Räume nutzt, die dem Unternehmen selbst gehören, weil ihm dadurch ein Mietertrag entgeht. Dieser entgangene Mietertrag wird als kalkulatorische Miete berücksichtigt.

Unterscheidung zwischen Einzel- und Gemeinkosten

In der Kostenartenrechnung wird unterschieden zwischen

✔ **Einzelkosten** (einem Kostenträger direkt (= ohne Schlüsselung) zurechenba- re Kosten) und

✔ **Gemeinkosten** (einem Kostenträger nicht direkt zurechenbare Kosten).

In Abbildung 12.8 sehen Sie, wie aus der Kostenartenrechnung heraus die Einzel- und Gemeinkosten auf die nächsten Stufen der Kostenrechnung verteilt werden.

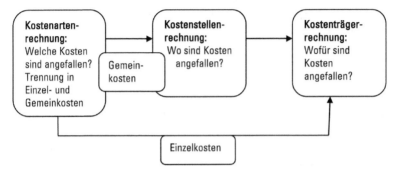

Abbildung 12.8: Verteilung der Einzel- und Gemeinkosten auf die einzelnen Stufen der Kostenrechnung

✔ **Gemeinkosten** gehen von der Kostenartenrechnung in die Kosten*stellen*rechnung über.

✔ **Einzelkosten** fließen direkt in die Kosten*träger*rechnung.

✔ Über die **Kostenstellenrechnung** kommen letztlich aber auch die *Gemeinkosten* in die **Kostenträgerrechnung**, sodass den Produkten im letzten Schritt sämtliche Kosten angelastet werden können.

Die Kostenstellenrechnung

 Die *Kostenstellenrechnung* beantwortet die Frage, wo die Kosten angefallen sind.

Sie hat folgende Aufgaben:

✔ möglichst verursachungsgerechte **Verteilung der Gemeinkosten** über die Kostenstellen auf die Kostenträger (Produkte) des Unternehmens

✔ **Wirtschaftlichkeitskontrolle der Kostenstellen** durch eine Gegenüberstellung von geplanten Kosten (Plankosten) und tatsächlichen Kosten (Istkosten)

Für die Erfassung und Verrechnung der Gemeinkosten müssen im Unternehmen Kostenstellen gebildet werden.

 Kostenstellen sind abgegrenzte Teilbereiche des Unternehmens, die kostenrechnerisch selbstständig abgerechnet werden. Die den Kostenstellen zugerechneten Gemeinkosten werden auf die Kostenstellennutzer weiterverrechnet.

Bei den Kostenstellen können Sie zwischen Hauptkostenstellen und Hilfskostenstellen unterscheiden.

✔ **Hauptkostenstellen:** Sie erbringen Leistungen direkt für die Kostenträger, sodass ihre Kosten auch direkt auf diese umgelegt werden (Fertigung sowie Material-, Verwaltungs- und Vertriebsstellen).

✔ **Hilfskostenstellen:** Sie erbringen Hilfsleistungen für andere Kostenstellen, sodass ihre Kosten nicht auf die Kostenträger, sondern auf die Hauptkostenstellen verrechnet werden (allgemeine Hilfskostenstellen wie die Energieerzeugung, die Raumkosten oder die Kantine sowie Fertigungshilfsstellen wie die Arbeitsvorbereitung oder Reparaturwerkstatt).

Die Kostenstellenrechnung erfolgt in drei Schritten:

1. Verteilung der Gemeinkosten auf die Kostenstellen

Zunächst übernehmen Sie die Gemeinkosten aus der Kostenartenrechnung und rechnen sie nach dem Verursachungsprinzip den einzelnen Hilfs- und Hauptkostenstellen zu.

Addieren Sie alle den Hilfs- und Hauptkostenstellen jeweils zugerechneten Gemeinkosten, erhalten Sie die *primären Gemeinkosten* der einzelnen Kostenstellen.

2. Durchführung der innerbetrieblichen Leistungsverrechnung

Als Nächstes legen Sie die primären Gemeinkosten der Hilfskostenstellen auf die Hauptkostenstellen im Rahmen einer *innerbetrieblichen Leistungsverrechnung* um. Verfahren hierfür sind das Anbauverfahren, das Stufenleiterverfahren und das Gleichungsverfahren.

Die bei der innerbetrieblichen Leistungsverrechnung umgelegten Kosten werden *sekundäre Gemeinkosten* genannt.

Nach der Durchführung der innerbetrieblichen Leistungsverrechnung wird für jede Hauptkostenstelle die Summe aus den primären und sekundären Gemeinkosten ermittelt.

✔ Damit haben Sie die Grundlage, um im dritten Schritt die Gemeinkostenzuschlagssätze für die Produktkalkulation zu bestimmen.

✔ Wenn auch die Einzelkosten der Kostenstellen bekannt sind, können Sie eine Wirtschaftlichkeitskontrolle der Kostenstellen durchführen.

3. Ermittlung der Kalkulationssätze für die Produktkalkulation

Zur Ermittlung der *Gemeinkostenzuschlagssätze* werden die Gemeinkosten der Hauptstellen durch eine Bezugsgröße geteilt, die möglichst in einem proportionalen Zusammenhang zu den Gemeinkosten steht. In der traditionellen Kostenrechnung werden die in Tabelle 12.5 aufgeführten Gemeinkostenzuschlagssätze für die Produktkalkulation verwendet.

Gemeinkostenzuschlagssatz	Berechnungsformel
Materialgemeinkostenzuschlagssatz	$\dfrac{\text{Materialgemeinkosten}}{\text{Materialeinzelkosten}} \times 100$
Fertigungsgemeinkostenzuschlagssatz	$\dfrac{\text{Fertigungsgemeinkosten}}{\text{Fertigungslöhne}} \times 100$
Vertriebsgemeinkostenzuschlagssatz	$\dfrac{\text{Vertriebsgemeinkosten}}{\text{Herstellkosten}} \times 100$
Verwaltungsgemeinkostenzuschlagssatz	$\dfrac{\text{Verwaltungsgemeinkosten}}{\text{Herstellkosten}} \times 100$

Tabelle 12.5: Gemeinkostenzuschlagssätze

Die *Herstellkosten* können Sie nach dem Schema in Tabelle 12.6 berechnen.

Materialeinzelkosten
+ Materialgemeinkosten
+ Fertigungslöhne
+ Fertigungsgemeinkosten
= Herstellkosten

Tabelle 12.6: Ermittlung der Herstellkosten

Nachdem in diesem letzten Schritt der Kostenstellenrechnung die Gemeinkostenzuschlagssätze ermittelt wurden, können nun in der Kostenträgerrechnung die Produktkosten und die Erfolgsbeiträge der Produkte kalkuliert werden.

Die Kostenträgerrechnung

 Die *Kostenträgerrechnung* beantwortet die Frage: »Wofür sind Kosten angefallen?« Dafür werden sowohl die Einzelkosten als auch die Gemeinkosten auf die Kostenträger (Produkte und Dienstleistungen) verrechnet.

Bei der Kostenträgerrechnung ist zwischen der Kostenträgerstückrechnung und der Kostenträgerzeitrechnung zu unterscheiden.

✔ **Kostenträger*stück*rechnung:** Sie berechnen die Herstellkosten und Selbstkosten *pro Stück*.

✔ **Kostenträger*zeit*rechnung:** Sie erfassen *sämtliche* in einer Abrechnungsperiode angefallenen *Kosten* und verteilen sie auf die Kostenträger.

Kalkulationsverfahren der Kostenträgerstückrechnung im Überblick

Zur Durchführung der Kostenträgerstückrechnung beziehungsweise für die Kalkulation der Stückkosten gibt es je nach Produkt und Fertigungsverfahren verschiedene Kalkulationsmethoden, die in Tabelle 12.7 zusammengestellt sind.

Produktklassifikation	Fertigungsverfahren	Beispiel	Kalkulationsmethode
ein Produkt	Massenfertigung	Stromerzeugung	Divisionskalkulation
mehrere artverwandte Produkte	Sortenfertigung	Brauerei	Äquivalenzziffernkalkulation
mehrere artverschiedene Produkte	Serienfertigung	Automobilproduktion	Zuschlagskalkulation
	Einzelfertigung	Schiffbau	
mehrere technisch verbundene Produkte	Kuppelproduktion	Raffinerie (Benzin, Öl, Gas)	Restwertmethode
			Marktwertmethode

Tabelle 12.7: Kalkulationsverfahren im Überblick

Divisionskalkulation

Dieses einfache Kalkulationsverfahren sollten Sie wählen, wenn Ihr Unternehmen nur ein Produkt im Wege einer Massenfertigung herstellt (zum Beispiel Strom, Wasser, Kies, Rohzucker).

Bei der *einstufigen Divisionskalkulation* teilen Sie die Gesamtkosten durch die Produktionsmenge.

$$k = \frac{K}{x}$$

mit k = Stückkosten eines Produkts, K = Gesamtkosten, x = Produktionsmenge

Zwei- oder mehrstufige Divisionskalkulation

Die *zwei- oder mehrstufige Divisionskalkulation* sollten Sie anwenden, wenn der Produktionsprozess in mehreren Fertigungsstufen verläuft und/oder Lagerbestände auftreten. Die Gesamtkosten werden hier auf mehrere Kostenstellen aufgeteilt. Die Stückkosten pro Kostenstelle berechnen Sie, indem Sie die Kosten einer Kostenstelle durch die produzierten Mengen (bei den Herstellkosten) oder durch die abgesetzten Mengen (bei den Verwaltungs- und Vertriebskosten) dividieren. Die gesamten Stückkosten ergeben sich bei der *mehrstufigen Divisionskalkulation* aus der Addition der Stückkosten pro Kostenstelle.

$$k = \frac{K_{\text{KST } 1}}{x_{\text{KST } 1}} + \frac{K_{\text{KST } 2}}{x_{\text{KST } 2}} + \ldots + \frac{K_{\text{KST } n}}{x_{\text{KST } n}}$$

mit KST = Kostenstelle; 1, 2, ..., n = Bezeichnung der Kostenstelle

Äquivalenzziffernkalkulation

Die Äquivalenzziffernkalkulation sollten Sie nutzen, wenn mehrere artverwandte Produkte (Sortenfertigung) mit fertigungstechnischen Ähnlichkeiten (zum Beispiel Holzverarbeitung, Automobilproduktion) hergestellt werden. Die Methode basiert darauf, dass Sie für die artverwandten Produkte einmalig die (möglichst konstant bleibenden) Kostenverhältnisse zueinander festlegen. Diese bezeichnen Sie dann als Äquivalenzziffern (Kostengewichtungsziffern). Je höher die Äquivalenzziffer eines Produkts ist, desto höher ist am Ende dann auch die Kostenbelastung dieses Produkts.

Die Selbstkosten jeder Sorte ermitteln Sie in fünf Schritten:

1. Bestimmen Sie eine Sorte als Vergleichsmaßstab (Einheitssorte).

2. Legen Sie die Äquivalenzziffern der einzelnen Sorten fest. Dabei orientieren Sie sich an den Kostenverhältnissen der verschiedenen Sorten zur Einheitssorte.

3. Multiplizieren Sie die Äquivalenzziffer jeder Sorte mit der produzierten Menge. Als Ergebnis erhalten Sie die sogenannten Recheneinheiten einer Sorte.

4. Teilen Sie die Gesamtkosten durch die Summe der Recheneinheiten aller Sorten. Das Ergebnis sind dann die Stückkosten pro Recheneinheit.

5. Ermitteln Sie die Selbstkosten pro Stück einer Sorte, indem Sie die Selbstkosten pro Recheneinheit mit der Äquivalenzziffer der Sorte multiplizieren.

Zuschlagskalkulation

Die Zuschlagsmethode sollten Sie wählen, wenn in Ihrem Unternehmen eine Einzelfertigung (Bau von Schiffen oder Brücken) oder Serienfertigung mit artverschiedenen Produkten (Automobilproduktion) stattfindet. Sie ist in der Kostenrechnungspraxis weit verbreitet. Die Methode basiert darauf, dass die Gesamtkosten eines Unternehmens in *Einzel- und Gemeinkosten* aufgespalten werden können. Den Kostenträgern (Produkte, Aufträge) werden dann die Einzelkosten direkt und die Gemeinkosten über die in der Kostenstellenrechnung ermittelten *Zuschlagssätze* zugerechnet. Unterarten der Zuschlagskalkulation sind

✔ die einstufige oder summarische Zuschlagskalkulation,

✔ die mehrstufige oder differenzierende Zuschlagskalkulation,

✔ die Bezugsgrößenkalkulation.

Einstufige (summarische) Zuschlagskalkulation

Bei der einstufigen Zuschlagskalkulation, auch *summarische Zuschlagskalkulation* genannt, verrechnen Sie die Gemeinkosten mit einem einzigen Zuschlagssatz auf die Kostenträger weiter:

$$\text{Gemeinkostenzuschlagssatz (\%)} = \frac{\text{alle Gemeinkosten}}{\text{alle Einzelkosten}} \times 100$$

Beispiel: Selbstkosten pro Stück

= Einzelkosten pro Stück + Gemeinkosten pro Stück

= Einzelkosten pro St. + Einzelkosten pro St. × Gemeinkostenzuschlagssatz (%)

Mehrstufige (differenzierende) Zuschlagskalkulation

Bei der mehrstufigen oder differenzierenden Zuschlagskalkulation ermitteln Sie in der Kostenstellenrechnung für die Kostenstellen mehrere Zuschlagssätze. Die Kosten eines Kostenträgers bestehen aus verschiedenen Einzel- und Gemeinkosten. Die einzelnen Bestandteile der Selbstkosten setzen sich typischerweise aus den in Tabelle 12.8 enthaltenen Bestandteilen zusammen.

Bezugsgrößenkalkulation

Bei der Bezugsgrößenkalkulation legen Sie für jede Kostenstelle individuelle Bezugsgrößen fest, um eine genauere Feststellung der Kostenverursachung zu ermöglichen. Ein verbreitetes Beispiel hierfür ist die *Maschinenstundensatzkalkulation*, bei der die Maschinenlaufzeiten als Verteilungsgrundlage der Gemeinkosten verwendet werden.

Kostenbestandteile	Differenzierung	Bezugsbasis der Zuschlagssätze
Materialkosten	Materialeinzelkosten	
	Materialgemeinkosten	Materialeinzelkosten
+ Fertigungskosten	Fertigungseinzelkosten	
	Fertigungsgemeinkosten	Fertigungseinzelkosten
	Sondereinzelkosten der Fertigung	
= Herstellkosten		Materialkosten + Fertigungskosten
+ Verwaltungsgemeinkosten		Herstellkosten
+ Vertriebskosten	Vertriebseinzelkosten	
	Vertriebsgemeinkosten	Herstellkosten
	Sondereinzelkosten des Vertriebs	
= Selbstkosten		

Tabelle 12.8: Stückkostenkalkulation in der mehrstufigen Zuschlagskalkulation

Kuppelkalkulation

Eine Kuppelproduktion liegt vor, wenn in einem Produktionsprozess aus bestimmten Ausgangsmaterialien (Beispiel: Rohöl) zwangsläufig mehrere Produkte (Beispiel: Benzin, Gas, Öle) anfallen. Da sich die Produktionskosten bei der Kuppelproduktion kaum verursachungsgerecht aufteilen lassen, gibt es zwei Behelfsverfahren, die die Gesamtkosten nach dem Prinzip der Kostentragfähigkeit zurechnen:

✔ Restwertmethode

✔ Marktwertmethode

Restwertmethode

Die Restwertmethode ist geeignet, wenn bei der Kuppelproduktion ein Haupt- und mehrere Nebenprodukte entstehen. Es wird unterstellt, dass sich die Kosten und Erlöse der Nebenprodukte ausgleichen. Daher werden dann die verbleibenden Kosten (Restwert) dem Hauptprodukt zugerechnet.

$$k_H = \frac{K - K_{N1} - K_{N2}}{x_H}$$

mit k_H = Stückkosten der Hauptprodukts, K = Gesamtkosten der Kuppelproduktion, K_{N1} = Kosten des ersten Nebenprodukts, K_{N2} = Kosten des zweiten Nebenprodukts, x_H = Produktionsmenge des Hauptprodukts

Marktwertmethode

Die *Marktwertmethode* wird angewendet, wenn mehrere Hauptprodukte entstehen. Die Vorgehensweise entspricht der Äquivalenzziffernrechnung (siehe weiter vorn in diesem Kapitel), wobei als Äquivalenzziffern die Marktpreise dienen.

Nutzen der Kostenrechnung

Die Kostenrechnung kann Ihnen bei vielen Entscheidungen im Unternehmen helfen. Hierzu einige Beispiele:

✔ **Wirtschaftlichkeit des Unternehmens:** Zur Überprüfung der Wirtschaftlichkeit in Ihrem Unternehmen können Sie beispielsweise die Gesamtkosten K einem Zeit- oder Branchenvergleich unterziehen.

✔ **Analyse der Kostenstruktur:** Bezüglich der Aufteilung der Gesamtkosten in Fixkosten K_F und variable Kosten K_V kann ein hoher Fixkostenanteil problematisch sein, weil das Unternehmen bei einem Nachfragerückgang die Fixkosten zumindest kurzfristig nicht senken kann und dann bei sinkenden Umsätzen schnell in die Verlustzone geraten kann.

✔ **Langfristige Preisuntergrenze:** Die Stückkosten k stellen die langfristige Preisuntergrenze dar, da ein Unternehmen auf lange Sicht nur überleben kann, wenn es alle Kosten aus den Umsatzerlösen abdecken kann.

✔ **Kurzfristige Preisuntergrenze:** Die variablen Stückkosten k_v sind die kurzfristige Preisuntergrenze eines Unternehmens, da ein Unternehmen zumindest die variablen Kosten abdecken muss. Ist der Preis für ein Produkt höher als die variablen Kosten, aber unter den Selbstkosten, kann das Unternehmen zumindest einen Teil der Fixkosten abdecken.

Kritikpunkte an der klassischen Kostenrechnung

Die klassische Kostenrechnung ist eine Vollkostenrechnung, da den Kostenträgern sämtliche Kosten perioden- und verursachungsgerecht zugerechnet werden. Dadurch ist sie jedoch für unternehmerische, markt- und zukunftsbezogene Entscheidungen nur bedingt geeignet:

✔ **Willkürliche Schlüsselung der Gemeinkosten auf die Kostenträger:** In der Kostenrechnung werden Zuschlags- oder Verrechnungssätze ermittelt, mit denen die Gemeinkosten der Kostenstellen auf die Kostenträger umgelegt

werden. Dieser Schlüsselung liegen oft problematische Verursachungs-
annahmen zugrunde. Dieses Problem wird noch dadurch verschärft, dass
der Anteil der Gemeinkosten an den Gesamtkosten in vielen Unternehmen
durch eine Zunahme von Verwaltungstätigkeiten und anderen Gemeinkosten
(etwa Energiekosten) stetig gestiegen ist. Aus der willkürlichen Verteilung
der Gemeinkosten auf die Kostenträger kann eine falsche Preisgestaltung
resultieren.

✔ **Proportionalisierung von Fixkosten:** Bei der klassischen Kostenkalkulation
besteht das Problem, dass die Höhe der Selbstkosten pro Stück sich immer nur
auf einen bestimmten Beschäftigungsgrad bezieht. Mit zunehmender Ausbringungsmenge verteilen sich aber die Fixkosten (gleich Gemeinkosten) auf
mehr Stück, sodass die Selbstkosten pro Stück sinken (Fixkostendegressionseffekt). Umgekehrt führt eine sinkende Produktionsmenge zu steigenden
Fixkosten pro Stück. Dabei besteht die Gefahr, dass sich das Unternehmen aus
dem Markt regelrecht »rauskalkuliert«.

✔ **Rechnung mit Istkosten:** Da sich die Kosten ständig ändern können (Lohner-
höhungen, steigende Rohstoffpreise und so weiter), ist es in der Kostenrechnung sinnvoll, eher eine Plankostenrechnung durchzuführen.

Aufgrund der genannten Schwachstellen der klassischen Kostenrechnung werden
in den nächsten Abschnitten weitere Instrumente und Methoden vorgestellt, die
die genannten Kritikpunkte aufgreifen und entsprechend veränderte Kalkulatio-
nen anstellen. Diese sollen aber die klassische Kostenrechnung nicht ersetzen,
sondern nur ergänzen.

Die Deckungsbeitragsrechnung

Ein Kritikpunkt an der klassischen Kostenrechnung ist die häufig nicht verursachungsgerechte Schlüsselung der Gemeinkosten. Einen Ausweg bietet die *Teilkostenrechnung.*

Im Gegensatz zur Vollkostenrechnung werden bei der *Teilkostenrechnung*

✔ die *Kosten in fixe und variable Kosten aufgespalten,*

✔ den Produkten nur die Kosten zugerechnet, bei denen ein *Verursachungszu-
sammenhang* besteht, und

✔ die *Fixkosten,* die den Kostenträgern nicht verursachungsgerecht zugerechnet werden können, *in einer Summe von den Deckungsbeiträgen
abgezogen.*

Die *Deckungsbeitragsrechnung* ist eine *kurzfristige Erfolgsrechnung*, die auf der Teilkostenrechnung basiert. Dabei sind folgende Begriffe zu unterscheiden:

✔ Die *Deckungsbeitragsrechnung* liefert Informationen zur Erfolgssituation eines Produkts und bildet die Grundlage für absatzpolitische Entscheidungen bezüglich Produkten, Produktgruppen, Kunden, Unternehmensbereichen oder Regionen.

✔ Der *Deckungsbeitrag eines Produkts* ist die Differenz zwischen den Umsatzerlösen (netto) und den variablen Gesamtkosten einer Produktart. Er bildet also den Beitrag einer Produktart zur Abdeckung der fixen Kosten und zur Gewinnerzielung ab.

✔ Der *Deckungsbeitrag pro Stück* (auch *Deckungsspanne* genannt) ist die Differenz zwischen dem Preis pro Stück und den variablen Stückkosten. Er gibt an, um welchen Betrag sich das Betriebsergebnis ändert, wenn Sie ein Stück des Produkts mehr produzieren.

Nach dem Ausmaß der Kostendifferenzierung gibt es verschiedene Arten der Deckungsbeitragsrechnung:

✔ *einstufige* Deckungsbeitragsrechnung

✔ *mehrstufige* Deckungsbeitragsrechnung

✔ Deckungsbeitragsrechnung mit *relativen Einzelkosten*

Einstufige Deckungsbeitragsrechnung

Bei der *einstufigen Deckungsbeitragsrechnung* (*Direct Costing*) ermitteln Sie – recht grob – die Deckungsbeiträge der Produkte und ziehen sämtliche Fixkosten in einer Summe (quasi »en bloc«) von den Deckungsbeiträgen ab.

Tabelle 12.9 zeigt Ihnen den Aufbau der einstufigen Deckungsbeitragsrechnung an einem Zahlenbeispiel.

Produktart	A	B	C
Umsatzerlöse	500.000	700.000	400.000
– variable Kosten	400.000	500.000	250.000
= Deckungsbeitrag	100.000	200.000	150.000
Summe der Deckungsbeiträge		450.000	
– Fixkosten		300.000	
= Betriebserfolg		150.000	

Tabelle 12.9: Einstufige Deckungsbeitragsrechnung (Zahlen in Euro)

Mehrstufige Deckungsbeitragsrechnung

 Bei der *mehrstufigen Deckungsbeitragsrechnung* werden – differenzierter als bei der einstufigen Deckungsbeitragsrechnung – die Fixkosten auf unterschiedliche Verrechnungsebenen aufgeteilt, sofern sich die Fixkosten den einzelnen Verrechnungsebenen eindeutig und verursachungsgerecht zurechnen lassen.

Typische Verrechnungsebenen für die Fixkosten sind:

✔ **Produkte:** Produktfixkosten sind häufig Kosten, die sich nicht der einzelnen Produkteinheit, wohl aber dem Produkt insgesamt zurechnen lassen, zum Beispiel Entwicklungskosten für das Produkt.

✔ **Produktgruppen:** Produktgruppenfixkosten sind Kosten, die sich nur der Produktgruppe und nicht den einzelnen Produkten zuordnen lassen, zum Beispiel Miete für die Werkshalle, in der alle Produkte einer Produktgruppe hergestellt werden.

✔ **Unternehmensbereiche:** Bereichsfixkosten sind Kosten, die sich nur dem gesamten Unternehmensbereich zurechnen lassen, zum Beispiel die Verwaltungskosten eines Unternehmensbereichs.

✔ **Gesamtunternehmen:** Sämtliche restlichen Fixkosten, die den untergeordneten Verrechnungsebenen nicht zugeordnet werden können, werden dem Gesamtunternehmen angelastet, zum Beispiel die Kosten der Unternehmensleitung.

Den typischen Aufbau der mehrstufigen Deckungsbeitragsrechnung zeigt Ihnen das Zahlenbeispiel in Tabelle 12.10.

Mehrstufige Deckungsbeitragsrechnung						
Unternehmens-bereiche	Europa			Nordamerika		Gesamt-werte
Produktgruppen	I		II	III		
Produktarten	A	B	C	D	E	
Umsatzerlöse	20.000	50.000	12.000	30.000	10.000	122.000
– variable Kosten Produktart	12.000	30.000	8.000	25.000	6.000	81.000
Deckungsbeitrag I	8.000	20.000	4.000	5.000	4.000	41.000
– fixe Kosten Produktart	2.000	5.000	1.000	1.500	2.000	11.500
Deckungsbeitrag II	6.000	15.000	3.000	3.500	2.000	29.500
– fixe Kosten Produktgruppe	5.000		1.000	2.500		8.500
Deckungsbeitrag III	16.000		2.000	3.000		21.000
– fixe Kosten Unternehmens-bereich	10.000			1.500		11.500
Deckungsbeitrag IV	8.000			1.500		9.500
– fixe Kosten Gesamtunter-nehmen	5.000					5.000
= **Betriebsergebnis**	4.500					4.500

Tabelle 12.10:   Mehrstufige Deckungsbeitragsrechnung (alle Zahlen in Millionen Euro)

Deckungsbeitragsrechnung mit relativen Einzelkosten

In der Deckungsbeitragsrechnung mit relativen Einzelkosten nach *Riebel* werden nur ganz bestimmte Kosten berücksichtigt. Dabei wird auf jegliche Form der Schlüsselung verzichtet. Daher werden die Gemeinkosten, auch die variablen Gemeinkosten (zum Beispiel Schmiermittel, Schrauben und Kleinteile), nicht auf die Kostenträger aufgeteilt.

Bei der *Deckungsbeitragsrechnung mit relativen Einzelkosten* werden den Bezugsobjekten (Produkte, Produktgruppen, Aufträge, Kunden, Kostenstellen, Zeiträume) nur die dem jeweiligen Bezugsobjekt direkt zurechenbaren Einzelkosten angelastet. Da der Einzelkostenbegriff daher streng auf das jeweilige Kalkulationsobjekt bezogen ist, spricht man von *relativen Einzelkosten*. Es ist durchaus denkbar, dass Kosten für ein bestimmtes Bezugsobjekt Einzelkosten sind, während sie für ein anderes Bezugsobjekt Gemeinkosten darstellen und deshalb nicht berücksichtigt werden.

Die relative Einzelkostenrechnung setzt voraus, dass

✔ eine Bezugsgrößenhierarchie (Kostenträger, Kostenträgergruppen, Kosten-stellen, Teilbetriebe, Gesamtunternehmung) gebildet werden kann und

✔ eine stark differenzierte Kostenauflösung möglich ist, um die Einzelkosten eines Bezugsobjekts zu bestimmen.

Sie ist deshalb vergleichsweise aufwendig und in der betrieblichen Praxis weniger verbreitet.

Die Plankostenrechnung

Bei der *Plankostenrechnung* greifen Sie nicht auf Istkosten oder Durchschnittskosten aus der Vergangenheit zurück, sondern kalkulieren mit *zukünftig erwarteten Kosten* für kommende Zeiträume, also mit *Plankosten*.

Die wichtigsten Aufgaben der Plankostenrechnung sind:

✔ **Kostenplanung:** Bereitstellung von Plankosten für Entscheidungen

✔ **Kostenkontrolle:** Vergleich von Plan- und Istkosten

Die Plankostenrechnung können Sie als Vollkosten- und als Teilkostenrechnung durchführen. Die beiden wichtigsten Varianten sind

✔ die starre Plankostenrechnung auf Vollkostenbasis und

✔ die flexible Plankostenrechnung auf Teilkostenbasis (auch Grenzplankosten-rechnung).

Starre Plankostenrechnung auf Vollkostenbasis

 Bei den *starren Plankosten auf Vollkostenbasis* kalkulieren Sie wie in der Vollkostenrechnung mit sämtlichen Kosten und verzichten auf eine Trennung von fixen und variablen Kosten.

Die Rechengrößen für die starre Plankostenrechnung sind in Tabelle 12.11 aufgeführt.

Rechengröße	Berechnung	Kurzformel
Plankosten	Planmenge × Planpreis	$K_P = x_P \times p_P$
Verrechnete Plankosten	$\dfrac{\text{Plankosten}}{\text{Planmenge}} \times$ Istmenge	$K_{ver} = \dfrac{K_P}{x_P} \times x_I$
Istkosten	Istmenge × Istpreis	$K_I = x_I \times p_I$
Kostenabweichung	Istkosten − verrechnete *Plankosten*	$K_I - K_{ver}$

Tabelle 12.11: Rechengrößen der starren Plankostenrechnung

Die Symbole in Tabelle 12.11 haben die folgenden Bedeutungen: K_P = Plankosten, x_P = Planmenge, p_P = Planpreis pro Stück, K_{ver} = verrechnete Plankosten, x_I = Istbeschäftigung, K_I = Istkosten, p_I = Istpreis.

Bei der starren Plankostenrechnung ist die *Kostenabweichung* die Differenz zwischen

✔ den Istkosten und

✔ den auf der Grundlage der Istmenge verrechneten Plankosten.

Abbildung 12.9 zeigt die grafische Ermittlung der Kostenabweichung in der starren Plankostenrechnung.

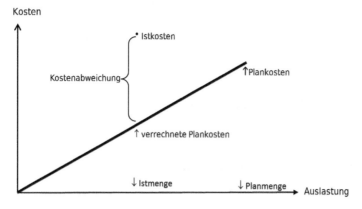

Abbildung 12.9: Starre Plankostenrechnung auf Vollkostenbasis

Die Kostenabweichung kann in der starren Plankostenrechnung nur schwer interpretiert werden, da sie mehrere Ursachen haben kann:

✔ **Preisabweichung:** Die Istpreise der Einsatzfaktoren sind größer als ihre Planpreise.

✔ **Verbrauchsabweichung:** Zur Herstellung der Istmenge wurden mehr Einsatzfaktoren als geplant benötigt.

✔ **Beschäftigungsabweichung** aufgrund ungenau verrechneter Fixkosten: Die verrechneten Plankosten sinken proportional mit Rückgang der Produktionsmenge.

Da die in den Plankosten verrechneten Fixkosten mit Rückgang der Produktionsmenge häufig nicht oder nur unterproportional sinken, bietet es sich an, eine flexible Plankostenrechnung auf Teilkostenbasis durchzuführen, die zwischen fixen und variablen Kosten unterscheidet und eine Beschäftigungsabweichung ausschließt.

Flexible Plankostenrechnung auf Teilkostenbasis (Grenzplankostenrechnung)

Bei der *flexiblen Plankostenrechnung auf Teilkostenbasis (Grenzplankostenrechnung, Direct Costing)* trennen Sie die Plankosten in Fixkosten und variable Kosten. Die fixen Plankosten berücksichtigen Sie in der flexiblen Plankostenrechnung überhaupt nicht, sondern übernehmen sie sofort als einen Kostenblock in die Betriebsergebnisrechnung. Dadurch vermeiden Sie automatisch das Problem der ungenauen Verrechnung von Fixkosten, sodass keine Beschäftigungsabweichung auftreten kann.

Die Rechengrößen für die flexible Plankostenrechnung sind in Tabelle 12.12 aufgeführt.

Die Symbole in Tabelle 12.12 haben die folgenden Bedeutungen: K_V = variable Plankosten, K_F = fixe Plankosten, K_S = verrechnete variable Sollkosten, K_{vI} = variable Istkosten.

In Abbildung 12.10 sehen Sie ein Beispiel für die flexible Plankostenrechnung auf Teilkostenbasis.

Rechengröße	Berechnung	Kurzformel
Plankosten	Fixkosten + variable Kosten	$K_P = K_F + K_V$
Verrechnete variable Sollkosten	$\dfrac{\text{variable Plankosten}}{\text{Planmenge}} \times \text{Istmenge}$	$K_s = \dfrac{K_V}{x_P} \times x_I$
Variable Istkosten	Istmenge × Istpreis − Fixkosten	$K_{vI} = x_I \times p_I - K_F$
Kostenabweichung	variable Istkosten − verrechnete variable Sollkosten	$K_{vI} - K_S$

Tabelle 12.12: Rechengrößen der flexiblen Plankostenrechnung

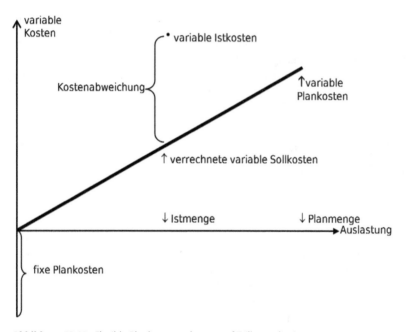

Abbildung 12.10: Flexible Plankostenrechnung auf Teilkostenbasis

In der Kostenrechnungspraxis ist die flexible Plankostenrechnung auf Teilkostenbasis ein wichtiges Instrument

✔ zur Planung und Optimierung kurzfristiger betrieblicher Entscheidungen
sowie

✔ zur Kontrolle der Wirtschaftlichkeit von Kostenstellen.

Moderne Verfahren der Kostenrechnung

Das *moderne Kostenmanagement* hat zum Ziel, das Kostenniveau zu senken sowie sich abzeichnende Kostenprobleme frühzeitig zu erkennen und rechtzeitig erforderliche Maßnahmen einzuleiten. Das moderne Kostenmanagement ist eine Ergänzung zur traditionellen Kostenrechnung.

Das moderne Kostenmanagement bietet folgende Ansatzmöglichkeiten zur Kostenbeeinflussung:

✔ **Kostenniveaumanagement:** Möglichkeiten zur Kostensenkung bestehen sowohl beim Mengengerüst (Wie viele Mitarbeiter benötige ich?) als auch beim Wertgerüst (Was kostet ein Mitarbeiter?) der Kosten.

✔ **Kostenverlaufmanagement:** Kosten sind von verschiedenen Einflussgrößen wie der Beschäftigung, dem Fertigungsprozess oder dem Lebenszyklus eines Produkts abhängig. Zielsetzung ist hier, progressiv verlaufende Kostenverläufe (überproportionaler Kostenanstieg) möglichst zu vermeiden und die variablen Kosten durch die Nutzung von Degressionseffekten (zum Beispiel durch die Nutzung von Rabattstaffeln im Einkauf) möglichst degressiv verlaufen zu lassen (unterproportionaler Kostenanstieg).

✔ **Kostenstrukturmanagement:** Optimierung der Kostenstruktur zwischen variablen und fixen Kostenbestandteilen. Insbesondere sollen stark gestiegene Fixkosten der Unternehmen abgebaut und in variable Kosten umgewandelt werden (zum Beispiel durch Auslagerung von Leistungen (Outsourcing)).

Zur Erreichung dieser Ziele steht den Unternehmen neben der traditionellen Kostenrechnung, der Deckungsbeitragsrechnung und der Plankostenrechnung eine Vielzahl von modernen Methoden und Instrumenten zur Verfügung, die in Tabelle 12.13 im Überblick dargestellt sind.

Methode	Kennzeichnung
Zielkostenmanagement (Target Costing)	– vom Markt ausgehende, frühzeitig kostenorientierte Steuerung der produktbezogenen Unternehmensaktivitäten – aus den Kundenwünschen wird abgeleitet, wie viel ein Produkt kosten darf ⇒ Target Price – Target Profit = Target Costs

Tabelle 12.13: Moderne Verfahren der Kostenrechnung

Methode	Kennzeichnung
Benchmarking	– Vergleich des eigenen Unternehmens mit einem Best-Practise-Unternehmen, um Schwachstellen zu erkennen und Verbesserungsmaßnahmen einzuleiten – kontinuierlicher und systematischer Vergleich der Leistungen, Verfahren, Prozesse und Methoden anhand von Kennzahlen
Wertanalyse (Value Management)	– Optimierung des Verhältnisses zwischen den Kosten und dem Nutzen eines Objekts (zum Beispiel eines Produkts) – Fixkosten eines Produkts oder einer Dienstleistung sollen gesenkt werden.
Prozesskostenrechnung	– Gemeinkosten machen einen immer höher werdenden Teil der Kosten aus und führen zu nicht verursachungsgerechten Zuschlagssätzen. – Untersuchung der Kostenverursacher (Kostentreiber), um die Gemeinkosten genauer verrechnen und kontrollieren zu können – Zentraler Kostentreiber ist dabei die Anzahl der einzelnen Prozesse (zum Beispiel Kundenauftrag). – Zunächst werden die Kosten der einzelnen Teilprozesse ermittelt, um dann die Kosten eines (Haupt-)Prozesses als Summe der Kosten aller Teilprozesse angeben und analysieren zu können.
Gemeinkostenwertanalyse	– Ziel ist die Reorganisation der indirekten Unternehmensbereiche (Unternehmensverwaltung, F&E und so weiter). – Die Leistungen der indirekten Unternehmensbereiche werden hinsichtlich der Effektivität und Effizienz untersucht. – Kostensenkung durch Beseitigung nicht notwendiger Leistungen oder eine Verminderung der Häufigkeit, des Umfangs und der Qualität von Verwaltungsleistungen
Zero-Base-Budgeting	– Neustrukturierung der Gemeinkosten der indirekten Unternehmensbereiche – Zero-Base-Planning (Null-Basis-Planung): alle Leistungen der indirekten Unternehmensbereiche werden infrage gestellt und völlig neu geplant. – Ziel ist nicht nur Kostensenkung oder Rationalisierung, sondern strategische Neuausrichtung der Unternehmensverwaltung. – Bedeutung der Leistungen für den zukünftigen Markterfolg als Leitfrage – Neuausrichtung kann auch zu dem Ergebnis führen, dass besonders wichtige Leistungen ausgebaut werden. – Zero-Base-Budgeting führt daher nicht immer nur zu einer Kostensenkung.

Tabelle 12.13: (*fortgesetzt*)

Controlling

Leider gibt es in Wissenschaft und Praxis kein einheitliches Begriffsverständnis zum Controlling, weil es verschiedene Auffassungen zum Controlling gibt:

✔ Einigkeit besteht zunächst darüber, dass Controlling weit mehr ist als Kontrolle.

✔ Controlling ist gemäß dem Amerikanischen »to control« (»steuern, lenken, beherrschen, regeln«) ein System zur Unterstützung der Planung, Steuerung und Kontrolle der Unternehmensaktivitäten.

✔ Man kann das Controlling mit einem Navigationssystem im Cockpit eines Flugzeugs vergleichen, das den Piloten dabei hilft, erfolgreich am angestrebten Ziel anzukommen.

✔ Controlling ist somit eine Art betriebswirtschaftliches Informationssystem, das dafür sorgt, dass die Unternehmensführung jederzeit die Daten bekommt, die sie für ihre Entscheidungen benötigt. Daher gibt es in allen größeren Unternehmen eine Controllingabteilung, die sich dieser Aufgaben annimmt.

Controlling kann zusammenfassend wie folgt definiert werden:

Das *Controlling* hat die Aufgabe, die Planung, Steuerung und Kontrolle der Unternehmensaktivitäten zu koordinieren und eine entsprechende Informationsversorgung zu gewährleisten.

Abbildung 12.11 zeigt Ihnen die grafische Darstellung dieser Definition.

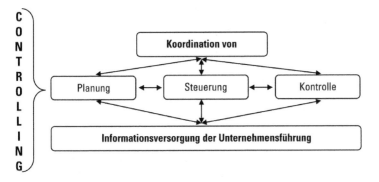

Abbildung 12.11: Aufgaben und Funktionen des Controllings

Die Abbildung zeigt, dass das Controlling folgende *Funktionen* wahrnimmt:

✔ **Koordinationsfunktion des Controllings:** Das Controlling bildet einen Regelkreis aus Planung, Steuerung und Kontrolle und koordiniert die Maßnahmen in den Führungsbereichen des Unternehmens so, dass die Unternehmensziele optimal erreicht werden.

✔ **Informationsversorgungsfunktion des Controllings:** Das Controlling sorgt dafür, dass die Führungskräfte des Unternehmens regelmäßig die wichtigsten betriebswirtschaftlichen Steuerungsinformationen in strukturierter und komprimierter Form erhalten.

Bei der inhaltlichen Ausrichtung des Controllings können Sie zwischen dem operativen und dem strategischen Controlling unterscheiden.

Instrumente des operativen Controllings

Das *operative Controlling* ist eher kurzfristig ausgerichtet: Es konzentriert sich mehr auf quantifizierte Größen und Faktoren wie Kosten und Erlöse, Deckungsbeiträge oder Liquidität.

Die klassischen Methoden und Instrumente des operativen Controllings sind insbesondere:

✔ Kostenrechnung

✔ Deckungsbeitragsrechnung

✔ Ermittlung von Preisuntergrenzen

✔ Plankostenrechnung

✔ Zielkostenmanagement (Target Costing)

✔ Wertanalyse (Value Management)

✔ Prozesskostenrechnung

✔ Gemeinkostenwertanalyse

✔ Zero-Base-Budgeting

✔ Qualitätsmanagement (siehe Kapitel 7)

✔ Investitionsrechnung (siehe Kapitel 6)

✔ Finanzplanung (siehe Kapitel 5)

✔ Finanzierungsregeln (siehe Kapitel 5)

✔ Kennzahlen der Bilanzanalyse (siehe Kapitel 11)

✔ Kapitalflussrechnung (siehe Kapitel 11)

✔ ABC-Analyse (siehe Kapitel 2)

✔ Bilanz, Gewinn-und-Verlust-Rechnung (siehe Kapitel 11) mit Planzahlen

✔ Methoden der wertorientierten Unternehmensführung

Fast alle Instrumente und Methoden des operativen Controllings wurden in den vorherigen Abschnitten dieses Kapitels oder in den vorangegangenen Kapiteln (siehe Kapitelverweise) bereits erklärt. Sie erkennen daran, dass das Controlling eine konsequente und integrierte Nutzung bereits bekannter betriebswirtschaftlicher Instrumente beinhaltet.

Instrumente des strategischen Controllings

Das *strategische Controlling* befasst sich vor allem mit der langfristigen Unternehmensplanung und berücksichtigt oft auch qualitative Aspekte insbesondere in Bezug auf die Unternehmens- und Umfeldanalyse des Unternehmens. Folgende hierfür genutzte Methoden wurden in den vorangegangenen Kapiteln schon behandelt:

✔ Produktlebenszykluskonzept (siehe Kapitel 4)

✔ produktpolitische Gestaltungsmaßnahmen (siehe Kapitel 4)

✔ SWOT-Analyse (siehe Kapitel 7)

✔ Produkt-Markt-Strategien (siehe Kapitel 7)

✔ Wettbewerbsstrategien (siehe Kapitel 7)

✔ Marktwachstum-Marktanteil-Portfolio (siehe Kapitel 7)

✔ Benchmarking (siehe in diesem Kapitel)

✔ Balanced Scorecard

Das operative und das strategische Controlling sind eng miteinander verknüpft: Ein modernes Instrument, das die Ziele der strategischen Planung mit Elementen der operativen Steuerung besonders gut verknüpft, ist die Balanced Scorecard.

Balanced Scorecard

 Die *Balanced Scorecard* ist ein umfassendes Managementinformationssystem und Führungsinstrument.

Die Balanced Scorecard weist folgende Merkmale auf:

✔ Führungsinstrument zur Strategieimplementierung

✔ Kombination verschiedener Dimensionen und Perspektiven (siehe Abbildung 12.12)

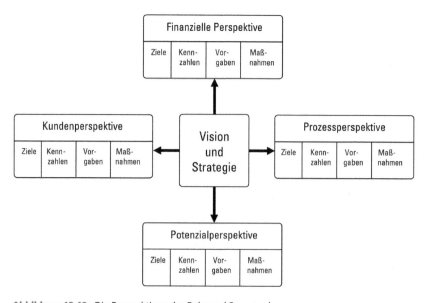

Abbildung 12.12: Die Perspektiven der Balanced Scorecard

✔ Verknüpfung von Zielen, Kennzahlen, Vorgaben und Maßnahmen

✔ umfassende und ausgewogene Betrachtung (balanced) der Unternehmenssituation und -perspektiven, da

- kurz- und langfristige Ergebnisziele,

- finanzielle und nicht finanzielle Ziele,

- quantitative und qualitative Aspekte,

- unternehmensinterne und -externe Perspektiven sowie

- vergangenheits- und zukunftsorientierte Größen

in die Scorecard einfließen.

Die Balanced Scorecard ist daher ein Kompass, der den Führungskräften im Unternehmen die Orientierung erleichtern soll und die Ausrichtung des Unternehmens anzeigt.

Teil VI
Der Top-Ten-Teil

Kennen Sie schon unsere App für iOS und Android zum Thema BWL? Schauen Sie mal im App oder im Play-Store nach!

Hier finden Sie zehn Begriffe aus der Betriebswirtschaftslehre, die Sie nicht nur kennen, sondern auch verstehen sollten.

Kapitel 13
Zehn Begriffe, die Sie kennen sollten

W enn wir etwas zum Ausdruck bringen wollen und die Gesprächspartner uns verstehen sollen, müssen wir uns über die Bedeutung bestimmter Begriffe genau im Klaren sein, denn sonst würden wir unser Handwerk nicht verstehen. Dies gilt auch für die zentralen Begriffe der Betriebswirtschaftslehre. Zehn der wichtigsten Begriffe der Betriebswirtschaftslehre stelle ich Ihnen hier noch einmal kurz und knapp vor.

Produktionsfaktoren: Von nichts kommt nichts

Ohne Produktionsfaktoren kann kein Unternehmen arbeiten und irgendetwas herstellen oder leisten. Sie sind der Input, der zur Produktion benötigt wird, und müssen daher vor der Produktion beschafft werden. Nach Erich Gutenberg, einem Urvater der Betriebswirtschaftslehre, lassen sich die betriebswirtschaftlichen Produktionsfaktoren einteilen in:

✔ materielle Faktoren, das sind:

- *Betriebsmittel*, zum Beispiel Maschinen und Werkzeuge

- *Werkstoffe*, Rohstoffe wie Öl, Erze und Kohle

✔ **immaterielle Faktoren**, zum Beispiel menschliche Arbeit, Patente und Rechte

Die menschliche Arbeit wird unterschieden in:

- *ausführende Arbeit*, das heißt, die Mitarbeiter führen nach Anweisung ihrer Vorgesetzten die Arbeit aus

- *dispositive Arbeit*, das heißt, die Vorgesetzten und die Unternehmensführung verfügen beziehungsweise disponieren über die auszuführenden Arbeiten der Mitarbeiter.

Das Wirtschaftlichkeitsprinzip

Es wird auch gerne das *ökonomische Prinzip* genannt und stellt das wesentliche Handlungsprinzip für alle Akteure in der Wirtschaft (Betriebe, Haushalte, Personen, staatliche Einrichtungen) dar. Grundsätzlich besagt es, dass jeder Akteur ein möglichst günstiges Verhältnis zwischen den angestrebten Zielen des Handelns und den dafür eingesetzten Mitteln beziehungsweise dem dafür betriebenen Aufwand zu erreichen sucht. Dabei wird zwischen zwei Vorgehensweisen unterschieden:

✔ **Maximierung:** Gegeben sind die Mittel und man versucht das maximal mögliche Resultat damit zu erreichen (Sie haben beispielsweise 20 Liter Benzin im Tank und versuchen, so viel Strecke damit zurückzulegen wie möglich).

✔ **Minimierung:** Gegeben ist das Ziel und nun versucht man, das Ziel mit dem geringstmöglichen Einsatz an Mitteln zu erreichen (Sie wollen ein Ziel in 100 Kilometer Entfernung erreichen und versuchen, so wenig Liter Benzin wie möglich für diese Strecke zu verbrauchen).

Soft Skills:
Die Kompetenzen der Zukunft

Die *Soft Skills* sind die in der modernen Dienstleistungsgesellschaft immer wichtiger werdenden emotionalen und sozialen auf den Umgang mit Menschen bezogenen allgemeinen Kernkompetenzen; sie umfassen:

✔ **fachliche Kompetenzen**, wie Know-how, Fertigkeiten, Daten- und Faktenwissen

✔ **soziale Kompetenzen**, wie Kommunikationsfähigkeit, Konflikt-, aber auch Kooperationsfähigkeit, Höflichkeit, Verantwortungsbewusstsein und das Vermögen zur Einfühlung

✔ **methodische Kompetenzen**, wie Präsentations-, Organisationsfähigkeit und das Vermögen zu abstraktem und konzeptionellem Denken

✔ **starke personale Kompetenzen**, wie Selbstbewusstsein, Leistungswille, Ausdauer, Zuverlässigkeit, Flexibilität und Pflichtbewusstsein

Die sozialen, methodischen und stark personalen Kompetenzen werden auch *Schlüsselqualifikationen* oder *überfachliche Kompetenzen* genannt. Diese Kompetenzen sind von zentraler Bedeutung für die Beschäftigungsfähigkeit der Mitarbeiter in Unternehmen und gehören zu den Standardzielen der Personalentwicklung.

Betriebsergebnis, Jahresüberschuss und Bilanzgewinn

Jedes erfolgreiche Unternehmen sollte Gewinne erzielen, um die Einlagen der Gesellschafter mit einer Gewinnausschüttung (etwa durch eine Dividende für die Aktionäre einer Aktiengesellschaft) zu verzinsen oder durch ihre Einbehaltung das Eigenkapital zu stärken. Den Begriff *Gewinn* gibt es in der Betriebswirtschaftslehre aber eigentlich gar nicht. Stattdessen werden häufig die Begriffe Betriebsergebnis, Jahresüberschuss und Bilanzgewinn verwendet:

✔ Das **Betriebsergebnis** als Gewinnbegriff der Kostenrechnung ergibt sich aus der Differenz von betrieblichen Erlösen und Kosten. Da die Kostenrechnung unabhängig von gesetzlichen Vorschriften wie dem Handelsgesetzbuch (HGB) ist und das Unternehmen daher die Kosten möglichst realitätsnah ansetzen kann, kommt das Betriebsergebnis dem betriebswirtschaftlich korrekten Gewinn eines Unternehmens aus der eigentlichen Geschäftstätigkeit am nächsten.

✔ Der **Jahresüberschuss** ist der positive Saldo der handelsrechtlichen Gewinn-und-Verlust-Rechnung (GuV) eines Unternehmens. Er ist das Ergebnis, das in einem Geschäftsjahr erwirtschaftet wurde, und ergibt sich aus der (positiven) Differenz von Erträgen und Aufwendungen. Damit ist er der Ausgangspunkt für die Verwendung des Gewinns. Ein negativer Jahreserfolg wird als Jahresfehlbetrag ausgewiesen.

✔ Der **Bilanzgewinn** beziehungsweise -verlust wird aus dem Jahreserfolg abgeleitet:

Jahresüberschuss/Jahresfehlbetrag

+/− Gewinn-/Verlustvortrag aus dem Vorjahr

+ Entnahmen aus Rücklagen

– Einstellungen in Rücklagen

= Bilanzgewinn/Bilanzverlust

Die Formel zur Berechnung des Bilanzgewinns zeigt, dass der Bilanzgewinn durch Veränderung der Rücklagen leicht beeinflusst werden kann und daher als Indikator für den Unternehmenserfolg wenig geeignet ist. Der Bilanzgewinn ist die Basis für die Gewinnverwendung, über die die Gesellschafterversammlung (Hauptversammlung bei einer Aktiengesellschaft) beschließt.

Bin ich besser als die anderen? Die Eigenkapitalrentabilität

Während der Gewinn eine absolute Größe in Euro ist, ist die Rentabilität eine relative Zahl, bei der der Gewinn durch den Kapitaleinsatz dividiert wird. Multipliziert man sie mit 100, so ist das Ergebnis eine Prozentzahl. Damit ist eine bessere Vergleichbarkeit zwischen verschiedenen Unternehmen herstellbar.

Eine für Unternehmen besonders wichtige betriebswirtschaftliche Kennziffer und Steuerungsgröße ist die *Eigenkapitalrentabilität* oder *Eigenkapitalrendite*:

$$\text{Eigenkapitalrentabilität} = \frac{\text{Jahresüberschuss}}{\text{Eigenkapital}} \times 100$$

Die Eigenkapitalrentabilität bringt zum Ausdruck, wie hoch sich das von den Eigenkapitalgebern investierte Kapital innerhalb einer Rechnungsperiode verzinst hat.

Wann mir die Bank noch Geld gibt: Bonität

Bonität ist der Fachbegriff für die Kreditwürdigkeit einer Person oder eines Unternehmens. Die Ermittlung der Bonität erfolgt durch eine Kreditwürdigkeitsprüfung:

✔ Im Rahmen der Bewertung der *persönlichen Kreditwürdigkeit* dienen als Kriterien beispielsweise die berufliche und fachliche Qualifikation des Kreditnehmers und sein aus der Vergangenheit bekannter Umgang mit Geld.

✔ Bei der *wirtschaftlichen Kreditwürdigkeit* geht es um die wirtschaftlichen Fähigkeiten, den Kredit mit Zinsen zu bedienen und zu tilgen. Zur Beurteilung werden Daten wie Einkommensnachweise und Bilanzen zur Auswertung herangezogen (etwa von den Banken häufig in Form eines Scoring-Verfahrens).

Heute werden von Ratingagenturen zur Beurteilung der Bonität oft standardisierte statistische Modelle verwendet, die auf die Ausfallwahrscheinlichkeit des Kreditnehmers abstellen und hierdurch eine Rangfolge – ein *Rating* – der Kreditnehmer ermöglichen. Dabei werden Ratingnoten vergeben. Schuldner mit einem guten Rating (AAA, Triple A genannt) können sich zu besseren Konditionen, das heißt niedrigeren Zinsen, Kapital beschaffen. Hingegen müssen Schuldner mit einer schlechten Ratingnote aufgrund des dadurch zum Ausdruck kommenden höheren Bonitätsrisikos einen höheren Zinssatz zahlen oder sie bekommen gar keinen Kredit.

Der Cashflow und seine Bedeutung

Der *Cashflow* ist ein wichtiger Indikator für die Finanzkraft eines Unternehmens und ergibt sich aus der Differenz zwischen den Einzahlungen und den Auszahlungen aus der laufenden Geschäftstätigkeit. Ein positiver Cashflow gibt dabei an, wie der Nettozugang an liquiden Mitteln aus dem operativen Geschäft innerhalb einer Abrechnungsperiode war.

Da Außenstehende die Ein- und Auszahlungen eines Unternehmens nicht kennen, wird der Cashflow bei der Finanzanalyse meist indirekt aus dem Jahresabschluss des Unternehmens abgeleitet:

Jahresüberschuss/-fehlbetrag

+ Abschreibungen

– Zuschreibungen

+ Erhöhung langfristiger Rückstellungen

(insbesondere Pensionsrückstellungen)

– Minderung langfristiger Rückstellungen

= Cashflow

Der Cashflow lässt Rückschlüsse auf das Innenfinanzierungspotenzial eines Unternehmens zu, das für die Finanzierung neuer Investitionen, eine Schuldentilgung oder für Ausschüttungen an die Gesellschafter zur Verfügung steht.

Ist eine Investition lohnend?
Der Kapitalwert

Zur Beurteilung einer Investition gibt es verschiedene Investitionsrechenverfahren. Das gängigste Verfahren ist dabei die *Kapitalwertmethode*. Zur Berechnung des Kapitalwertes muss man zunächst wissen,

✔ welche Ein- und Auszahlungen der Investition zurechenbar sind,

✔ welche Laufzeit t (Nutzungsdauer) die Investition hat,

✔ mit welchem Kalkulationszinssatz i das Unternehmen in der Investitionsrechnung kalkuliert.

Der *Kapitalwert* zum Zeitpunkt $t = 0$ (damit ist heute gemeint) ist gleich der Summe der mit dem Kalkulationszinssatz i abgezinsten Ein- und Auszahlungen der Investition.

Ein positiver Kapitalwert gibt an, um wie viel Euro man reicher wird, wenn man die Investition anstelle einer Anlage zum Kalkulationszins durchführt, sodass ein Unternehmen alle Investitionsprojekte mit einem positiven Kapitalwert durchführen sollte.

Warum Sie Ihre Stakeholder
kennenlernen sollten

Wollen Sie im Markt bestehen und erfolgreich mit Ihrem Unternehmen bleiben, müssen Sie neben den Kunden als Käufer und Abnehmer Ihrer Produkte auch die Wünsche, Bedürfnisse und Interessen

✔ der Anteilseigner (als *Shareholder* ist ihnen besonders an hohen Aktienkursen gelegen),

✔ der Investoren (diese wollen möglichst eine hohe Rendite der Investitionen),

✔ der Zulieferer (ihnen geht es um einen guten Absatz ihrer Produkte) und

✔ der Arbeitnehmer (ein hohes Gehalt und gute Arbeitsbedingungen zählen zu ihren Interessen)

berücksichtigen. Diese Gruppen stellen Ansprüche und haben ein Anliegen (*stake*), Ihr Unternehmen und seine Produkte, Prozesse oder Ergebnisse betreffend. Sie sind damit alle *Stakeholder* Ihres Unternehmens.

Der Break-even-Point:
Ein ganz besonderer Punkt

Gewinne beziehungsweise ein positives Betriebsergebnis zu erzielen ist eine der Hauptaufgaben eines Unternehmens. Um Gewinne erzielen zu können, müssen Sie Leistungen erstellen und diese am Markt verkaufen. Die Leistungserstellung ist aber mit Kosten und der Verkauf mit Einnahmen beziehungsweise Erlösen verbunden und die Höhe der Kosten und Erlöse ist wiederum von der bereitgestellten und verkauften Leistungsmenge abhängig. Mit Beginn der Leistungserstellung werden die Kosten in der Regel noch höher sein als die Erlöse, da die Produkte erst einmal hergestellt und dann auf den Markt gebracht werden müssen. Dabei müssen die Preise für die bereitgestellten Leistungseinheiten beziehungsweise Produkte so gewählt werden, dass mit zunehmender Menge die Kosten von den Erlösen eingeholt und schließlich übertroffen werden.

Der *Break-even-Point* (auch *Gewinnschwelle* genannt) kennzeichnet nun genau den Punkt, an dem die Erlöse aus dem Verkauf gleich den Kosten der Leistungsbereitstellung sind. Er trennt sozusagen den Gewinn- vom Verlustbereich. Erst mit dem Erreichen des Break-even-Points lohnt sich die Leistungsbereitstellung beziehungsweise das Angebot eines Produkts.

Stichwortverzeichnis